목회 현장에서 발견한

# 목회보감

牧會寶鑑

| 길자연 지음 |

쿰란출판사

목회 현장에서 발견한

## 목회보감(牧會寶鑑)

1판 1쇄 인쇄 _ 2021년 9월 15일
1판 1쇄 발행 _ 2021년 9월 30일

지은이 _ 길자연
펴낸이 _ 이형규
펴낸곳 _ 쿰란출판사

주소 _ 서울특별시 종로구 이화장길 6
편집부 _ 745-1007, 745-1301~2, 747-1212, 743-1300
영업부 _ 747-1004, FAX 745-8490
본사평생전화번호 _ 0502-756-1004
홈페이지 _ http://www.qumran.co.kr
E-mail _ qrbooks@daum.net / qrbooks@gmail.com
한글인터넷주소 _ 쿰란, 쿰란출판사
등록 _ 제1-670호(1988.2.27)
책임교열 _ 송은주·최진희

ⓒ 길자연 2021  ISBN 979-11-6143-596-1  03230

책값은 뒤표지에 있습니다.
이 출판물은 저작권법에 의해 보호를 받는 저작물이므로 무단 복제할 수 없습니다.
파본(破本)은 구입처에서 교환해 드립니다.

목회 현장에서 발견한
# 목회보감

**프롤로그**

# 목회 현장에서 발견한
# 목회보감(牧會寶鑑)

　2021년 4월에 부족한 종이 팔순이 되었다. 그래서 지나온 일평생의 목회 여정을 돌아보면서 《목회 현장에서 발견한 목회보감(牧會寶鑑)》이라는 제목으로 이 책을 출간하게 되었다. 바울 사도가 고린도전서 15장 10절에서 "나의 나 된 것은 하나님의 은혜"라고 고백한 것처럼, 나의 한평생과 목회 사역도 전적인 하나님의 은혜 가운데 이루어진 것이었다.

　내가 목회 현장에서 깨닫고 발견한 '목회보감(牧會寶鑑)과 같은 이야기'들을 나누어 보고자 한다. 개척교회의 자립에 대해서 생각해 보자. 지금 농어촌 교회는 주일학교가 없어진 지 오래되었다. 그뿐만 아니라 청년들은 모두 도시로 떠나고, 노인 몇 명만이 교회를 지키는 교회의 공동화 현상이 심화된 상태로 농어촌 교회는 고사 상태에 이르렀다. 반면에 도시 또는 위성도시의 개발로 인해 개척교회들이 많이 생겨나고 있다. 그러나 이 역시 수평 이동이 대부분이고, 명멸하는 별들처럼 존재했던 교회가 없어지는 경우가 많다.

　요즘의 개척교회는 두 가지 유형이 있다. 어려운 여건 속에서 목회자 자신이 개척하는 경우와 대형교회들의 신도시 진출로 인해 생긴 교회의 경우이다. 전자의 경우 대개 장년 출석이 50-70명 정도면 자립이 가능하다. 자립교회로 바로 서서 가게 하려면 총회 차원의 지원책도 필요하다. 후자인 대형교회가 개척한 교회는 설립 후 부목사 파송, 그리고 개척교회의 부흥을 위한 말씀과 기도운동을 통한 영성 함양이 뒷받침되어야 한다.

또한 북한선교와 한국교회의 새로운 부흥성장 및 한국 경제의 재도약의 중요한 돌파구는 '남북통일'일 것이다. 남북통일을 위해서 한국교회가 해야 할 일이 무엇인가를 생각해보자. 해방 이후 70여 년 동안 남북이 서로 분단된 상황 속에서 북한 동포들은 우리와 같은 민족이라고는 하지만 전혀 다른 폐쇄문화와 전제적 정치 성향 속에서 살아왔기 때문에 어찌 보면 해외선교에 못지않은 많은 난관이 있을 것이다. 그러므로 요즘의 한국교회는 북한선교와 북한교회 재건을 위해 다음과 같은 전략이 필요하다.

첫째, 범교단적인 북한교회 재건과 선교전략이 있어야 한다.

둘째, 교단별 또는 교회별 북한교회 설립 로드맵과 파송 목회자를 선별하고 훈련해야 한다.

셋째, 한국 초대교회 시절 선교사들이 사용했던 네비우스 전도 방법의 재현을 통한 북한교회의 부흥을 도모해야 한다.

넷째, 교단 또는 교회들의 북한교회 설립 또는 재건을 위한 지원책을 마련해야 한다.

다섯째, 이를 위해 교회의 관심을 고조시키면서 북한교회 재건을 위한 집중적 기도가 필요하다.

또 한국교회의 '세계선교 전략과 실천'에 있어서 긴급하게 개선되어야 할 중요한 몇 가지 사항이 있다. 주님은 우리에게 "너희는 가서 모든 민족을 제자로 삼아 아버지와 아들과 성령의 이름으로 세례를 베풀고 내가 너희에게 분부한 모든 것을 가르쳐 지키게 하라"(마 28:19-20)고 명령하셨다. 그러나 주님의 선교 지상 명령이 오늘날 정말로 효과적으로 되고 있는지 의문이다. 이런 우려를 불식시키고 개선하기 위하여 다음과 같은 선교적 노력이 필요하다.

첫째, 선교사들의 사명감을 고취시켜야 한다.
둘째, 선교사들의 도시 집중화를 막고 분산시켜야 한다.
셋째, 철저한 현지 언어 교육이 뒷받침되어야 한다.
넷째, 후원교회의 지속적인 지원이 이루어져야 한다.
다섯째, 선교 현지의 철저한 자산 관리가 필요하다.

결론적으로 목회는 하나님의 사역이다. 하나님은 그가 세우신 목회자를 통하여 구령 사역을 이루어 가신다. 그러므로 목회자에게는 내 교회, 내 양은 없고, 오로지 주님의 교회, 주님의 양만이 있다. 오늘날 교회들 속에 일어나고 있는 시험과 목회적 사고의 원인은 대부분 목회자에게 있다. 교회의 부흥과 성장을 원한다면 목회자들이 정도에서 벗어나지 않아야 한다. 목회의 정도는 오직 보혜사 성령 안에서 말씀과 기도이다. 바로 이것이 내가 《목회 현장에서 발견한 목회보감(牧會寶鑑)》이라고 말할 수 있는 내용이다.

《목회 현장에서 발견한 목회보감》은 크게 세 파트로 구성되어 있다. 첫 번째 부분인 Part 1은 "나의 인생 나의 고백"이다. 나의 인생은 하나님께 드려진 한평생이었다. 1장은 "믿음의 가계와 멘토에게 배우다", 2장은 "한의사에서 목회자로 부름을 받다"이다.

두 번째 부분인 Part 2는 "나의 목회 사역"으로, 나의 한평생의 사역을 돌아보는 시간이 되었다. 3장은 "나의 영성목회와 교회의 부흥 전략", 4장은 "나의 목회 현장에서 발견한 목회보감", 5장은 "휴먼 네트워킹을 통한 리더십", 6장은 "교역자들을 향한 나의 제언과 충언", 7장은 "장성한 분량에 이르게 하는 영성 처방전", 8장은 "말씀의 보감 강단"이다.

세 번째 부분인 Part 3은 "한국교회를 향한 원로의 제언"으로, 9장 "뉴노멀 시대, 본질로 돌아가야 한다", 10장 "세상을 향한 빛과 소금의 사명을 위하여"이다. 그동안 한국교회를 섬기면서 느꼈던 점들과 코로나19 시대에도 한국교회는 말씀과 기도의 본질을 지켜가야 할 것을 이야기했다.

이 책을 읽는 모든 이들에게 주님의 은총이 함께하기를 기원한다.

2021년 9월
길자연

## 목차

**프롤로그**

목회 현장에서 발견한 목회보감(牧會寶鑑)     04

### part 1   나의 인생, 나의 고백
하나님께 드려진 나의 인생은

### 1장   믿음의 가계와 멘토에게 배우다

| | |
|---|---|
| 출생의 비밀 | 18 |
| 신앙의 자유를 찾아 사선을 넘다 | 20 |
| 상경하여 청량리에 정착하다 | 23 |
| 가난하고 병든 이웃을 섬기신 부모님 | 25 |
| 내 신앙의 멘토 | 27 |
| 하나님의 은혜로 한의사가 되다 | 30 |

⦿ 나의 목회 현장에서 발견한 한 줄 목회보감 1
   훌륭한 믿음의 사람은 좋은 멘토를 통해 만들어진다.

## 2장　한의사에서 목사로 부름을 받다

| | |
|---|---|
| 한의원 개업과 인생 수업 | 32 |
| 침통을 버리고 예수님의 제자가 되다 | 36 |
| 말씀과 기도를 배우는 선지생도가 되다 | 38 |
| 사역의 진로를 놓고 기도에 힘쓰다 | 39 |
| 성경을 깨닫기 위해 소나무에 매달리다 | 41 |
| 첫 사역지 신림동 봉신교회의 청빙과 욥의 시련 | 43 |
| 가난한 교회에서 자비량 목회를 시작하다 | 45 |
| 고질적 교회의 문제를 기도로 개혁하다 | 46 |
| 금요철야기도회의 정착이 부흥의 원동력이 되다 | 48 |
| 골목길을 누비며 발로 뛰는 목회로 성도들을 돌보다 | 50 |
| 목탁소리와 기도의 맞대결 | 51 |
| 교회 건축에 폭풍 같은 시험이 오다 | 53 |
| 고난의 폭풍 뒤에 찾아온 육신의 질고 | 58 |

● 나의 목회 현장에서 발견한 한 줄 목회보감 2
　하나님은 쓰실 사람을 부르시고 준비시키신다.

## part 2 나의 목회 사역
### 한평생 사역을 돌아보다

### 3장  나의 영성목회와 교회의 부흥 전략

예배당 헌당 후 안일에 빠진 나의 영성    62

성도 연령층의 불균형을 발견하다    64

영성에 지성을 더하여    68

고난에서 우러나오는 영성 설교    69

영성이 강한 성도의 양육 전략    71

- ● 나의 목회 현장에서 발견한 한 줄 목회보감 3
  영성목회와 부흥의 기본은 말씀과 기도이다.

### 4장  나의 목회 현장에서 발견한 목회보감

예방기도와 치료기도    74

자녀를 위한 축복기도    76

재정 운영과 사례비의 활용    79

개척 목회자들을 향한 제언    84

| 보수주의와 근본주의 목회의 균형 | 87 |
| --- | --- |
| 하나님의 사랑을 품고 성도들을 향하는 심방 | 89 |
| 어디든지 가오리다 | 92 |
| 아내와 자녀들에게 늘 부족했던 남편과 아버지 | 94 |
| 은퇴의 뒷모습을 덕스럽게 | 96 |

● 나의 목회 현장에서 발견한 한 줄 목회보감 4
　목회자는 예수님의 사랑을 품고 성도들을 돌보는 목자이다.

## 5장　휴먼 네트워킹을 통한 리더십

| 합리적인 리더십 | 98 |
| --- | --- |
| 목회의 중용지도 | 100 |
| 다름을 용납하는 포용의 목회 | 101 |
| 총론은 목사가, 각론은 장로가 담당 | 102 |
| 교단 봉사로 얻어진 유익과 고난 | 106 |

● 나의 목회 현장에서 발견한 한 줄 목회보감 5
　다름을 용납하는 포용의 목회가 예수님의 정신이다.

## 6장 교역자들을 향한 나의 제언과 충언

교인들 수평이동의 원인과 목회자의 책임     112

목회의 세속화 극복     116

영성 훈련을 통한 목회자 배출     119

예수 닮는 목회     122

은사를 영성목회를 위해 전략적으로 사용하라     124

목회의 품격을 위하여     128

● 나의 목회 현장에서 발견한 한 줄 목회보감 6
예수 닮는 목회가 목회의 바른 길이다.

## 7장 장성한 분량에 이르게 하는 영성 처방전

기도와 말씀에 심취하라     132

기도는 위대한 행복의 축     134

용기 있는 사람, 용기 주는 사람     136

그리스도인의 행복관     138

고난은 하나님께 나아가는 길목이다     140

잊어야 할 일과 기억해야 할 일     143

가장 귀중한 삶의 자산     145

가장 강한 사람, 가장 약한 사람     147

| | |
|---|---|
| 청년은 관심을 먹고 자란다 | 149 |
| 성공과 행복의 사다리인 꿈을 가져라 | 151 |
| 인생은 누구나 정상에 서야 한다 | 153 |
| 문제 곁에 해답이 있다 | 155 |

● 나의 목회 현장에서 발견한 한 줄 목회보감 7
  말씀과 기도는 위대한 행복의 축이다.

## 8장 말씀의 보감 강단

| | |
|---|---|
| 하나님 중심의 설교 | 158 |
| 땀의 설교, 피의 설교 | 161 |
| [설교] 말씀이 있는 곳에 창조가 있다 (창 1:1-5) | 170 |
| [설교] 한 사람의 힘 (창 19:23-29) | 180 |
| [설교] 고난이 축복인 이유 (창 37:12-28) | 191 |
| [설교] 여호수아의 하나님 (수 1:1-9) | 203 |
| [설교] 쓰러지는 데는 이유가 있다 (삿 16:11-17) | 214 |
| [설교] 사람은 은혜로 산다 (시 57:1-11) | 222 |
| [설교] 기도의 힘 (삼하 2:1-4) | 234 |

● 나의 목회 현장에서 발견한 한 줄 목회보감 8
  말씀이 있는 곳에 하나님의 창조와 부흥이 있다.

## part 3 한국교회를 향한 원로의 제언
### 한국교회의 역할은 그 어느 때보다 막중하다

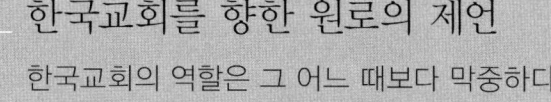

### 9장 뉴노멀 시대, 본질로 돌아가야 한다

| | |
|---|---|
| 오로지 기도와 말씀 사역에 힘쓰다 | 246 |
| 골방을 찾아가는 설교자의 삶을 살아오다 | 255 |
| 불꽃처럼 섬광처럼 | 263 |
| 뉴노멀 시대, 본질로 돌아가야 한다 | 275 |
| 한국교회 영성 모델을 만들다 | 284 |

● 나의 목회 현장에서 발견한 한 줄 목회보감 9
한국교회의 정도(正道)는 기도와 성경 묵상이다.

### 10장 세상을 향한 빛과 소금의 사명을 위하여

| | |
|---|---|
| 한국교회는 예배당교인가? | 290 |
| 개교회주의를 극복하라 | 293 |
| 교회를 향한 사회의 질타에 대한 우리의 자세 | 295 |
| 가망성 없는 총회장 후보를 하나님이 세워주시다 | 298 |
| 복음적인 교회연합 사역 | 301 |

| | |
|---|---|
| 한기총 사역의 역할 | 304 |
| 칼빈대학교와 총신대학교 총장을 지내면서 배운 점 | 308 |
| 세상을 향한 빛과 소금의 사명을 위하여 | 310 |

● 나의 목회 현장에서 발견한 한 줄 목회보감 10
   한국교회는 세상의 빛과 소금이 되어야 한다.

**/ 에필로그**
  나는 서산의 낙조처럼 남은 생애를 살아가고 싶다   314
**/ 덕연 길자연 목사 연보**   316
**/ 화보**
  한평생 하나님의 은혜로 살아오다   329

> 한평생 하나님의 은혜로 살아왔다

**part 1**

**나의 인생, 나의 고백**

하나님께 드려진 나의 인생은

# 1장
## 믿음의 가계와 멘토에게 배우다

### 출생의 비밀

내가 태어난 고향은 평안북도 안주군의 작은 마을인 '자루몰골'이다. 일제 강점기인 1941년 봄에 두 번째 아들로서, 첫째였던 형이 소년기에 갑작스런 늑막염으로 세상을 떠난 후 7년 만에 태어났다.

모친께서는 첫아들을 잃은 크나큰 상실감과 슬픔에 빠져 6년의 눈물의 세월을 보내면서 그 마을에 있는 작은 예배당을 다니셨다. 그때에 하나님 앞에 사무엘 선지자의 어머니 한나와 같이 아들을 다시 주시면 하나님께 주의 종으로 바치겠다는 서원 기도를 눈물로 아뢰었다고 한다. 어머니가 믿음생활을 하시게 된 것은 나를 잉태하기 위한 것이었다. 하나님께서는 어머니의 눈물의 기도에 응답하셔서 마침내 나를 잉태하게 해주셨다. 그 당시에는 아들이 없으면 대가 끊긴다는 전통이 있었기에 어머니로서는 목숨을 건 기도를 하신 것이었다.

 하지만 나를 잉태하신 후에도 첫아들을 잃은 슬픔을 떨쳐버리지 못하고 눈물의 세월을 보내시면서 많은 날 동안 식음을 전폐함으로 산모의 건강 상태가 매우 쇠약한 상태에서 내가 태어났다. 그 후유증으로 나 또한 건강 상태가 허약하여 갓난아기 때부터 툭하면 경기를 일으키며 까무러치기를 수없이 반복했다고 한다.
 그럴 때마다 두 번째 아들도 잃어버릴까 봐 부모님은 두려움에 사로잡혔었고, 산 고을에 살았던 터라 의원이 없었기에 아버지께서는 경기를 일으키며 늘어져 있는 나를 들쳐업고 산고개 두 개를 넘어 큰 마을에 있는 한의원으로 데리고 가서 회생시키곤 하셨다. 부모님은 나를 건강하게 키우기 위해 살림 밑천을 들여서라도 좋다는 보약을 수없이 먹이셨다고 한다.
 부모님은 혹시나 둘째 아들을 잃게 될 것이 두려워서 온 정성을 다하셨다. 어머니께서는 그 마을에 있는 작은 예배당으로 새벽 기도를 다니셨는데 교회에 나를 포대기에 싸서 데리고 다니시면서 마룻바닥에 무릎을 꿇고 눈물을 흘리며 "하나님! 이 아들만큼은 꼭 살려주시고 건강하게 자라게 하옵소서"라고 간구하신 것이다. 이처럼 나는 어머니의 눈물의 기도 소리를 들으면서 유아기를 보냈다.

 그 당시에 아버지도 신앙생활을 하시면서 스스로 한의사가 되기 위해 독학으로 한학을 공부하셨다. 그 후에는 그 마을의 의원 노릇을 하시기 위해 1941년에 '신망애'라는 작은 의원을 개업하셨다. 물론 무자격 한의사였다. 그러나 후에 국가에서 실시하는 한의사 자격시험에 합격하여 정식 한의사가 되셨다. 하지만 소년 시절이 되어도 나의 허약한 건강 상태는 늘 그대로였다.

아버지는 자녀들의 학업과 한의원을 좀 더 키우기 위해 내가 여섯 살 때에 신안주라는 새로 생긴 읍내로 이사를 하여 그곳에서 한의원을 다시 개원하셨다. 다행히도 그 동네에서 유명한 한의사로 소문이 나면서 하루에 치료하는 환자가 1백 명 이상이 되었고 그로 인해 많은 재물도 모으셨다.

새로 이사한 신안주에는 좀 더 큰 교회가 있었고 그 교회를 담임하시는 목사님은 신안주교회의 최원초 목사님(평양신학교 37기)이었다. 최 목사님은 신앙이 매우 훌륭하신 분이었다. 공산정권이 들어선 후에는 김일성이 급조한 어용 기독교 단체인 조선기독교연맹에 모든 교회들이 가입하고 공산정권 수립에 협조하도록 모진 압박이 있었는데 목사님은 이를 끝까지 거부하시다가 6·25전쟁 때 순교하셨다.

나는 그곳에서 주일학교를 다녔다. 아버지는 집사로 섬기셨고 온 가족들이 그 교회에서 신앙생활을 하였으며 어머니 또한 새벽제단을 늘 쌓으면서 독실한 신앙생활을 하셨다. 아버지의 신앙도 그때 최원초 목사님으로부터 많은 영향을 받으셨다.

## 신앙의 자유를 찾아 사선을 넘다

1945년 이북 지역이 공산화되면서 평화스럽고 은혜로웠던 교회와 가정에 신앙의 핍박이 시작되었다. 그러면서 어둠의 구름이 교회와 우리 가족에게도 미치게 되었다. 김일성 공산정부는 교회에 많은 간섭을 하기 시작하였고 유년 주일학교과 중등부에도 영향을 끼쳤다.

1947년부터는 성탄절이 되기 전에 온 학생들을 강제로 모아서 성탄절을 못 지내도록 집단으로 산속의 어느 장소로 데리고 가서 격리수용을 하였다. 그 후 성탄절이 끝나면 다시 교회와 집으로 돌아올 수 있었다. 나는 초등학교 3학년 때부터 공산당은 기독교를 탄압한다는 반공의식을 갖게 되었다.

6·25전쟁이 일어나면서 우리 온 가족과 친지와 신안주교회 성도를 합하여 20여 명이 아버지의 인솔하에 1951년 1월 신앙의 자유를 찾아서 남으로 내려오게 되었다. 그 당시 열 살이었던 나는 전쟁의 참상이 너무도 생생하다.

그곳에도 폭격이 시작되었다. 수많은 사람들이 피난길에 오를 때에 우리 가족도 고향 같은 신안주를 떠나 평양을 거쳐서 대동강을 건너게 되었다. 때로는 일부 사람들이 얼음이 갈라진 곳에 빠져 목숨을 잃기도 했다. 이러한 모습을 본 아버지는 깨진 얼음 틈 사이에서 허우적거리는 어린아이를 건져내기도 하셨다. 몹시도 추운 겨울날씨 중에도 그동안 공산치하에서 고통을 당하였던 많은 사람들이 남으로 가기 위해 구름떼처럼 몰려 무수히 강을 건넜다.

우리가 피난길에 올라 이동하고 있는 중에 중공군도 인해전술을 쓰면서 남으로 내려오고 있었다. 그래서 쌕쌕이라는 비행기가 종종 나타나서 기총사격과 폭격을 하기도 하였다. 피난민들은 비행기가 나타나면 여기저기로 흩어졌고 그때에 어린 아이들이 부모를 잃거나 서로 헤어지는 일들이 무수히 많았다.

아버지는 긴 빨랫줄을 준비하셔서 온 가족과 친척들의 손목에 줄을 매게 하여 어떤 경우에도 흩어지는 것을 막으셨다. 간혹 뒤에 따르는 사람들의 이름을 부르면서 안전한지를 확인하셨다.

그 피난길에 제일 중요한 것은 솜이불 여섯 채와 솥단지와 쌀 여섯 말과 돈이었다. 또한 아버지가 한의사이셔서 녹용과 사향 등 고가품을 가지고 내려오셨기에 피난길에 그것을 양식과 바꿔가면서 연명을 하기도 하였다. 그 추운 계절에 넘쳐나는 피난민들로 어느 동네를 가든지 이미 집을 다 차지하고 있었다. 잠을 잘 수 있는 방을 구하지 못하여 지푸라기를 마당 바닥에 깔고 두꺼운 솜이불을 뒤집어 쓴 채 잠을 자야 했다.

서울도 이미 중공군과 인민군이 점령해 있었기에 남으로 계속 피난길을 재촉해서 내려갔다. 지금도 간직하고 있는 나의 안식일 준수의 신앙이 그때 익혀졌다. 아버지께서는 피난길 중에도 요일을 정확히 분별하셔서 주일이 되면 피난 행보를 멈추고 주일 아침부터 그날 밤 12시까지 한곳에 머물면서 아침이 되면 교회에서 드렸던 예배시간에 맞추어서 성경을 꺼내어 온 가족과 신안주교회 성도와 함께 예배를 드렸고 또 친히 예배를 인도하셨다.

그때 나는 왜 피난을 안 가고 예배를 드리냐고 아버지께 묻곤 하였다. 그때마다 아버지께서는 나에게 "자연아, 너는 주일을 꼭 지켜야 하고 십일조를 꼭 드려라"고 말씀하셨다. 이북 지역의 모든 기독교인들은 안식일 준수에 매우 철저하였고 신앙인들 중에 장사하는 사람들도 그날에는 상점의 문을 닫고 거룩한 날로 지키는 것이 습관화되어 있었다.

우리 온 가족이 최종적으로 안착한 피난처는 충청도 온양이었다. 그곳은 인민군이 들어오지 않았기에 안전하였다. 우리 가족이 평안도 신안주에서 평양을 거쳐서 임진강을 건너 서울을 통과하고 더 남으로 내려가기 위해 그야말로 필사적인 대장정을 감행한 것이었다. 그 거리는 대충 짚어 보아도 천 리 길(약 400킬로미터)이었다.

처절한 피난길에도 하나님께서는 우리 온 가족과 교회 성도들을 보호하시어 한 사람의 낙오나 희생 없이 피난처에 도착하도록 해주셨다. 그 당시 마을 사람들과 교회 성도들 전부가 다 피난길에 오른 것은 아니었다. 아버지께서 피난을 결단하신 이유는 전쟁에서 온 가족을 살리기 위한 것이요, 또 신앙의 자유를 누리기 위한 순례의 길이요 피난의 길이었다. 그뿐만 아니라 출애굽의 광야 여정이기도 하였다. 지금 생각하면 모세와도 같았던 아버지의 용기와 신앙에 더욱 존경스러운 마음을 품게 된다.

## 상경하여 청량리에 정착하다

1951년 1·4후퇴 때에 이남 온양에서 정착하게 되면서 자연스럽게 아버지께서는 다시 한의원을 개업하여 가족들을 부양하셨고 그곳에서도 교회를 정하여 온가족들이 신앙생활을 하였다. 함께 피난 온 교회 성도들 중에는 각자 연고지와 새로운 곳을 찾아 흩어졌다. 나는 그곳에서 중학교 2학년을 맞이했다.

어느 날 아버지께서는 온 가족을 모아 놓고 중대한 말씀을 하셨다. 우리 4남매의 교육을 위해서 서울로 올라가겠다고 결정하신 것이다.

나는 서울로 가서 학교에 다닐 것을 생각하니 기쁘기 그지없었다. 아버지께서는 온양에서 한의원을 하시면서 조금 모은 돈을 준비하시어 온양에 온 지 7년 만에 다시 새로운 개척지인 서울 청량리로 오게 되었다. 그 당시 청량리는 변두리였고 어려운 사람들이 사는 곳이어서 집값이 시내 중심가보다 낮았기에 그곳으로 정하신 것이었다. 나로서는 일단 서울로 간다는 사실 자체가 좋았다.

아버지께서는 집을 장만하시고 살림집 겸 한의원을 다시 개업하셨다. 의원 이름은 이북에서 최초로 내세웠던 '신망애' 의원이었다. 청량리에도 많은 피난민들이 밀집해 있었다. 새로이 개원한 의원에는 아버지의 의술이 뛰어나다고 소문이 나면서 많은 환자들이 몰려 치료를 받기 위해서는 두세 시간씩 기다리는 것은 예사였다. 우리 가족이 새롭게 섬기게 된 교회는 청량리의 '동도교회'였다.

그 교회의 담임목사님은 최훈 목사님이셨다. 그분은 평양 출신으로 고려신학교를 마치고 목사안수를 받은 다음 충현교회(김창인 목사)에서 강도사 경력을 쌓고 동도교회를 담임하셨다. 그분도 우리 가족처럼 평양에서 신앙의 핍박을 받게 되자 남으로 내려오셔서 동도교회를 크게 부흥시키고 그 당시에 부흥사로 전국을 다니시면서 한국교회의 부흥에 크게 헌신한 훌륭한 목사님이셨다.

나의 신앙의 사표가 되시는 목사님은 신안주의 최원초 목사님과 동도교회의 최훈 목사님이시다. 이분들의 공통점은 성경을 수백독 하여 거의 외우다시피 하셨고, 기도에는 목숨을 걸고 경건의 삶에 힘쓴 성자의 목회와 삶을 보여주신 분들이었다. 그러한 분들의 가르침을 받고 자랐다는 것은 영적인 귀한 유산을 물려받은 것이었다.

아버지께서도 역시 두 목사님의 영향을 많이 받으셨고 청량리의 동도교회에서 집사로서, 후에는 장로로서 열심히 봉사하고 헌신하셨다. 최 목사님은 기도를 많이 하시는 분으로 유명하였다. 저녁 9시가 되면 겨울철에는 양털로 된 망토를 두르시고는 난방도 안 되는 컴컴한 예배당의 강대상 아래에서 밤이 깊은 시간까지 기도하셨다.

그런데 어느 날부터는 아버지께서 환자를 다 돌보시고 저녁 식사를 마친 다음에 예배당으로 가서 동일한 양털 망토를 두르시고는 최 목사님과 거리를 둔 상태에서 깊은 밤 시간까지 같이 기도하셨다.

내가 그 기도하시는 모습을 보게 된 것은, 어느 날 밤 늦게 급한 환자가 오자 어머니께서 나에게 예배당에 빨리 가서 아버지를 모셔 오라고 하셨다. 나는 그때 중학생이었다. 아버지께서 온종일 환자를 돌보시고 다시 교회에 가서 기도하는 모습을 그때서야 처음 본 것이었다. 지금도 그 모습이 생생하다.

아버지께서는 최 목사님을 극진히 섬기셨고 재정적으로도 많은 헌금을 하셨다. 아버지의 책상 서랍에는 항상 돈이 가득하였는데 주일이 되면 그 서랍은 비어 있었다. 아버지께서는 결코 돈을 모으기 위해 의원 노릇을 하지 않으셨다. 교회 헌금과 구제하시는 데에 온 재정을 드렸다.

## 가난하고 병든 이웃을 섬기신 부모님

아버지는 교회에서는 장로로 섬기시는 직분자였지만 의사로서는 자비의 치료사로서 가난하고 병든 자를 무료로 고쳐 주시고 싸매 주시고 그들을 사랑하셨다. 나는 그런 모습을 늘 보면서 자랐다.

남으로 내려와서 보니 청량리라는 가난한 동네에는 병든 자, 가난한 자와 밥을 굶는 사람들이 많았다. 우리 아버지와 어머니께서는 이들을 외면하지 않으셨다. 돈 없는 사람이 병 치료를 받으러 오면 일단 고쳐 주셨고 심지어는 그들을 우리 집에 묵게 하면서 치료해 주셨다. 그들은 몸에서 냄새가 나고 더러웠기에 나는 우리 집에 머무는 그들을 싫어하였다. 때로는 아버지가 원망스럽기도 하였다.

어느 날 어머니께서 이른 새벽에 일어나셔서 부엌에 있는 큰 가마솥에 많은 밥과 국탕을 끓이는 모습을 화장실을 가다가 보게 되었다. 나는 어머니에게 오늘 무슨 잔치를 하냐고 물었다. 그러자 어머니께서는 밥을 못 먹고 다니는 사람들을 위해 아침식사를 준비하신다는 것이었다. 그런데 그런 식사 준비가 매일 이루어졌다. 아침이 되면 걸인들과 어려운 사람들이 국밥을 먹으러 우리 집으로 몰려왔고 그들 중에 환자가 있으면 치료까지 해주셨다.

아버지는 그들에게 단순히 식사만 제공하신 것이 아니라 전도를 하시고 저들이 또 다른 사람들을 전도하게 하셔서 어느 걸인은 예수님을 영접하고 전도자가 되어 각 곳을 다니면서 전도를 하기도 하였다. 아버지는 한의원을 하시면서 벌어들인 수입을 이처럼 어려운 이웃들을 위해 섬기는 데에 아낌없이 사용하셨다. 어머니도 걸인과 굶주린 사람들에게 따뜻한 국밥을 대접하는 일에 불평 없이 기쁜 마음으로 섬기셨다.

이 같은 부모님의 섬김의 신앙과 삶이 나의 삶과 목회에도 녹아들었다. 왜냐하면 내가 첫 목회를 하였던 동네가 변두리였고 판자촌에 사는 사람들과 서울로 올라온 가난한 노동자들이 많았기에 이들을 섬기는 목회를 해야 했다.

어려운 이웃들을 향한 부모님의 선행은 청량리뿐만 아니라 다른 지역에 이르기까지 퍼졌고 '청량리의 의인'으로 소문이 나게 되었다. 어머니께서는 어느 해에 사촌 친척의 가장이 세상을 떠나자 그 자녀 하나를 서울로 올라오게 하여 우리 집에서 부양하며 나와 같이 학교를 다니게 하셨다. 식구가 많아지자 나는 아버지와 방을 같이 썼다.

그 사촌 형제는 열심히 공부하여 나와 같이 경희대 한의대에 입학하여 공부하고 후에 같이 한의사가 되었다. 어머니께서는 늘 나에게 "자연아, 너는 꼭 주의 종이 되어야 한다. 너는 사무엘처럼 하나님께 서원기도를 해서 태어났다. 그러니 예수님을 잘 믿어야 한다"라고 말씀하셨다. 그 말씀으로 나의 귀에 딱지가 생길 정도였다. 그러나 나는 그 말을 남의 얘기처럼 흘려 들었다.

### 내 신앙의 멘토

내가 목사가 되는 데에는 아버지의 영향이 제일 컸다. 아버지께서는 환자를 돌보는 시간 외에는 늘 성경을 읽고 무시로 기도하셨으며 나에게도 강조하셨다. "자연아, 너는 목사가 되어야 하기 때문에 성경을 많이 읽고 기도를 많이 해야 한다"라고 하셨고, 나에게 신앙의 변화와 도전을 주시기 위해 교회에 부흥회가 있으면 본 교회뿐만 아니라 다른 교회에도 데리고 가셨다.

그 당시에는 부흥회가 교회의 가장 큰 행사였다. 본 교회 교인뿐만 아니라 다른 교회 성도들도 참여하였다. 내가 중학생 때 유명한 여자 부흥사 한 분이 계셨다. 이분은 많은 은사의 체험자였고, 은혜를 사모하는 성도에게 그 은사와 능력이 임하였다. 말씀이 끝나면 안수 받는 순서가 있었다. 나 또한 그 분위기에 휩쓸려서 강단 앞으로 나가 안수기도를 받았다. 안수자의 손이 내 머리에 얹혀지자 온몸에 진동이 오면서 성령의 강력한 역사를 체험하였다.

나는 모태신앙인이었던 터라 모든 신앙생활이 늘 평범했고 습관적이었으며 아무 굴곡과 변화가 없는 신앙이었다. 그래서 아버지는 장로이면서 나에게 신앙을 더욱 불어넣어주시고 자라게 하시기 위해 중·고등학교 시절에 은혜 받는 부흥회나 기도 모임에 나를 보내셨고 어느 경우에는 같이 가기도 하셨다. 이는 나를 향하신 아버지의 주도면밀한 신앙교육 방침이었다.

중학생 때는 주로 '우국기도원'이라는 곳에 많이 갔다. 아버지는 큰 바위 위에서 밤을 새우면서 기도하셨다. 나는 작은 바위에서 잠이 드는 일이 비일비재하였다. "자연아, 너는 거기서 기도해라" 하시면 나는 "주여! 주여! 주여!" 하고 외치고는 그냥 자버렸다.

새벽 한두 시가 되면 한기를 느껴서 가지고 간 이불을 뒤집어썼다. 아버지는 기도 중에도 나를 위한 기도를 빼놓지 않고 하셨다. "우리 자연이에게 성령의 충만을 주시고 은혜를 주시옵소서!" 그러면 나는 듣고 있다가 "아멘! 아멘!" 하였다.

우리 집은 병원이면서 가정집이면서 기도원과도 같았다. 집 한 채에 한쪽 방은 아버지가 환자를 돌보는 치료실이었고 어머니는 수시로 동네분들이나 교회 사람들을 집에 모아서 기도회를 인도하셨다. 그런 중에도 아버지는 집 한 귀퉁이에 작은 기도방을 만들어 놓고 무시로 기도를 하셨다.

  어느 날 옷을 갈아입을 장소가 마땅치 않아 작은 골방의 문을 열었는데 아버지께서 기도를 하고 계셨다. 그 후 나도 종종 그 기도 골방에서 기도하는 습관을 갖게 되었다. 물론 기도하였다고 나의 행실이 변한 것은 아니었다. 기도 따로, 행동 따로였다. 나는 중·고등학교 시절에 싸움꾼이었다. 낮에는 싸움질을 하다가 부흥회가 있는 날에는 밤에 교회에 가서 제일 앞자리에 앉아서 누구보다도 박수를 크게 치며 큰 소리로 찬송을 불렀다.

  나야말로 외식하는 자 중에 외식자였다. 내가 이처럼 부흥회 예배에 빠지지 않은 것은 그 대가로 아버지께서 용돈을 주셨기 때문이었다. 나는 아버지 눈에 들기 위해서 부흥회에 참석했다. 어찌 보면 탕자와도 같았다. 밖에서 못된 짓을 하고 예배당에 들어와서는 믿음이 좋은 척하며 박수를 쳐대고 큰 소리로 찬송을 불러댔으니 하나님께서 보시기에도 대책 없는 소년이었을 것이다.

  그러나 이 또한 한량없으신 하나님의 은혜였다. 그런 이중적인 행동도 나의 신앙의 습관과 의식에 콩나물 시루에 부어지는 물 같은 것이었다. 그래서 나의 믿음은 조금씩 자라나고 있었고 그런 경험들이 지금의 기도생활에 기초가 된 것이었다.

## 하나님의 은혜로 한의사가 되다

나는 어렸을 때부터 난청 장애가 있어서 신경이 예민하였다. 특히 수업시간에 선생님의 말씀이 잘 들리지 않아서 수업을 제대로 따라가질 못했다. 그래서 우리 반에서 공부를 제일 잘하는 친구집까지 쫓아가서 그 공책을 베껴서 집에 와서 공부를 하였으나 열심히 하질 않았다.

그래도 당시 명문 기독교 고등학교인 대광고등학교에 들어갔다. 그때에도 학업에 집중하지 않고 사춘기의 혈기가 많아서 학교에서나 동네에서 주먹을 꽤나 쓰면서 못된 친구들을 혼내주었다. 그러면서 싸움꾼으로 소문이 났다. 용돈이 필요하면 가끔은 밤에 아버지의 서랍에 있는 돈을 끄집어내어 친구들에게 왕초 노릇을 하였다. 그러나 주일이 되면 아버지와 함께 교회를 빼놓지 않고 다녔고 선생님 말씀도 잘 듣는 이중적인 학생 시절을 보냈다.

그러나 감사하게도 부모님의 기도 덕분에 나는 타락의 길에 빠지지 않고 고등학교 2학년 때부터 철이 들면서 학업에 힘쓰게 되었다. 고학년이 되자 모두가 각자 어느 대학에 갈 것인지 정하면서 학업 성적이 우수한 친구들은 일류 대학을 준비하였다. 그런 모습에 나는 정신을 차리고 일 년 반 동안 몰아치기 공부를 하여서 어느 정도 상위급 수준에 이르게 되었다.

부모님은 내가 신학교에 갈 것을 원하셨으나 나는 한의대를 지원하였다. 주변에서는 합격에 가망성이 없다고 했다. 그러나 감사하게도 사촌 형과 같이 경희대 한의과에 합격하였다. 전적인 하나님의 은혜였다. 아마 꼴찌로 간신히 들어갔을 것이다. 막상 입학을 하고 한의학을 공부하니 적성에 맞지 않았고 따분하였다. 그래도 입학을 하였으니 부모님을 실망시키지 않기 위해 학업은 마쳐야 했다.

1964년 어느덧 졸업을 하고 이어서 한의사 자격 국가고시를 보아야 했다. 합격하는 것이 나의 장래를 좌우하는 것이기에 죽을힘을 다해 막판에 공부하였다. 그때 부모님은 나의 시험을 놓고 많은 기도를 하셨다. 감사하게도 결과는 합격이 되어 한의사 면허증을 쥐게 되었다. 그 후에 나는 아버지 밑에서 부원장이라는 직책을 갖고 수련생 같은 의술 경험을 쌓았다.

나는 청력 문제로 군 입대 면제 대상이 되어서 3년의 세월을 아낄 수가 있었다. 그 덕에 24세에 결혼을 하게 되었다. 교회에서 만난 자매였는데, 나는 완전히 그녀에게 빠져서 끈질기게 구애를 한 끝에 결혼을 하였다. 그러나 그렇게 되기까지 부모님의 반대가 심하였다. 색시가 너무 말라서 애를 낳는 데 문제가 있을 것이고 잘못하면 대가 끊긴다는 어처구니없는 이유였다. 우리 부모님이 원하시는 신붓감은 덩치가 어느 정도 있고 살이 쪄서 애를 잘 낳을 수 있는 그런 여자였던 것이다. 신부 측에서도 반대가 있었고, 색시에게는 이미 많은 신랑감들이 줄을 서서 청혼을 하는 상황이었다. 그러나 결국 나의 끈질긴 청혼을 받아줌으로써 결혼에 이르게 되었다.

◉ 나의 목회 현장에서 발견한 한 줄 목회보감 1
  훌륭한 믿음의 사람은 좋은 멘토를 통해 만들어진다.

# 2장
# 한의사에서 목사로 부름을 받다

### 한의원 개업과 인생 수업

　　나는 결혼은 했지만 경제적으로 자립할 능력이 없어서 아버지 의원에서 부원장 노릇을 하였다. 그런데 아버지께서는 나에게 만족할 만큼의 재정을 주시지 않았다. 거기에다가 내가 아내와 같이 쓰는 방은 바로 대청마루 건너편이 부모님이 쓰시는 안방이었기에 말소리며 코고는 소리까지 문 창호지를 통해 다 들려서 오붓한 신혼생활을 할 수가 없었다. 잠이 들기 전까지는 매사에 신경을 쓰면서 지내야 했으니 아내의 고통은 얼마나 컸겠는가.

　하지만 아내는 일체 불평불만을 하지 않고 부모님을 깍듯이 잘 모셨고 나에게도 극진히 잘해주었다. 나는 늘 아내에게 미안하여 빨리 자립해서 분가해야겠다는 결심을 굳혔다.

　나는 날을 잡아서 아버지 앞에 무릎을 꿇고는 "아버님, 이제 우리가 분가하여 따로 살림도 하고 의원도 독립하여 개업하겠습니다"라고 폭탄선언을 하였다. 그런데 아버지의 반응이 전혀 의외였다. 말릴 줄 알았으나 나의 말이 떨어지자마자 빙그레 웃으시면서 "그러면 얼마가 필요하냐?"라고 되물으시는 것이었다. 나는 그 말에 당황하여 나도 모르게 "6만 원만 주십시오"라고 했다. 그러자 아버지는 다시 웃으시면서 "그러면 그렇게 하자"라고 하셨다. 아마 아버지는 '아내가 나가 살자고 꼬드기니까 네가 그런 결단을 하였구나'라고 생각하셨을 것이다.

나는 사실 그 당시 방값이 얼마인지도 몰랐고 세상 물정 모르고 살았다. 왜냐하면 아버지께서 모든 재정을 다 관할하시고 나는 그저 그 품에서 안락한 생활을 하였기에 쌀 한 가마니가 얼마인지도 몰랐었다.

며칠 후 아버지는 나에게 6만 원을 손에 쥐어 주셨다. 그 돈을 받아드는 순간 세상을 전부 얻은 듯이 기뻤다. 그러나 6만 원이 나를 얼마나 호되게 고생시켜 줄 것이라고는 상상도 못했었다. 학생 시절에 6만 원이면 큰돈이었기에 그렇게 요구한 것이었다. 예수님의 탕자의 비유처럼 나는 분가만 하면 더욱 행복하고 성공하여 내 꿈을 다 이룰 것이라고 확신했다. 돈을 손에 쥐고는 그날 밤에 그 6만 원을 자랑스럽게 아내에게 전해 주자 아내도 크게 기뻐하였다.

우리는 그날부터 밤에 이불을 뒤집어쓰고는 스탠드 불을 켜고 우리나라 전 지역이 나오는 지도를 펴놓고 즐거운 고민을 하였다. 아버지와 멀리 떨어지기 위해 청량리에서 먼 동네를 찾아보았다. 놀랍게도 방 한 칸에 부엌과 가게 방이 있는 집을 서울 변두리에서 찾아보았더니 6만 원의 10배 이상의 방값이 필요하였다. 엄청 고민이 되었다. 그렇다고 다시 50-60만 원을 아버지께 달라고 말할 수는 없었다. 자존심이 허락하질 않았다.

결국 분가하는 1964년 그날부터 혹독한 인생 수업이 시작되었다. 그 6만 원으로 방을 얻을 수 있는 동네는 찾기 힘들었다. 결국 경기도 파주에 방과 의료실을 할 수 있는 작은 방이 딸린 집을 보증금 2만 원에 월세 2천 원으로 천신만고 끝에 얻었다. 병원 이름을 '복음한의원'이라고 하였다. 개업 준비부터 고생이 본격화되었다. 의료실에 필요한 한약장과 최소한의 한약재를 구입해야 했다. 남은 돈 4만 원은 필요한 것을 다 사지도 못하고 써버렸다. 앞길이 막막하였다.

간판을 걸어 놓고 환자가 오길 오매불망 기다렸으나 파리 한 마리도 얼씬하지 않았다. 우리 부부는 서로 얼굴만 쳐다보았다. '내일이면 오겠지' 하고 기대하였지만 일주일이 지났는데 한 사람도 오질 않았다. 쌀독의 쌀도 바닥 나게 되었다. 아내의 표정도 굳어졌다. 우리 둘은 하나님께 내일은 환자를 꼭 보내달라고 기도했지만 그 다음 날도 마찬가지였다. 절망감이 찾아오기 시작하였다.

아내는 내게 불평 한 마디 하지 않고 쌀이 떨어지자 혼수 예물로 받은 금반지를 뽑아서 쌀값과 생활비로 썼다. 양식 값을 아끼기 위해 수제비와 국수를 만들어 끼니를 이어갔다. 그때 첫째 딸 한나도 태어났다. 나는 아내를 고생시키는 내 자신이 무능하다는 생각에 몹시도 괴로웠다. 하지만 아내는 나에게 격려와 많은 기도로 큰 힘을 불어넣어 주었다. 그때의 아내의 헌신은 평생 잊을 수 없고 아내를 가장 사랑했던 시절이었다.

나는 절박하게 하나님께 기도할 수밖에 없었다. 그 당시 보통 개업한 한의원 의사의 나이는 50-60세였다. 그런데 나는 25살이었으니 완전 애송이 의사인 관계로 실력을 인정해 주지 않았다. 나로서는 기도밖에 할 것이 없어서 아내와 새벽기도에 힘썼고 얍복 강가의 야곱처럼 하나님께 매어달렸다.

낮에 환자가 오지 않으므로 자연스럽게 탁자에 침통 대신 성경을 올려놓고 그동안 등한시하였던 성경통독을 하였다. 이때는 사실상 하나님의 광야 훈련 기간이었다.

나는 파주 용주골에서 자그마치 10개월을 버텼지만 가끔 환자가 문을 열고 왔다가는 새파란 애송이 의사를 보고는 그냥 나가버렸다. 더 이상 버티기 어려워서 큰 마음을 먹고 도움을 청하러 아버지께 갔다. 아버지 앞에 앉았으나 아무 말이 나오질 않았다. 나를 바라보시는 아버지는 "자연아, 왜 왔니?"라고 물으셨다. 나는 "네, 서울에 일이 있어서 왔다가 들렀습니다"라고 둘러대었다. 차마 돈을 좀 꾸어달라고 할 수 없었다. 아버지께서 약간의 차비라도 보태 쓰라고 주실 줄 알았는데, 나에게 아무것도 주지 않으셨다. 기도를 많이 하시고 나를 사랑하시는 아버지가 왜 나의 어려움을 모르셨겠는가. 그러나 아버지의 의중은 나름대로 나에게 의사가 가야 하는 길을 무언으로 훈계하신 것이었다. 아버지는 돈을 벌기 위한 의사가 아닌 사랑을 베푸는 인술의 의사가 되기를 원하셨던 것이었다.

그 용주골 동네에서는 나를 한의사로 인정해 주지 않았기에 빨리 그곳을 포기하고 다른 곳으로 가야 했는데, 돈이 없어 결국 동네 규모가 조금 큰 파주 주비면으로 이전하여 다시 개업하였다. 감사하게도 그곳에서는 환자들이 조금씩 늘면서 하루에 많게는 15-20여 명까지 오기 시작하였다. 그 정도의 사람은 와 주어야 가겟세와 생활비를 겨우 벌 수 있었다.

여러 환자를 보면서 여러 차례 의료 실수도 하였다. 어쩌다 기적적으로 치유가 되면 용한 의사로 소문이 나기도 하였다. 한의사로서 치러야 하는 수업료를 톡톡히 치른 것이었다. 그곳에서 3년을 지내고 보니 돈을 모으게 되었고 비로소 하늘이 보이는 집다운 집을 한 채 구입하게 되었다.

## 침통을 버리고 예수님의 제자가 되다

파주의 면소재지에 있는 어느 작은 교회에 출석했다. 그 당시 교인 수가 60-70명 정도 모였다. 그 교회의 주일학교 부장을 맡아서 섬겼다. 전도사가 없을 때에는 내가 설교도 하였다. 2, 3년 후에는 주일학교가 크게 부흥이 되었다.

그동안 아버지에게 배운 기도의 경험을 살려서 아이들에게 기도 훈련을 하자 놀라운 일들이 벌어졌다. 기도 중에 아이들이 방언을 받는 역사도 일어났다. 나에게도 영적으로 큰 도전이 되었다. 주일학교에서 설교하는 일이 자주 생기면서 성경을 열심히 읽었고 설교 준비 과정에서 혼자 많은 은혜를 받기도 하면서 성경에 심취하게 되었다. 의원에서도 환자가 없으면 틈틈이 성경을 읽었다. 그럴 때 이전에 경험하지 못한 많은 은혜가 임하였다.

29세가 되면서 나의 신앙에 많은 변화가 생겼다. 지난날 어머니께서 나를 사무엘 선지자로 서원기도를 하셨다는 것이 생각나면서 신학교 가는 문제를 놓고 진지하게 고민하며 기도에 힘썼다. 어렸을 때는 허약하여 아이들과 제대로 어울려 놀지도 못하였다. 누워 있는 시간이 많았다. 그때 어머니께서는 누워 있는 나에게 "자연아, 미안하다. 어미가 못 나서리 네가 고생하누만. 건데 걱정 말라우. 어미가 너 먹을 건 다 해놨어"라고 말씀하시곤 했다. 또 머리가 아프다, 귀가 아프다 할 때마다 "대학도 필요 없어. 고저 충청도 예산 근처에 사과밭 몇천 평 사줄 테니까 사과 따먹고 살다가 장가가라우" 하고 말씀하셨다. 그러면서도 내가 목사가 되길 기대하면서 나를 늘 마음속에 두고 기도하셨다. 어머니의 그러한 기도가 거의 20년 만에 이루어지게 되었다.

나는 먼저 아내에게 "내가 신학교를 가려고 하는데, 당신 생각은 어떻소?"라고 물었다. 그러자 아내는 "하나님께서 주시는 마음대로 하세요"라고 하며 나를 격려해 주었다. 그 말을 들은 후에도 신학교 가는 문제를 놓고 최종적인 결정을 못하면서 2년을 지체하였다. 그러다가 결국 성경에 대한 갈급한 마음과 이제는 주님의 종으로 결단을 하고 베드로처럼 그물과 배를 버려두고 예수님을 좇아가야 한다는 생각이 더욱 간절해졌다.

드디어 결단을 하고는 아버지에게 가서 말씀을 드리자 아버지와 어머니께서는 뛸 듯이 기뻐하시면서 나를 안아 주셨다. "이제야 하나님께서 나의 기도에 응답해 주셨구나!" 하면서 눈물을 흘리셨다.

## 말씀과 기도를 배우는 선지생도가 되다

　29세에 두 아이의 아버지이자 남편이 된 내가 부모님이 그렇게 기도하신 소원을 이루어드리게 되었다. 나 또한 주님의 제자가 된다는 기쁜 마음에 흥분되면서 칼빈신학교 야간에 입학하였다. 한의대를 졸업하였기에 야간 학사 편입이 된 것이었다. 야간을 택한 것은 가장으로서 최소한의 경제적 의무를 다하기 위해서였다. 낮에는 아버지의 한의원에서 일을 하였다. 주경야독하는 신학생이 된 것이다. 그 당시 나의 삶은 물고기가 물을 만난 듯 생동감과 기쁨이 넘쳤다.
　신학교에 입학하자 지금까지 나를 괴롭혔던 난청이 좋아지면서 어느 날부터 귀가 뻥 뚫리듯 분명하게 잘 들렸다. 교수님들의 강의가 귀에 넣어주듯이 쏙쏙 들어왔다. 그 후 나는 아예 의사의 침통을 버리고 전적으로 예수님만 따라야겠다는 뜨거운 마음이 가슴 깊은 곳에서 솟구치면서 야간 학업을 포기하고 주간으로 전학하여 총신대 신대원에 입학하기로 하고 오직 신학수업에만 집중하였다.

　그 당시에 성경을 얼마나 사모하였는지 걸으면서도 성경을 읽다가 전봇대와 부딪치기도 하였다. 심지어는 3년 동안 공부하면서 누워서 자 본 적이 별로 없었다. 하루 일과는 새벽기도로 시작하여 학교에 가서 학업을 마치고는 아버지 한의원에 가서 저녁 6시부터 11시까지 야간 환자를 받고 그날 장부를 정리하는 것으로 끝을 냈다. 그 후에 집으로 가지 않고 동도교회에 가서 기도를 하고 늦은 시간인 12시가 다 되어서 집으로 돌아와 다시 성경과 신학 관련 책을 보았다. 참으로 초인적인 열정이었다.

그러던 어느 날부터는 갑자기 머릿속에서 꽝하는 소리가 나면서 성경 전체가 보이기 시작했다. 구약을 보면 신약이 보이고 신약을 보면 구약이 보였다. 하나님께서 말씀의 은혜를 내려 주신 것이었다. 밤새워 성경을 읽으면서 감격하고 또 성경을 읽으면서 자책의 눈물로 온밤을 새울 수 있었던 것은 바로 하나님 말씀의 위력이었다. 흔들리고 방황하던 젊은 시절에서 벗어나 오늘의 나를 있게 해준 것 역시 다름 아닌 하나님의 말씀이었다.

지금도 이런 고백을 해 본다. 아버지께, 그리고 하나님 아버지께 감사의 마음을 고백하고 싶다. "아버지, 감사합니다!" "이렇게 말씀 사랑에 목마르셨던 분을 내 아버지로 보내주신 하나님, 너무 감사합니다." 이렇게 가슴속에서 솟구치는 감사의 기도를 드릴 때면 영락없이 떠오르는 것은 기도의 골방 속에서 말씀의 감격을 한없이 맛보면서 무릎 꿇어 기도하게 만든, 눈물로 콧물로 얼룩진 아버지의 낡은 성경책이다.

성경 속에는 나를 보는 마음의 거울이 있다. 성경 속에 목회의 원리가 있다. 인생이 있다. 내일이 있다. 천국이 있다. 성경은 살아 있는 하나님의 말씀이다. 말씀과 기도에 전무한 삶을 몸으로 보여주신 아버지의 말씀 사랑이 내 인생과 목회를 행복하게 만들어 주었다.

## 사역의 진로를 놓고 기도에 힘쓰다

졸업을 앞둔 어느 날 동도교회 최훈 목사님께서 갑자기 나를 부르셨다. 그 당시 동도교회는 교세가 약 1천4백여 명이었다. 그 정도면 서울에서 10개 대교회 안에 들 정도였다. 최 목사님을 뵙자, 뜻밖의 말씀을 하셨다.

"길 전도사, 내가 미국에 보내줄 테니 7, 8년 동안 공부하고 학위를 받아 가지고 오게. 그리고 돌아와서는 이 교회를 목회하게나."

그 교회의 쟁쟁한 부교역자들이 즐비하였는데 이런 말씀을 들은 나는 하늘을 나는 것 같았다. 나는 정말 신바람이 나서 더 열심히 공부하며 고등부 사역에 전념하였다.

3학년을 마치고 신대원을 졸업한 후 진로 문제를 놓고 기도하기 위해 1973년 3월에 지금의 워커힐 뒷동산에 있는 조그만 기도원으로 들어가 6개월 동안 기도하였다. 앞으로 평생 해야 할 목회를 위해 기도했다. 유학을 갈지, 바로 목회 사역을 해야 할지 중차대한 문제였다. 6개월 동안 금식과 철야 기도를 되풀이하며 성경을 깊이 묵상하였다.

대학생 시절에는 여름방학 동안 최훈 목사님과 삼각산 골짜기에 텐트를 치고 기도를 하였다. 그때 한국 신학계의 큰 스승이신 박윤선 박사님도 며칠 동안 함께 기도하셨다. 박윤선 박사님은 아침 식사를 하신 후 작은 폭포 옆 바위에 자리를 깔고 앉으신 후 저녁에야 일어나셨다. 그분은 통성기도가 아닌 묵상기도를 하셨다. 나는 엘리사가 엘리야의 영감을 갑절이나 받기를 사모했던 심정으로 그분의 영성과 지혜를 받길 원했다.

나는 다른 신학생들과 다르게 특이하게도 유난스럽고 매우 적극적으로 기도하였다. 신학교 시절에는 여름방학 때면 한 달 동안 거지 전도를 하였다. 문방구에서 비닐을 사서 비옷처럼 만들어 입고 비가 오면 배낭을 멘 채 강원도까지 전도행진을 감행하였다. 겨울방학 때에는 기도원에 들어가서 수도생활을 하였다.

워커힐 근처 산속 기도원에서 기도하다 보면 한강변의 밤 경치가 너무도 아름다웠다. 그때 압구정동에는 아직 아파트가 없었고 시골 같았는데 기도원 건너편 밤 풍경이 매우 아름답게 느껴졌다. 그때에 하나님께서 밤마다 내게 보여주신 야경의 모습이 곧 국내에서 사역하라는 하나님의 계시로 확신하게 되었다. 동도교회 최훈 목사님은 내게 유학 가서 박사학위를 따서 그 교회의 후임목사가 되라고 늘 말씀하셨는데, 나의 기도 응답은 미국 유학이 아니라 국내 사역이었다.

## 성경을 깨닫기 위해 소나무에 매달리다

나의 지난 반세기에 가까운 일관된 기도 중의 하나는 "주여! 나의 눈을 열어 주의 기이한 법을 보게 하시고 구약과 신약을 내다 쓰는 지혜를 주시옵고, 하나님의 나라는 말에 있지 않고 능력에 있으니 말만 나가지 않고 능력이 나가서 듣는 사람의 심령에 충격을 주게 하옵소서"였다.

요즘은 덜하지만 전에는 무릎을 꿇고 하나님 앞에 간절히 기도하면서 성경을 읽었다. 목회를 본격적으로 시작한 1970년대 우리나라에는 박윤선 박사님의 공관복음 주석 한 권밖에 없었다. 영어 원서가 거의 안 들어오고 총신대학에 봉직하셨던 미국 장로교단 소속 (PCUSA) 하비 컨(Harvie Conn) 교수가 미국 책들을 가져와 신학교에서 팔 때 간간이 그런 원서를 사 볼 수 있었다. 그렇게 참고할 책도 별로 없어서 하나님께 매달리지 않으면 성경을 신학적으로나 성경학적으로 깨달을 수가 없었다. 신학도로서는 너무도 절실한 문제였다.

이를 해결하기 위해 금식기도와 철야기도를 하면서 성경을 깨닫게 해달라고 부단히 기도하였다. 이것도 부족해서 방학 때는 한탄강에 있는 어느 기도원의 암벽에 있는 소나무를 붙잡고 매달려 기도하기도 하였다. 그렇게 몇 시간 동안 하다 보면 기운이 떨어져서 소나무를 꼭 껴안고 기도해야 했다. 이렇게 버티면서 기도하다가 힘이 빠지면 다시 올라와 기도하고 다시 내려가서 소나무를 붙잡고 기도하였다. 그때 대부분의 기도 제목은 성경을 깨닫게 해달라는 것이었다.

이렇게 피를 말리는 기도를 한 후 성경을 읽는데 하루에 6장씩 암호를 해독하듯 읽었다. 성경을 읽는 방법은 여러 가지가 있다. 다독(多讀)과 정독(精讀)이 있지만 가장 이해력 있게 보기 위해서는 신독(神讀)이 필요하다. 다독을 하면 전체적인 내용의 흐름을 알고 정독을 하면 그 내용의 이해가 구체화된다. 그러나 신독을 하면 본문 안에서 주님이 내게 말씀하고자 하는 것이 들린다. 심령을 기울여서 들으면 하나님께서 영적 감동과 음성을 주신다.

나의 경우 자주 신독을 통해 떠오르는 영감을 메모한다. 이렇게 메모한 것을 책상에 쌓아 두고 "주여, 메모들 가운데서 이번 주에는 어떤 말씀을 주시겠습니까?" 하고 기도한다. 그러면 감동이 되는 묵상 자료들이 떠오른다. 이렇게 기도한 후 5, 6개의 메모를 빼놓는다. 그리고 다시 기도한다. 그러면 초안을 작성할 당시에 깨닫지 못한 많은 것들을 알게 된다. 그리고 최종적으로 뽑은 메모를 가지고 골방에 들어가서 무릎을 꿇고 2, 3시간 동안 기도한 후 설교 본문을 정한다. 최종적으로는 성경 주석 책을 보면서 본문의 이해가 정확한지 확인한다. 처음부터 주석을 보면 그 내용이 머릿속에 남아 나의 의도된 메시지에 장애가 된다. 요즘은 주석도 종류가 많으므로 그 가운데 나의 신학 노선과 신앙에 맞는 것을 선택해서 본다.

### 첫 사역지 신림동 봉신교회의 청빙과 욥의 시련

기도원에서 내려온 후 바로 부임 교회가 결정되었다. 왕성교회의 전신인 영등포구 신림동의 봉신교회였다. 이 교회를 개척하신 목사님은 교회를 일곱 개나 개척하신 분으로서 교회를 개척하고 후임목사를 정해 놓고 다시 다른 곳에 교회를 개척하신 대단한 분이셨다. 그중의 한 교회가 바로 봉신교회였다. 이 교회는 성도와 사역자 간에 갈등과 문제가 심각하여 교회가 5개로 갈라졌다. 이처럼 문제가 많은 교회에 가게 된 것은 전적으로 하나님의 인도하심이었다.

사실상 이 교회는 어느 누구도 수습할 수 없는 매우 복잡한 문제를 가진 교회였다. 목회 경험이 전혀 없는 신참 목회자에게는 분명 실패와 상처를 크게 받을 수 있는 교회였다. 남들은 피하는 교회인데 왜 내가 그 교회를 택하게 되었는지는 하나님만이 아시는 것이었다.

1973년 9월 봉신교회에 부임하였다. 성도들이 다 흩어지고 40여 명만 남은 병든 교회였다. 목회자의 사례도, 성미도, 사택도 주지 않았다. 성도들 대부분이 영등포 시장과 노변에서 포장마차와 노점상을 하거나 시골에서 상경한 가난한 성도들이었다. 그들은 많은 상처와 심한 열등감을 갖고 있었다. 남자 성도는 고작 네 사람이었고 그것도 무직 상태였다. 그들은 새로 부임한 나에게 냉소적이었고 당신도 곧 포기하고 떠날 것이라는 생각들로 차 있었기에 그들과 소통 자체가 잘 이루어지지 않았고 속마음을 드러내질 않았다.

최훈 목사님께서는 자신의 말을 잘 들으면 비단길이 열리는데 왜 사서 고생하는 목회를 하려는지 모르겠다고 하시면서 이제라도 미국 유학을 가라고 권면해 주셨다. 이 기회를 놓치면 앞으로 두고두고 후회할 것이라며 나의 결정을 안타깝게 생각하셨다.

부임 후 교회의 큰 소용돌이로 정신을 차릴 수 없을 정도였는데, 가정적으로도 엄청난 비극이 닥쳐왔다. 사랑하는 셋째 딸이 태어난 지 3일 만에 갑자기 원치 않은 병으로 세상을 떠났다. 너무도 절망적이었고 한없이 괴로웠다. 의사인 내가 병든 자식을 못 고치고 보내야 하는 처지가 원망스러웠다. 엎친 데 덮친 격으로 아들은 신장이 좋지 않다는 판정을 받았다.

인내심이 강하였던 아내도 몹시 괴로워하는 모습을 보면서 남편으로서도 위로해 줄 방법이 없었다. 그런 최악의 삶의 환경 속에서 교회의 복잡한 문제가 해결되거나 부흥의 기미가 보이질 않았다. 하나님께서 나에게 욥 같은 시험을 주시려는 것인지 알 수가 없었다. 교회에도 나의 편에 서서 힘이 되어 주는 성도가 없었다. 너무도 감당하기 어려운 시련이었다. 가난한 동네에 한의원을 개업해 놓고 겪는 고통은 아무것도 아니었다.

교회 이름도 동이 분립되면서 두 번이나 바꾸었다. 변화를 시도하기 위한 것이기도 하였지만, 달라지는 것은 없었다. '봉신교회'가 '한가람교회'로, 다시 '신림동교회'로 개명하였고 최종적으로는 지금의 '왕성교회'라는 이름으로 확정되었다. 사람으로 치면 팔자가 드센 교회였다. 그 이름은 사도행전 6장 7절의 "말씀이 왕성하여 제자의 수가 더 많아졌다"는 말씀에서 따온 것이었다. 감사하게도 그 이름으로 변경한 후 교회가 서서히 성장하기 시작하였다.

### 가난한 교회에서 자비량 목회를 시작하다

이 교회는 가난한 달동네 교회였기에 성도들 자체가 경제적으로 매우 팍팍하여 오히려 교회에서 도와주어야 할 대상들도 적지 않았다. 그러다 보니 교회 예산이 빈약할 수밖에 없었다. 그런 교회 재정을 다 아는 내가 교회에 사례비 이야기를 꺼낼 수가 없었다. 교회에서도 줄 수 없는 형편이었다. 그뿐만 아니라 교회에 빚이 있어서 원금과 이자를 내야 하는데 교회 재정으로도 감당이 되지 않아 오히려 아내의 패물을 팔아 그 돈의 일부로 이자를 내야 하는 상황까지 발생하였다. 어느 때에는 교회 사찰의 사례비를 주기 위해 탈탈 털어서 주고 나면 통장에는 한 푼도 남지 않았다.

하지만 나도 4명의 가족을 부양하는 가장이기에 고민이 컸다. 이때 아내는 나에게 잔소리를 하지 않고 은밀히 자신의 결혼 패물을 하나씩 팔아서 살림살이를 꾸려 나갔다. 결혼할 때 아내에게 해준 반지며 목걸이며 팔찌며 이런 귀금속을 팔아서 쌀을 사고 연탄을 사고 아이들 양육비로 버텨나갔다. 이는 곧 마치 오 헨리의 소설인 "크리스마스 선물"에 나오는 델라가 자신의 금발 머리카락을 팔아서 남편의 손목시계의 줄을 사주는 눈물겨운 이야기와도 같았다. 그러니 아내가 해주는 밥이 나에게는 곧 금쌀 같은 것이었고 때로는 목이 메었다. 아내는 어려울 때일수록 깊은 사랑과 신뢰를 나에게 보여 줌으로 큰 힘이 되었다. 못난 남편을 만나서 고생하는 아내의 모습을 보며 눈물을 수없이 흘리기도 하였다. 어느 때에는 밥 먹기가 미안해서 냉수로 배를 채우기도 하였다.

하지만 목회에 대한 열정은 식을 줄 몰랐다. 그때 그런 열정마저 없었다면 목회와 인생에 쓰디쓴 패배를 보았을 것이다. 이는 전적인 하나님의 은혜였고 하나님의 붙들어 주심이었다.

### 고질적 교회의 문제를 기도로 개혁하다

교회의 구조적 문제와 본질적 문제를 개혁하기 위해서는 교회의 행정과 영적 체질을 변화시켜야 했다. 전임 목사는 전체 성도 40여 명 중에 집사 29명을 세워놓으셨다. 아마 직분이라도 맡으면 교회 봉사를 열심히 하지 않을까 하는 생각이었던 것 같다. 그러나 헌신적이지 않았기에 이들을 먼저 기도의 사람으로 변화시켜야겠다는 생각을 하고 내가 먼저 하루의 절반인 12시간을 하나님께 기도하기로 하였다. 그러기 위해서는 내가 많은 것을 희생하며 절제해야 했다.

이 교회에 임직하면서 문제를 파악하고 세 가지 목표를 정하였다. 첫째는 당시 예배당 바로 뒷집에 있는 절간을 없애는 문제였다. 교회가 결코 절과 함께 갈 수가 없었고 영적으로 부딪칠 수밖에 없기 때문이다. 물론 물리적으로는 불가능하였다. 그 절간은 간판만 절이지 사실상 일반 가정집을 개조한 무당 굿집이었다. 그 절의 주인은 가짜 중으로서 가난하고 무지한 사람들에게 고가로 부적을 팔아서 돈벌이를 하였다.

원래 그 절은 우리 교회 집사의 집으로서 전임 목사에게 교회가 구입해 줄 것을 요구했으나, 교회 재정이 없었기에 포기했다. 그 후 무당 세입자가 전세로 들어와서 절간을 차렸고, 오는 사람에게 점을 쳐주고 부적을 팔면서 사람들이 몰리기 시작하였다. 기막힌 사연이었다. 교회 집사가 무당에게 세를 주고 사용하게 하였으니 돈이 필요했던 집사를 원망할 수도 없었다.

우리 교회는 비만 오면 예배당 천장에서 빗물이 떨어졌고 지붕 슬레이트를 살 돈이 없어서 양동이를 받쳐 놓고 예배를 드려야 했으니 한심할 뿐이었다. 내가 이를 해결할 방법은 기도밖에 없었고 교인들에게도 기도할 것을 제안하였다.

둘째는 서울대학교가 동숭동에서 관악산으로 이전하면서 우리 교회 앞으로 길이 나게 되었다. 그래서 바로 여기에 가난한 사람들의 땀과 눈물을 모아 한국 최고의 지성인들을 움직이는 복음주의 교회를 세운다는 목표를 정했다.

셋째는 어려운 사람들을 찾아가서 목회한다는 것이었다. '나는 못 배우고 가난한 사람들을 위해 목회한다. 예수님도 가난한 동네 베다니를 찾아가지 않으셨는가'라는 생각이 들었다.

맨 처음에는 혼자서 철야를 시작하였다. 혼자 계속 철야를 하다 보니 어느 날부터는 할머니 한 분이 동참해 주었다. 매일 철야가 있으니까 한 사람 한 사람씩 점차적으로 늘기 시작하였다. 교회에 주일에만 나오던 사람들이 철야기도회에 나오는 것이 의아해서 물어 보았다. 그들의 대답은 "이상하게 잠이 오질 않는다"라는 것이었다. 나중에는 기도회에 참여하는 사람들이 40여 명에 이르게 되었다. 그런 분위기가 고조되자 교회의 모습도 점차 달라지기 시작하였다. 내가 기도하니 하나님께서 성도들이 잠이 오지 않게 하여 기도회에 나오게 하신 것이었다.

### 금요철야기도회의 정착이 부흥의 원동력이 되다

대부분의 성도가 철야기도회에 참여함으로써 교회 분위기가 생동감이 넘치게 되었다. 그러면서 성도 간의 유대감과 목회자와 성도 간의 소통이 원활하게 되어 갔다. 금요기도회는 제2의 주일이 되었다. 마치 온 교인들의 의무적인 기도모임처럼 되었다.

이렇게 기도하면서 깨닫게 된 것이 있다. 그것은 곧 기도가 전도이고, 부흥이라는 사실이다. 나는 교역자로서 매일 철야기도를 해도 되지만 성도들은 매일 밤 기도모임에 찾아올 수 없었다. 그들 대부분이 고된 생업 활동을 해야 했기 때문이다. 그들 중에 일부 성도는 자기가 편한 시간대에 나와서 기도하였고, 대부분의 성도는 금요철야예배를 통해 기도하며 은혜를 받게 되면서 금요철야기도회가 정착되어 갔다.

후에는 기도조를 짜서 1년 365일 기도가 끊이지 않고 이어지도록 하였다. 교인들은 새로 온 목회자가 열심히 기도한다는 것을 알게 되면서 접촉점이 생겼고 일부 성도는 내가 너무 기도에 힘써서 얼굴이 수척해졌다면서 나를 동정하기도 하였다. 그들은 기도회를 통해 은혜와 은사를 체험하였고 때로는 이적을 몸소 겪기도 하였다. 그러면서 성도들 자체가 신앙에 생동감을 느끼면서 교회에 대한 봉사와 참여도가 높아졌다.

이 같은 기도회를 통해 나는 교회 부흥의 가능성과 목회의 자신감을 얻게 되었다. 교인들도 기도에 맛을 들이면서 금식기도까지 하는 기도팀들이 생겼다. 그들은 밤을 새우면서 기도하였다. 심지어는 믿지 않는 남편이 금식기도에 지친 부인을 데리러 와서 업고 가는 일도 생겼다. 이 기도모임은 마치 전염병처럼 온 교회의 성도들에게 번져 나갔다.

평일에도 성도들이 출입하면서 교회 안이 북적거리기 시작하였다. 기도모임은 내가 직접 앞장서서 인도하였다. 힘들다고 해서 부교역자에게 맡기지 않았다. 이런 기도회를 통해 교인들과 부교역자들에 대한 리더십도 자연스럽게 형성되었다. 기도회는 곧 교회 부흥의 원동력으로 작동하기 시작하였다.

교회가 변화되고 성도가 거듭나는 모습들이 확연히 드러나게 되었다. 그뿐만 아니라 성도들이 나를 위한 중보기도를 하기 시작했다. 너무도 감사한 변화였다. 나로서는 큰 격려와 힘을 얻게 되었다. 저들 각자의 기도와 조별 기도는 바로 교회 부흥으로 이어졌다. 그러자 인근의 교회들에도 영향을 주면서 금요기도회가 여러 교회에서 일어나기 시작하였다.

### 골목길을 누비며 발로 뛰는 목회로 성도들을 돌보다

나의 목회지는 중산층들이 사는 아파트 단지도 아니고 그야말로 영세민들이 사는 달동네였다. 영등포구 신림동 산동네는 1960년대에 농촌에서 상경한 이주민들이 무허가 판자촌으로 모여들면서 인구가 급증하기 시작한 지역이다.

우리 교회 성도들은 대부분 가난하였고 힘들게 생계를 꾸려가고 있었다. 나는 먼저 그들을 위한 중보기도에 힘썼다. 그 당시 하루에 3시간밖에 자지 못했다. 그야말로 토끼잠을 잤다. 철야기도가 끝난 다음 바로 집에 가서 잠깐 눈을 붙였다가 다시 새벽기도를 가야 했다. 월요일부터 토요일까지 철야기도를 했다. 지금 생각하면 그런 초인적인 체력과 정신이 어디서 나왔는지 모르겠다. 물론 하나님께서 주신 힘이었다. 세상 없어도 하루 10시간에서 12시간을 기도에 힘썼다. 나머지 시간은 식사와 체조와 골방에서의 성경통독으로 보냈다.

기도로써 교인들과 가까이 지내게 되면서 심방 요청도 많아졌다. 많은 가정들이 그 나름대로 생계와 건강과 가족의 문제 등이 많았기에 때로는 개별적인 심방이 필요하였다. 이 동네에서는 심방을 다니는 문제가 간단치 않았다. 산동네의 미로 같은 골목길들이 많았다. 겨울철에 눈이 오고 길이 얼어붙으면 연탄재를 뿌리며 오르락내리락 해야 했고 무수히 넘어지기도 하였다.

특히 병든 성도의 심방은 절실하였다. 돈이 없어서 병원 치료를 받지 못하는 이들도 많았고, 대부분 다닥다닥 붙어 있는 셋방살이를 하고 있었다. 그들로서는 목사가 자신들의 집에 와서 기도해 주는 것이 큰 힘이 되었다.

　나 또한 그들을 더욱 사랑하며 섬기게 되는 계기가 되었다. 그들의 거친 손을 잡고 기도할 때면 나도 모르게 눈물이 나고 목이 메이기도 하였다. 어떤 날에는 밤 10시가 넘도록 심방을 하기도 했다. 그 이유는 시장과 노점에서의 생업 활동을 마치거나 구로동과 영등포 공장에서 늦게 돌아오는 성도들이 많았기 때문이다. 지금 생각하면 신림동 달동네의 골목길에 내 발자국이 닿지 않은 곳이 없을 것이다. 그런 각고의 결실이 나타나면서 어느덧 교회 성도의 수가 300여 명을 돌파하게 되었다.

## 목탁소리와 기도의 맞대결

　왕성교회에서는 기도하지 않고는 살 수 없는 상황이 또 있었다. 철야기도가 끝나고 눈을 좀 붙이려면 옆의 절간에서 목탁을 두드리며 독송을 했다. 그러면 나는 오기가 나서 기도로 맞서기 위해 교회로 다시 나와서 기도하였다. 이 목탁 소리는 단순한 소리가 아니라 영적인 공격이었다. 어느 때에는 소름이 돋기도 하였다.

　절간의 목탁 소리는 교회를 향한 공격이기도 하였기에 사생결단을 통해 꺾어버려야 했다. 엘리야 선지자가 바알을 섬기는 아세라 제사장들과 벌인 850대 1의 대결투를 통해 저들을 다 멸절했던 것같이 나도 그런 비상한 각오를 가졌다. 그 절간에서도 우리 교회가 눈엣가시 같은 존재였을 것이다. 왜냐하면 40여 명의 교회였을 때에는 별로 신경을 쓰지 않았으나 이제는 자신들의 기세가 눌리는 것을 느겼을 것이기 때문이다.

그들은 매우 전략적으로 공격해 왔다. 그 예로서 저들은 독송하는 중을 더 불러다가 낮에는 주지가 목탁을 두드리며 독송을 하고 이어서 밤에는 다른 외부의 승려를 불러다가 돈을 주고 염불과 목탁 소리로 기세를 올렸다. 그러면서 신림동에서 교회와 절간이 싸움이 붙었다고 소문이 났다. 동네 사람들은 나를 보면 "목사님, 교회가 이겼습니까? 절간이 이겼습니까?" 하고 물어왔다. 참으로 끈질긴 싸움이었다. 이는 서로가 물러설 수 없고 교회의 존망이 달린 심각한 문제였다.

우리 교회에서는 밤이면 성도들이 모여 더욱 크게 기도했다. 특히 금요철야기도회 때는 교회가 떠내려갈 정도로 통성기도를 하였다. 그런 대결의 세월이 6년이 지나서야 교회의 완판승으로 끝이 났다. 당연히 그 절간을 매입하여 교회의 터전이 되었고 후에는 그 자리에 본당이 들어섰다. 이를 지켜본 신림동 사람들은 입을 모아서 "야! 하나님이 정말 살아 계신가 보다"라고 하며 교회를 인정해 주었다.

신기하게도 그 절간이 이사 간 후에 교회 부흥이 눈에 띄게 일어났다. 교회 성도들도 기도의 능력을 체험했고 기도회는 더욱 힘을 받았다. 또한 기도회 중에 표적과 기사가 숱하게 나타나기도 하였다. 심지어는 어느 술주정뱅이가 봉급을 타서 술을 먹고 교회 앞을 지나다가 기도소리를 듣고 들어와서 헌금통에 봉급 봉투를 넣고 간 일도 있었다.

## 교회 건축에 폭풍 같은 시험이 오다

1973년 9월에 부임한 때로부터 초기 제1기에 교회는 성도의 가난과 절간과 싸워야 했다. 처절한 영적 투쟁이었다. 그 후 3년이 지나면서 예배당을 건축하게 될 정도로 급성장을 하였다. 그동안 거의 30배 이상의 부흥이 일어나면서 등록교인 수가 약 1천여 명에 이르렀다. 그러자 주일, 수요일, 금요일만이 아닌 평일에도 저녁마다 매일 예배를 드렸다. 나는 예배가 끝나면 바로 철야기도를 하면서 밤을 지새웠고 성경 연구에도 힘썼다.

교회 부흥이 폭발적으로 일어나자 다시 교회 건축을 해야 했다. 왕성교회는 두 번의 예배당 건축이 있었다. 원래 예배당은 도시계획으로 인해 철거되었는데 28평짜리 가건물이었고 슬레이트 지붕에 비가 새는 곳이었다. 예배당이 헐리게 되자, 남대문시장에서 12평짜리 텐트를 장만해서 그것을 붙여서 예배당으로 삼았다. 바닥에는 가마니를 깔았다. 바람이 불면 언저리를 돌로 눌러서 쓰러지지 않게 하였다. 밤이면 이불을 뒤집어 쓰고 기도하였다.

그 후 다시 132평짜리 허름한 예배당을 건축하였다. 그런데 놀랍게도 교회가 폭발적으로 부흥하였다. 교인들을 모두 수용할 수 없어서 주일이면 5부 예배를 드렸다. 부임 4년 만의 건축이었다. 그리고 8년 만에 다시 건축하였다. 그때의 대지 면적은 600여 평을 조성하여 예배당 건물을 지었다. 그 당시 그렇게 큰 평수의 교회는 별로 없었다.

그때의 건축과정에서 생긴 시험과 고난은 이루 필설로 다 할 수 없다. 13명의 장로가 교회를 떠났다. 공사 기간 중 3-4년 동안에 제직

700여 명이 다른 교회로 빠져 나갔다. 교회로서는 심각한 위기였다. 그들은 헌금할 수 있는 중산층들이었다. 그뿐만 아니라 건축 중에 교회 집사가 사기꾼과 건축 사기업체와 결탁해서 커미션을 받아먹기로 했다가 들통이 났다. 그로 인해 억대의 손해를 교회가 고스란히 떠안아야 했다. 건축 예산이 바닥이 나서 바닥 평수 410평을 만들어 예배당을 올리기 시작했다. 계속 돈을 대출받았고 다시 사기를 당하고 나니 빚은 빚대로 늘고, 건축 기한은 무작정 연기되는 고비를 6년 동안 넘겨야 했다.

1980년부터 1986년까지 건축을 하면서 겪은 고난은 사실상 내게는 환난보다 더 심하였고 두려운 것이었다. 그 당시 교인이 1천6백여 명이었는데 건축으로 인한 시험으로 교회가 갈라졌다. 건축헌금에 대한 부담과 건축에 대한 불만을 가진 일부 교인들이 썰물처럼 빠져나갔다.

어느 날 건축 현장에 가보니 이전에 보지 못했던 끔찍한 모습이 눈에 들어왔다. 그곳에 해골과 뼈들이 나뒹굴고 있었다. 옛날에 공동묘지였던 것이다. 나도 모르게 이런 기도가 나왔다.

"주님! 제가 여기서 예배당을 짓고 바른 목회를 하지 않으면 그냥 제 목숨을 거두어 주옵소서!"

그만큼 절박하고 괴로웠다. 완공이 예상보다 늦어졌다.

하루는 종탑이 완공이 되지 못한 채 몰골을 드러내고 있었는데 그곳에 올라가 보니 약 50여 미터쯤 되었다. 그때 갑자기 이런 생각이 들었다.

'아! 차라리 죽는 게 낫겠다. 왜 살아서 이런 고생을 하나.'

공사가 중단되어 철골들이 녹슬어져 갔다. 이 상태로 모든 것이 끝나면 지금까지 견뎌온 무수한 고난의 세월들이 다 헛것이 될 판이었다. '아니다. 살아내어 반드시 완공해야 한다. 그리고 그동안 눈물의 세월을 보낸 아내에게 기쁨을 주기 위해서라도 다시 일어서야 한다'는 오기와 새로운 각오를 하였다. 그리고 내가 주님 앞에 설 때에 잘했다 칭찬을 받으려면 이 고난의 폭풍을 뚫고 나가야 한다는 마음을 새롭게 다졌다.

이 고난의 출구는 기도밖에 없었다. 나는 다음 날부터 녹슨 고철과 같은 철골을 붙잡고 울며 기도하였다.

"주여! 이 철골에 다시 시멘트가 입혀져서 건물이 올라가게 하옵소서! 우리 하나님은 에스겔 골짜기의 마른 뼈들에게 생기를 불어넣어 주시어 하나님의 군대로 만드셨습니다. 이 철골들이 서로 맞추어지고 층수가 이어지게 하옵소서!"

나도 모르게 엉엉 울면서 기도하였다. 그 기도는 내 생애에 최고로 절실한 기도였다. 아마 얍복강가의 야곱의 기도보다 더 절박하였을 것이다. 돌이켜 보면 건축 초기에 매우 힘들었다. 월요일만 되면 이자를 받으려고 빚쟁이들이 몰려왔다. 공사대금을 못 받은 사람들도 있었다. 어떤 거친 사람은 칼을 들이대고 죽여버리겠다며 협박까지 하였다.

건축 과정에서 겪은 시련과 고난은 결코 헛된 것이 아니었다. 그런 고난이 있었기에 기도에 더욱 힘썼고 하나님을 붙들었고 하나님의 도움을 사모하였다. 그런 고난의 시기는 후에 축복의 통로가 되었다. 또 주변으로부터 받은 욕은 목회자에게 십전대보탕이 되는 것이다.

나는 어느 목사보다 비난과 욕을 많이 먹었다. 그러나 예수님과 바울이 받은 고난과 욕에 어찌 비교될 수 있겠는가?

천신만고 끝에 예배당은 완공이 됐는데, 장로들이 불평불만을 나에게 해대며 교회를 떠났다. 마지막으로 남은 장로가 5명이었다. 이들은 내가 안수하여 세운 장로들이었다. 이들도 내게 트집을 잡으면서 부목사를 자기 편으로 만들어서 사직서를 작성하여 들고 왔다. 내가 너무 독재를 하니 도저히 참지 못하겠다며 사직서를 내놓았다. 그 이유는 내가 건축 중에 비리를 저질렀다는 것이다. 나는 이 사직서를 받아 뒷주머니에 넣고는 처리하지 않았다.

이들은 다시 노회에 정식으로 조사 처리해 줄 것을 요청하여 나는 노회의 조사를 받게 되었다. 조사 결과 나의 개인 비리나 총회 헌법을 위반한 사항이 없다며 무혐의로 처리되었다. 그러자 이 장로들은 부목사를 내세워 본 교회에서 약 300미터 떨어진 곳에 교회를 개척하여 나갔다. 이는 도저히 교회로서 덕스럽지 못한 행태였다. 짜장면 집도 아니고 어떻게 바로 앞에 분점을 내듯 교회를 갈라놓을 수 있는가. 나는 교회의 덕을 세우기 위해 그들을 만나서 허심탄회하게 대화하면서 새로운 해결 방안을 제시하였다.

"자, 우리가 빚을 내서라도 도와줄 테니 과천이 신도시로 들어서니 그곳으로 가서 개척하시오. 같은 동네에서 이처럼 교회가 갈라져서 분립한다는 것은 서로에게 덕스럽지 못하니 그렇게 합시다."

그러나 부목사와 장로들은 끝내 요청을 받아들이지 않고 제2의 왕성교회를 개척하였다. 그 교회는 결국 후에 8년 만에 문을 닫고 없어졌다. 그렇게 되자 장로 5명 중에 2명이 다시 돌아왔다. 인간적인 배신감과 괘씸한 마음이 들었지만 그들을 다시 받아들였다.

  그 8년의 세월 동안 내가 가슴앓이를 하면서 속을 태운 것은 오직 하나님만 아신다. 어느 교회나 예배당 건축 중이나 완공 후에 많은 시험이 있고 목회자가 나가게 되거나 교회가 갈라지는 경우가 다반사인 것이 한국교회의 현실이다.

  이처럼 교회 건축에 큰 시험이 오게 된 동기는 목회자에게도 있다. 사실 건축을 무리하게 배포 있게 크게 벌인 까닭도 있다. 그러나 목회자는 당장 눈앞의 현실만 보지 않고 장기적인 안목으로 보고, 건축의 규모나 내용을 확장할 수밖에 없는 것이다. 그 당시 한국교회는 부흥의 시대였기에 장기적으로 그 부흥을 수용하며 성장의 추동력을 갖추기 위해서는 본당뿐만 아니라 교육관과 복지관 등의 다용도의 건축 시설이 필요하였다. 한마디로, 목회자와 평신도의 건축 개념이 달랐다.

  새 예배당을 건축한 후에 교회의 성장을 수용할 수 없어 몇 년 후 다시 건축을 하는 경우에는 실로 많은 재정적인 이중 부담이 되고 소모적이기 때문이다. 분명한 사실은 교회의 성장과 부흥은 성도들의 가정과 사업장으로 이어져서 축복을 교회와 성도가 함께 누리게 된다는 것이다. 바로 우리 왕성교회가 그러했고 다른 교회들도 동일하였다.

  교회 건축은 특히 세상 사람들로부터 많은 비판을 받는다. 그들의 판단은 교회를 크게 짓는 돈으로 가난한 사람과 선교사들을 돕는 것이 더 좋다는 것이다. 하지만 한국교회는 교회 역사가 짧기 때문에 백년대계의 계획이 필요하다. 그 결과는 후손들이 누리게 되는 것이다. 그 당시 1970, 1980년대에는 고속성장과 함께 교회도 급성장을 이어가고 있었다.

## 고난의 폭풍 뒤에 찾아온 육신의 질고

6년 동안 죽을힘을 다해 성전 건축을 마치고 나니 성취감과 기쁨을 누리게 된 것이 아니라 나의 육신의 장막이 무너져 있었다. 물론 헌당예배 후에 그동안 쌓였던 긴장감이 풀어지면서 후유증이 오는 것은 당연하지만, 의사인 내 자신도 건강을 돌보지 않음으로 인해 그 한계에 다다르고 심각한 후유증까지 낳게 된 것이었다. 늘 수면 부족에다가 불규칙한 식사와 운동 부족, 무엇보다도 정신적인 긴장과 스트레스 등 매우 복합적으로 육체적, 정신적인 면에 심각한 고장 증세가 나타났다.

건축을 마친 다음 어느 날부터 몸이 제대로 움직여 주질 않았다. 일어설 수 없을 정도였다. 그런 상태가 3, 4개월 동안 지속되었다. 사실상 목회를 한 후 8년 이상을 아무런 휴식과 안식년 없이 질풍노도 같이 달려왔다. 내 몸이 무쇠가 아니었는데 의사인 내 자신이 너무도 육신의 건강을 무시하며 오직 교회 부흥과 교회 건축에 나의 모든 것을 소진시켰던 것이다.

장기적인 휴식이 필요하였지만 나는 강단을 비울 수가 없었다. 양떼들은 목자가 눈에 보이지 않으면 흩어지는 것인데, 예배당을 크게 지어놓고 장기적으로 목회를 쉰다면 지금까지 죽을 고생을 하여 이루어 놓은 것이 사상누각이 될 것은 뻔하였다.

병원에 가서 종합검진을 받아 보니 심각한 수준이었다. B형 간염으로 얼굴 색깔이 검어져 있었고, 그동안 정신적 스트레스로 인해 협심증도 심하였다. 심장의 관상동맥이 3분의 1이나 막혀 있었다. 거기에다가 위염을 수시로 앓고 있었다. 그뿐 아니라 그 이전에 담낭에 종양이 생겨 제거 수술을 한 바 있었다. 어렸을 때부터 폐결핵도 앓았다. 그 외에도 전립선과 디스크는 늘 달고 살아왔다.

내게 가장 고통을 주는 병은 무릎 통증이었다. 여기에는 이유가 있다. 평생 동안 기도할 때는 무릎을 꿇고 몇 시간씩 기도하는 습성이 고질병을 만든 것이었다. 정밀 촬영 결과 수술 불가로서 너무도 심각하게 관절이 파괴되어 있었다. 나이가 들자 송곳으로 뼈를 찌르는 듯한 고통이 이어졌다.

병세가 더욱 심각해져서 6개월 동안 하반신 마비가 오자 지독한 우울증과 무기력증을 벗어나지 못했다. 이런 무너진 모습을 교인들에게 알리고 싶지 않았다. 마음은 움직이고 싶었으나 몸이 따라주지 못하게 되자 예배당 완공 후에는 3년의 세월을 누워서 보냈다. 그러한 극심한 상황에서도 강단은 비울 수가 없었다. 그래서 수요일과 주일에는 배에 복대를 역도 선수처럼 차고 겨우 허리를 지탱하며 설교를 하였다. 설교를 마친 다음에는 침상에 뻗어 버렸다. 외부 설교 때에는 의자에 앉아서 하였다.

분명한 것은 생명은 하나님이 주시지만 건강관리의 책임은 인간에게 있는 것이다. 건강은 하나님이 나에게 주신 육신의 자산이다.

◉ 나의 목회 현장에서 발견한 한 줄 목회보감 2
  하나님은 쓰실 사람을 부르시고 준비시키신다.

part 2

**나의 목회 사역**

한평생 사역을 돌아보다

# 3장
## 나의 영성목회와 교회의 부흥 전략

### 예배당 헌당 후 안일에 빠진 나의 영성

큰 예배당의 건축과 시설은 건물로서만의 가치가 있는 것이 아니었다. 거기에 걸맞은 성도의 영적인 역량이 채워져야 했다. 그러나 나 자신부터가 지쳐 있었고 새로운 교육 프로그램이나 변화를 주고자 할 때에 성도들은 따라오지 못했고 호응이 낮았다. 나는 앞서 가려고 하지만 교인들은 따라오지 못하거나 불응하기도 하였다.

사실 목자는 양들이 따라올 때까지 기다려 주어야 한다. 그들의 상태를 보아가면서 몰아가야 하는 것인데, 목자가 조금이라도 더 멀리 가려 하고 빨리 가려 하는 데에서 균형이 깨어지는 것이었다. 교회가 성장할수록 나의 부족함도 더 드러났고 인간적인 안일한 생각이 들면서 이제는 다른 교회에서 새롭게 시작해 보았으면 하는 마음이 들면서 이렇게까지 기도하였다.

"하나님, 다른 곳으로 보내주십시오. 저는 더 이상 이곳에 있고 싶지 않습니다. 저 스스로가 생각해 보아도 그렇게 잘못한 것도 없는데, 왜 사람들은 나를 괴롭히고 배척하고 배신합니까? 제가 목회를 열심히 하지 않았습니까? 돈을 밝혔습니까? 아니면 성도들에게 품격 없는 행동을 했습니까? 다른 곳으로 보내주시면 더 많은 결실을 맺을 텐데, 왜 안 보내 주시는지요?"

지치고 탈진된 나의 모습을 교인들에게 보이고 싶지 않았다. 그들 앞에서는 허허 웃으면서도 속으로는 힘들었고 괴로웠다. 7년째 되는 어느 날 기도하다가 갑자기 내 기도가 어린아이처럼 엉뚱한 기도를 하고 있다는 생각이 들었다. 내가 생각하기에도 우스웠다. 그때 하나님의 음성이 들리는 듯했다.

"길 목사야, 네가 다른 곳으로 가고 싶다고 해서 가면, 어찌 내가 너를 보내는 것이냐? 넌 군사인데, 상부에서 최일선에 가라고 하면 가야지, 후방에 가고 싶다고 후방에 갈 수 있느냐?"

이때 크게 위로를 받았다.

'아! 주님이 정말 나를 신뢰하니까 어려운 지역에 보내셨구나. 또 내가 맏아들처럼 믿음직하니까 보내신 것이구나.'

그때부터 도피적인 생각을 버리고 하나님 앞에 더욱 낮은 자세로 섬겨야 한다는 마음을 새롭게 하였다. 분명한 사실은 내가 하나님 앞에 쓰임 받고 있고 사랑받고 있다는 것이었다. 인간적인 생각으로는 나도 누구 못지않게 수만 명, 수십만 명의 교회를 감당할 수 있다는 생각을 갖고 있었으나, 하나님께서는 나의 능력과 용도에 맞게 이곳 신림동의 왕성교회로 보내 주신 것이었다.

그렇다. 나를 이곳에 보내 주신 분이 하나님이시고, 내가 서 있어야 할 자리가 바로 이곳임을 다시 확신하게 되었다.

그날부터 나의 기도가 달라졌다.

"주여, 제가 신림동에서 삶이 어렵고 고단한 성도들과 함께 온갖 고통과 괴로움과 심지어 사람들의 오해와 배척을 받으면서 이곳을 지키고 있게 하심에 진심으로 감사드립니다. 주께서 제 목회지를 옮기시지 않는 한, 저는 이곳에서 뼈를 묻겠습니다."

놀라운 것은 이렇게 내 마음이 정해지자 갑자기 성도의 수가 2천여 명으로 늘어났고 재정적으로도 안정되었다. 1989년 나는 다시금 마음을 다졌다.

'여기가 내 무덤이다.'

## 성도 연령층의 불균형을 발견하다

몸도 어느 정도 회복되자 목회에 힘을 얻어서 날로 부흥되어 갔다. 어느 날 교회 성도들의 연령 계층을 따져보니 연령층이 거의 한 세대가 비어 있는 비정상적인 교회임을 발견하게 되었다. 교회의 허리가 되는 젊은 계층인 청년들이 이가 빠진 듯 비어 있었다. 충격적인 수치는 2천 명이 넘는 교회에 청년이 70-80명에 불과하다는 것이었다.

그 순간 아차 하는 생각이 들면서 정신이 번쩍 났다. 그동안 정신없이 어려운 환경을 넘기다 보니 교회에 청년들이 비어 있음을 알지도 못했다. 그때부터 나는 청년목회의 비전을 갖고 내가 먼저 청년들에게 다가갔다.

청년목회의 부흥 키워드는 '관심'이었다. 그것은 현란한 프로그램이 아니었다. 청년들은 기성세대의 관심을 먹고 사는 것이다. 그래서 청년목회라는 캐치프레이즈를 걸고 당회장으로서 내가 먼저 한 것은 관심의 표현이었다. 한의학을 공부한 나를 얼마나 고루하고 따분하게 여겼을까. 하지만 나는 그런 틀에 갇혀 있는 사람이 아니라 멋쩍게 말하면 좀 튀는 스타일이라는 것을 보여주었다.

청년목회에 매진한 결과 출석 인원 총 2천4백에서 2천5백여 명 중에 절반이 좀 못 되는 젊은층들이 채워졌다. 교회 목회도 어느 세대에 집중하느냐에 따라 성장과 균형이 달라지는 것이었다. 그렇게 해서 1980년대 당시 한국교회에서 가장 대표적인 청년 사역 교회로 알려졌다. 청년목회에 성공하기 위해서 청년들을 전도하고 성경공부를 시작해서 교회로까지 연결하는 사역을 해나갔다. 그것이 흔히 말하는 교회병립 단체적인 청년 사역(parachurch movement)이다.

나는 어려서부터 기성교회에서 성장했기 때문에 거시적인 목회전략과 시대감각 등이 뒤처져 있었다. 젊은 세대가 무엇을 원하는지 잡아내는 데 시간이 많이 걸렸다. 결국 나는 이런 생각에 도달하게 되었다. '청년 학생 선교단체 주류의 청년목회의 장점을 활용하되 그것을 기성교회 안에서 꽃피울 수 있는 모델교회를 만들어 보는 것'이었다.

사실상 기성교회에는 청년들이 매력을 느낄 만한 프로그램도 없고 무엇보다 담임목사가 열린 의식을 가지고 관심과 물질 지원과 프로그램 제공을 못하고 있는 상황이었다. 담임목사가 양복을 벗고 아이들과 함께 티셔츠를 입고 함께 수련회에 가서 뒹굴면 청년들의 수는 금방 불어난다. 사실 기성세대들은 청년들이 머리를 염색하고 노출이 심한 옷을 입고 교회에 오면 거부감을 갖지만 나는 생각을 달리하면서 그들과 반갑게 격식 없이 인사하고 농담도 하고 대화를 시도하였다.

담임목사가 청년들을 멀리하면 그들은 교회를 멀리한다. 요즘 청년들은 자기 표현과 열망이 강하다. 흔히 말하는 영성의 갈망(Longing for spirituality)을 끄집어 내어 개발시켜 주어야 한다. 그렇게 되면 그들 스스로가 세속화에서 멀어지면서 그리스도인의 정체성을 정립하게 된다.

학생층들이 사회인이 되고 가정을 이루게 되면 이들이 교회의 중추가 되는 것이다. 이들이 사실상 기성세대를 이어가는 고리 역할을 하게 됨으로 학생 청년층부터 집중적이고 체계적인 교육과 관심과 지원이 필요하다. 한번은 어느 기독단체에서 수련회에 가장 모시고 싶은 강사를 놓고 설문조사를 하였는데 400명의 청년이 응답한 가운데에 내가 220표를 얻어 당당히 1위를 차지하기도 하였다.

나의 청년목회 방법론은 단순하다. 왕성교회가 보수적인 교회이고 내 목회의 기조는 영성이지만 나는 청년들에 관해서라면 결코 독단적으로 일하지 않았다. 청년부에 중요한 현안이 있으면 청년부 6개 조직의 리더들을 모아서 함께 식사하면서 그들의 의견을 듣고 최대한 그들의 바람을 반영해 주었다. 이는 그들에 대한 교회의 관심이고 사랑이며 배려인 것이다.

왕성교회는 청년부 기도회를 십자수기도원에서 두 달에 한 번씩 가졌다. 150-200여 명의 청년들이 모여 기도했다. 기도원에 올라오는 청년들을 보면 머리를 염색하고 피어싱한 청년들, 기성세대가 거부감을 갖는 형형색색의 옷을 입은 청년들도 있다. 그러나 그들은 일단 기도하기 시작하면 매우 열성적으로 진지하게 기도한다. 그것이 그들의 영성인 것이다.

놀라운 일은 그 청년들의 영성이 기성세대들을 변화시킨다는 것이다. 나이가 든 세대들은 오직 찬송가만 부르려고 하지만 이제는 젊은층들이 부르는 복음성가를 본 예배 시간에도 함께 부른다는 것이다. 기성세대도 청년과 함께 그들이 좋아하는 찬양을 하면 함께 젊어지는 느낌이 들고, 세대 차이 없이 주 안에서 하나가 되는 공감대가 형성된다. 특히 금요철야예배와 특별집회에 청년들이 주도하는 찬양의 시간을 가졌다.

나는 지금도 그 청년들과 함께하고 싶다. 처음에 70명의 청년부가 이제는 1천여 명이 넘는 큰 무리가 되었으니 청년목회도 성공을 한 것이다. 청년목회의 성공은 그 교회의 성장 지속성을 키워주고 뿌리와 줄기와 가지를 넓게 하며 결국은 열매를 맺게 한다. 그리고 그 교회는 젊음을 유지하는 생동감 있는 교회가 되는 것이다.

우리 교회는 청년들이 교회에만 머무는 것이 아니라 국내외의 비전트립과 다양한 봉사활동을 하여 농활과 의료봉사, 사회구제 기관 봉사 등에 참여하고 있다. 교회가 하고 있거나 해야 할 일을 직접 체험시킴으로 교회의 사회에 대한 봉사정신과 교회의 역할을 체험하도록 하고 있다. 교회를 중심으로 모여 배우고 기도하며 친교하는 그들의 눈을 교회 밖으로도 돌려 교회와 기독교인들이 지금 이 시대에 무엇을 해야 하는지를 보여주고 체험시킨다는 것은 교회의 활동 영역을 넓히는 것이다. 그리고 이 사회에 참된 빛과 소금의 역할을 인식시킴으로 그리스도인의 정체성을 심어주고 확인시켜 주는 것이다.

### 영성에 지성을 더하여

나는 영성이 약한 설교와 논리로 두뇌와 가슴으로 파고들지 못하는 설교를 극복하려는 노력을 내 나름대로 해왔다. 설교자에 따라서 살아온 과정과 처한 환경으로 유독 논리에 강하고 문화적 세련됨을 특히 강조하는 사람이 있다. 이런 설교자들은 주로 어떤 테마가 있으면 먼저 자기 지식으로 쭉 논리를 전개한다. 그리고 마지막에 가서 성경 혹은 성경적인 교훈을 끼워 넣는 식이다.

수사와 적용 면에서는 훌륭하지만 하나님이 기뻐하시는 설교인지는 의문이 든다. 설교자가 경건 생활, 수도사적이라고 말할 정도의 경건훈련을 하지 않고는 자기 논리와 철학에 갇힌 설교를 할 위험이 크다.

어떤 설교자들은 영성이 깃들인 설교라고 하면 논리력, 문학적 취향, 수사력이 무시된 설교라고 생각한다. 그러나 영성이 깃들인 설교는 결코 논리와 수사를 무시하지 않는다. 만약에 영성을 빙자하여 논리 비약이 심한 설교를 하면 그 주장에는 동조할지 몰라도 지적 코드가 맞지 않아 공감이 일어나지 않게 된다.

요즘 성도의 수준을 과거 30년 전과 비교하면 큰일이 난다. 과거에는 고학력 출신들이 적었지만 지금은 합리적인 추론을 중시하는 지성인들이 대부분이다. 이들을 고려하는 설교를 하지 못하면 성도들은 한심하다는 듯 팔짱을 끼고 앉아 있게 된다.

현대 지성의 특징은 분석이다. 그리고 분석은 논리라는 도구를 써서 이뤄진다. 그러나 영적 세계는 분석과 논리보다는 내적 연합(internal union)과 통합(integration)을 통해 이루어진다. 따라서 현대 지성인들의 눈에는 이러한 영적 세계의 특징이 논리적인 비약으로 보이는 것이다. 설교자는 이 논리적 공백을 메워주고 단계를 이어주어야 한다. 그렇지 않으면 혼자 즐기는 설교가 되고 만다.

예수님도 영적 세계를 보여 주기 위해 성육신하셨는데, 설교에 육화가 이루어지지 않는다고 해서야 말이 되겠는가. 현대인들을 위한 설교의 육화가 바로 영성이 깃들인 논리적 설교이다. 설교의 내용은 영적이라도 전달 과정은 합리적이어야 한다. 현대인들의 지적 코드에 맞추어서 설교를 해야 공감과 소통과 감동으로 이어지게 된다.

### 고난에서 우러나오는 영성 설교

고난은 목회의 방법까지 창출한다. 배척당함, 경제적 고통, 외로움, 그리고 질병과의 싸움 등 이런 역경 속에서 지금까지 쉼 없이 달려올 수 있었던 것은 목회와 교회에 미쳐 있었기 때문이다. 모든 일은 자신이 땀 흘린 만큼 그 열매를 스스로 거둔다. 그것도 효율성 있게 해야 한다.

유능한 목회자는 성도를 잘 훈련시키는 목회자이다. 자기가 영적 체험이 많다고 해서 그것이 바로 목회의 결실이 되는 것은 아니다. 어느 목사님은 40일 금식기도와 산기도를 자주 하면서 목회에 어떤 변화와 부흥을 기대하기도 한다. 그러나 그것이 나의 영성에 도움은 되지만 교회 전체와 성도들에게는 별로 영향을 주지 못한다. 목회자의 영성은 보편적이면서 어느 사람이나 어느 지역에서도 감동과 소통이 이루어져야 한다. 강남에서 통하는데 강북에서는 안 통하면 그것이 무슨 복음이고 성경적 영성인가.

　목사가 고난을 당해 보지 않으면 고난의 설교를 해도 고난당하는 사람들에게는 감동이 되지 않는다. 고난을 경험한 목회자의 메시지가 온 성도들에게 감동을 안겨 줄 수가 있고 그들과 소통할 수 있다. 나는 가난한 동네인 신림동 달동네에서 생활고에 신음하는 많은 성도들을 보고 그들과 함께 그 고난의 현장을 체험하며 때로는 그들이 내게 많은 상처와 고통을 주더라도 피하거나 외면하지 않고 이를 견뎌내며 이끌어 왔다. 그러기에 그 고난의 모습을 성도들이 인정하고 공감할 때 설교의 메시지도 힘을 받게 된다.

　나는 지역적으로, 시대적으로 많은 고난을 수십 년의 세월을 통해 체득하였다. 가난하고 무지하고 열등감이 많은 성도들을 놓고 목회한다는 것은 경험해 본 사역자만 알 수 있다. 내가 만일 안정된 청량리의 동도교회에서 최훈 목사님의 요청대로 미국에서 박사학위를 받고 들어와서 이미 부흥 성장한, 안락한 목회 사역을 했다면 지금 나의 영성이 형성될 수 없었을 것이다.

　나는 고난이 뒷받침하고 역경이 입증하는 목회를 함으로써 교회가 부흥할 수 있었고 나의 영성도 나이테처럼 쌓일 수 있었다. 고난의 목회는 축복이고 목회의 원동력이 된다.

## 영성이 강한 성도의 양육 전략

나의 목회의 첫출발은 교육목표를 '훈련을 통해 정예군대를 길러낸다'에 두지 않았다. 교인의 엘리트화보다는 고난 속에 허덕이는 성도들과 함께 기도와 말씀의 훈련을 하는 쪽으로 가닥을 잡은 것이다. 그러면서 이러한 다중목회의 한계를 극복하기 위해 매년 신년 첫 주일 동안 각 부서별로 성경통독회를 가졌다. 성경통독회가 끝나면 즉시 금식기도, 철야기도 등 총동원 기도회에 들어간다. 깊은 기도를 경험하게 하는 것이다.

그리고 성경쓰기운동을 이어갔다. 이 운동은 왕성교회가 최초로 시작하였다. 약 1천여 명 이상이 이 운동에 동참하였다. 자원자가 많을 때는 1천7백여 명에 이르기까지 하였다. 이는 실로 엄청난 동참이었고 변화였다. 이러한 훈련의 과정을 통해 평신도들의 영성에 변화가 왔고 교회가 변화되었고 부흥으로 이어졌다. 이와 같은 변화와 성장은 교리적 가르침보다 저들이 직접 체험하며 느끼며 스스로 감동과 성취감을 갖게 하는 것이었다. 나아가서 저들은 말씀과 목회자에 대한 순종의 삶으로 성숙해 갔다.

이런 다양한 방법을 동원해 '영적 신자'를 만들어 갔다. 주일 예배 후 늦은 밤까지 모여서 중보기도의 필요성을 강의하고 30-40분씩 간절히 집중적으로 기도한 후 집으로 돌아가도록 했다. 그뿐만 아니라 산상기도회도 열었다. 기존의 기도원 운동이 지닌 한계와 폐해를 극복하기 위해 일 년에 두 번은 반드시 강해 설교를 통해 성경 파노라마를 보게 했다. 가을에 7시간에 걸쳐서 로마서를 완독하고 7개의 테마를 잡아서 '믿음으로 말미암아 의롭게 된다'는 교리의 진수를 맛보게 하였다.

이렇게 훈련시키면 깊은 신앙이 없는 사람들은 상당히 피곤해한다. 성도들 중에 초신자라서 금식이 뭐고 십일조가 뭔지 모르는 성도는 자기는 못하지만 목사가 그렇게 가르쳐 주면 매우 좋아했다. 목사와 교회가 열심히 영성의 성장을 위해 열심히 하면 자기는 못 따라와도 "우리 목사님, 우리 교회는 훌륭해!"라고 인정한다.

왕성교회는 부흥회가 많기로 유명하다. 1년에 여섯 번 부흥회가 열린다. 신년 부흥회는 십자수기도원에서 내가 직접 인도하고 이때 참석하지 못하는 사람들을 위해서 1월 말에 외부 강사를 초빙하여 부흥회를 한다. 4월에는 부활절을 전후해서 외부 강사가 인도하고, 8월에는 두 번에 걸쳐서 여름 심령부흥회를 연다. 11월에는 젊은 목사들을 초청하여 청년 부흥회를 연다.

그렇게 기도에 뜨겁고 말씀에 불붙은 교회라고 해서 항상 성장곡선을 타는 것은 아니다. 꾸준히 성장하다가도 정체가 올 수 있는데 이때 소강상태를 돌파해 나갈 수 있는 좋은 방편이 전도운동이다.

기도로 불이 붙었는데, 또 영적 생활이 체질화되고 신령한 생활을 사모하기는 하는데, 도무지 양을 낳는 양이 쉽게 만들어지지 않는 문제를 어떻게 돌파해야 하는가? 이것이 가장 큰 문제였다.

이에 대한 해결 방법이 태신자 전도였다. 이는 자신이 누군가를 전도 대상으로 삼고 그를 마음에 품고 기도하는 것이다. 마치 임산부가 아기를 태중에 잉태하고 영양분을 공급하여 때가 되면 출산하는 원리와 같은 것이다. 먼저 기도로 대상을 품은 다음에 그 사람과 접촉하고 관심을 보이면서 적합한 기회에 전도하여 교회로 이끄는 것이다. 이러한 방법으로 교회로 인도되는 새로운 교인이 폭발적으로 늘어나게 되었다. 이 태신자 전도는 정체된 교회 성장에 다시 생기를 불어넣었다.

● 나의 목회 현장에서 발견한 한 줄 목회보감 3
  영성목회와 부흥의 기본은 말씀과 기도이다.

# 4장
## 나의 목회 현장에서 발견한 목회보감

### 예방기도와 치료기도

성경은 목회의 교과서이다. 목회의 근본에서부터 방법까지 전부 성경에 나온다. "내가 기뻐하는 금식은 흉악의 결박을 풀어 주며 멍에의 줄을 끌러 주며"라는 이사야 58장 6절의 말씀을 보아도 알 수 있다. '흉악의 결박'을 환난과 시험으로 볼 때 이런 모든 것을 끊을 수 있는 것은 하나님이 기뻐하시는 금식인데, 금식이란 포괄적으로 기도라고 할 수 있다.

따라서 목회자가 어떤 환난과 어려움을 당해도 기도만 하면 해결된다. 나는 성경을 읽으면서 기도에는 두 종류가 있다는 것을 발견하였다. 첫째는 예방기도이고 둘째는 치료기도다.

첫째, 예방기도는 시련이 오기 전에 예방될 뿐더러 시험이 오다가도 물러간다. 기도를 많이 하는 교회는 항구에 방파제를 쌓아 놓는 것과 같다. 태풍이 불어도 방파제가 일차적으로 막아 그 풍력을 저하시켜 밀려오는 파도의 위력을 잃게 하는 것처럼 교회가 부딪히는 고난과 어려움도 기도 앞에서 허물어진다.

분명히 시험이 오는 것이 보이는데 그 시험이 오다가 중간에서 사그라지면 분명히 누군가가 기도하는 사람이 있다는 것이다. 그래서 겁이 나지 않는다. 지금까지 왕성교회는 시험에 들 사건들이 많았다. 아무리 교회 비전이라고 하지만 담임목사가 당회와 상의 없이 학교 부지를 사놓지 않나, 미국에 학교를 세운다고 하지 않나, 아무튼 성도들이 이해하기 힘든 일들투성이였다. 다른 교회 같으면 풍비박산이 났을 것이다.

그런데 왕성교회 성도는 달랐다. 첫째는, 기도하는 사람들이기에 하고 싶은 말도 다 기도로 해버린다. 둘째는, 담임목사가 40여 년 가까이 목회하는 중에 부도덕한 행위를 한 적이 없었다. 분명한 점은 담임목사가 기도 없이는 움직이지 않는다는 것이다.

기도에 목숨을 걸면 다 변한다. 기도의 창고에서 꺼내도 마르지 않는 신비의 세계가 있다. 말로 통하지 않는 감동과 감화와 교육적 기능이 기도에 있다. 담임목사의 기도라면 온 성도들이 신뢰를 하고, 목사는 하나님께 기도함으로 불가능을 가능으로 변화시키는 역사를 일으키면서 주 안에서 하나 되게 하는 능력이 있다.

둘째, 치료하는 기도는 사후기도로서 이미 문제가 발생되어 해결해야 할 경우 하나님께 기도함으로 인간이 할 수 없는 일들을 사람을 통하여 또는 알 수 없는 신비한 일들을 통해 해결이 된다.

애굽에서 4백 년 동안 종살이하던 이스라엘 백성이 출애굽하였으나 홍해에 이르자 어찌할 바를 몰랐다. 그때 모세는 백성에게 "여호와께서 너희를 위하여 싸우시리니 너희는 가만히 있을지니라"(출 14:14)고 선포한다. 이스라엘 백성들은 바로의 군사들에 의해 다 잡혀가든지, 그렇지 않으면 바다에 다 빠져 죽든지 둘 중의 하나였다.

그러나 하나님께서는 인간의 절체절명의 위기를 하나님의 능력으로 갈라지게 하셨다. 그 일을 모세의 기도의 지팡이를 통해 해결하셨다. 하나님께서는 초자연적인 역사로 그들이 물 한 방울 적시지 않고 마른 땅을 건너가게 하심으로 완벽한 출애굽의 역사를 종결하셨다. 기도는 마스터 키라고 한다. 즉 모든 문을 열 수 있는 것이다.

우리는 범사에 예방기도와 치료기도로 모든 문제들을 사전에 또는 사후에 해결해 나갈 수 있다. 분명한 사실은 발생된 어떤 문제도 하나님께서 다 해결하셔서 모든 것들이 합력하여 선을 이루게 하신다는 것이다.

### 자녀를 위한 축복기도

'가화만사성'(家和萬事成)이라는 말은 가정이 평안해야 모든 일들이 다 잘 이루어지고 행복이 가정으로부터 시작된다는 뜻이다. 목회도 예외가 아니다. 목사가 목회에 집중하고 성도들에게 덕을 끼치고 본을 보이려면 가족 간에 화목해야 한다. 특히 아내와 자녀와 아버지의 사랑의 관계가 선제적으로 형성되어야 목회에도 전념할 수 있고 자녀와 사모에게도 존경받을 수 있다.

그러나 교회를 개척하거나 교회의 규모가 커지면 가족 간의 소통과 관계를 긴밀하게 갖는다는 것이 결코 쉽지 않다. 어느 목회자는 목회에는 성공했으나 가정적으로는 많은 아픔과 상처가 있는 경우가 많다. 자녀들은 아버지의 사랑과 관심에서 멀어지면 탈선하기 쉽다. 그러므로 가정 사역도 목회의 한 축이다. 가정이 견고해야 강단의 권위도 선다. 성도들은 목회자의 모든 사생활까지도 관심의 대상이고 늘 바라보고 있다.

나도 자녀 교육이라면 영 자신이 없다. 그저 하나님께서 전폭적으로 사랑해 주셔서 큰 탈선을 안 한 것을 다행으로 생각할 뿐이다. 나는 기본적으로 내 자녀가 내 것이라고 생각하지 않았다. 창세기 33장 5절 말씀대로 "하나님이 주의 종에게 은혜로 주신 자식들이니이다"라고 고백할 뿐이다. 즉 자식은 은혜의 선물이다. 하나님께서 아이들을 우리 부부에게 주셨을 때는 우리가 맡아서 하나님이 기뻐하시는 대로 양육해야 한다는 생각을 가지고 있었다.

그래서 나는 아이들에게 평생 공부하라고 잔소리를 하지 않았다. 나도 공부를 등한시했었다. 나는 아버지에게 속을 많이 썩여 드렸다. 하지만 아버지는 나에게 꾸지람이나 손찌검을 하지 않으셨다. 지금도 귀에 쟁쟁하다. "자연아, 은혜 받으러 가자"라고 하면 나는 "공부해야 하는데요"라고 못마땅하게 말하면서 책상에 그대로 앉아 버렸다. 그러면 아버지는 나의 뒤에서 몇십 분이고 아무 말 없이 기다리셨다. 내가 나가셨나 하고 뒤돌아보면 그 자리에 그대로 계셨다. 그러면 나는 툴툴거리면서 부흥회에 따라갔다.

대학생 때는 친구들과 놀러 다니는 일에 많은 시간을 소비했다. 아버지는 나를 기도원에 데리고 가시려고 삼각산에 가서 기도하고 오면 양복을 해 주신다고 하셨다. 나는 양복이 탐나서 아버지를 뒤따라갔다. 아버지는 나를 선하신 지팡이로 인도하셨다. 그러니 내가 속썩일 때 부모님이 얼마나 많은 기도를 하셨겠는가. 지금도 생각해 보면 죄책감이 든다.

나는 불철주야로 목회를 하면서 자녀들의 얼굴도 제대로 못 보고 대화의 시간도 거의 갖질 못했다. 교회 일을 늦게까지 하고 집에 가면 아이들은 잠을 자고 있었다. 나는 잠자는 아이에게 손을 얹고 기도하였다. 성악을 공부하는 딸에게는 목에 손을 얹고 "주님, 사랑하는 딸에게 세계적인 목소리를 주시고 음악을 통해 하나님께 영광 돌리게 하옵소서!"라고 기도하였다. 딸이 이태리에서 유학하고 있을 때에 학교를 찾아갔다. 그때 담당 교수가 딸을 칭찬하기를 "따님의 성대에는 다이아몬드가 박혀 있습니다"라고 했다.

아들 방에 들어가서도 아들 녀석의 머리와 가슴에 손을 얹고 기도했다.

"하나님! 제 아들이 훌륭한 목사가 되게 하여 주옵소서!"

아들은 결코 목사가 안 되겠다고 단언하였다. 나는 아들에게 "너는 꼭 목사가 되어라" 하고 얘기를 했다. 고등학생이 되어서는 그런 나의 말에 반항하였다.

"목사는 죽어도 안 합니다. 누구 마음대로 목사 하라고 시킵니까? 저는 아버지처럼 슈퍼맨이 아니라서 못합니다."

자기는 감성이 예민해서 영화감독을 할 것이라고 했다. 대학을 간

후에는 공부는 뒷전이고 주한미군 소속 군인들과 어울려 다니면서 영어를 배우고 그들이 만든 영화 동아리에 나가기 시작하는 게 아닌가. 그래도 나는 묵묵히 기도만 하였다.

그렇게 5년이 흐른 후에 어느 날 아들이 내게 다가와 무릎을 꿇고 말했다.

"아버지, 제가 순종하겠습니다. 신학교에 진학하기로 했습니다."

그러고는 두문분출하면서 공부하더니 총신대 신대원에 들어갔다. 이처럼 자녀 교육은 기도가 특효라고 생각한다. 나 자신이 청소년기에 방황해 본 경험이 있기에 목회자의 자녀들이 교회의 아킬레스건이 되지 않도록 하기 위해서는 많은 기도가 필요하다.

자녀를 위한 무릎기도와 더불어 우리 아이들 교육에 결정적인 영향을 끼친 것이 또 있다. 그것은 아내와 나의 관계로, 아내의 헌신이 극진하였다. 나는 아내를 친구처럼 대했다. 이런 모습을 보며 자식들은 곱게 잘 자라주었다. 또한 아내는 바쁜 나를 대신하여 아이들을 더 많은 사랑으로 키웠다. 지금은 주님의 품안에서 안식을 누리고 있는 아내에게 너무나 고마운 마음이 들면서 더욱 그리워진다.

## 재정 운영과 사례비의 활용

왕성교회에서 20여 년 이상 재정을 맡아 보신 한 장로님이 있다. 내가 모 선교기관에 보내야 할 기부금의 액수를 말씀드리면 아무리 어려워도 순종하신다. 모 은행의 지점장을 지낸 분으로서 그분이 맡은 지점은 전국의 은행 가운데서 가장 높은 수신고와 예금 유치율을 기록했다. 이런 능력 있는 분이 교회의 많은 어려움 속에서도 오해를 무릅쓰고 내 목회에 발벗고 나서서 큰 힘이 되어 주셨다.

목회는 사람을 대상으로 하는 것이다. 그래서 목회자는 하나님을 대리해서 사람들을 영적으로 보살피고 계발하는 영적 관리자이다. 사람을 관리하다 보면 상처를 주는 사람도 있지만 목사는 결국 목회에서 사람으로 인해 위로를 받아야 한다. 그런 위로자들이 어떤 목사에게나 있게 마련이다.

목회자가 사례비를 적게 받으면 양심적이라고 하는데, 여기에는 생각해야 할 몇 가지 면이 있다. 목회자가 사례비를 적게 받으면 의외로 교회가 재정적으로 많이 위축된다. 돈을 써야 할 데도 못 쓰고, 그저 돈을 안 쓰려고만 하기 때문이다. 아니, 교회가 생명을 살리는 일을 하는데, 돈 없다고 죽어가는 사람을 보고 있을 수는 없다. 도움을 구하는 가난한 사람들과 가난한 사역자들을 외면할 수 없다. 나는 후배들에게 교회 재정이 허락되는 대로 사례비를 많이 받아 헌금도 많이 하고 구제활동에도 많이 사용하라고 한다.

교회 재정의 대체적인 윤곽은 내가 기도하며 미리 세운다. 그리고 재정부장과 둘이 앉아서 지난해를 결산한다. 그것을 바탕으로 새해 재정안을 구상해 오라고 한다. 그리고 검토하여 부족한 부분을 체크한다. 물론 재정부장의 의견도 최대한 수용한다. 나는 최대한 교회 돈을 절약한다. 당회장 활동비도 될 수 있으면 나의 사비로 충당한다.

담임목사는 헌금에도 성도들에게 모범을 보여야 한다. 십일조는 물론 건축비, 선교비, 구제비, 성도들의 경조사비, 어려운 목회자들을 돕는 비용, 찾아오는 손님들의 접대비 등, 교회 규모가 크니까 여기저기서 도움을 달라는 사람들이 찾아온다. 그들을 빈손으로 돌려보낼 수 없다. 교회 재정을 하나님이 기뻐하시고 교회의 덕을 세우는 데에 많이 사용하면 그 보응으로 하나님께서 교회의 재정과 성도의 기업들에 복을 주신다.

왕성교회는 늘 재정이 부족해도 필요하다 생각되면 빚을 내서라도 실행한다. 가난한 교회를 돕고 학교도 세우고 세계선교 비용 등이 지출되지만 결국은 다 채워지며 지탱해 나간다. 교회 재정의 잔고만큼 일하기보다는 필요한 만큼 지출되면 부족한 것은 다시 샘물처럼 채워진다. 돌이켜 보면 확실한 교회의 비전과 꿈이 있으면 이를 실행하면서 재정을 준비하고 채워나가야 일이 성사된다. 오병이어도 절대적으로 부족한 상태였지만 예수님께서 축사하시니까 5천 명이 먹고도 열두 광주리가 남았다. 바로 그 원리이다.

목회는 벤처와도 닮았다. 헌금이 들어오면 사례비와 경상비용을 지출하고 여유 예산으로 운영하다 보면 교회 재정의 안정을 유지하지만 교회 재정의 그 이상에 대한 새로운 사역인 선교와 구제와 목회의 확장은 기대할 수 없다. 어느 목사님은 자신의 교회의 재정이 늘 남아돌 정도로 넉넉하다고 자랑을 하지만 실상은 자랑거리가 아니다. 그것은 곧 안일한 목회요, 현실에 안주하는 목회로서 그저 문제를 일으키지 않고 교인들에게 재정적 부담을 주지 않고 안전 위주로 가는 것이지만 그 목회는 더 이상 자라지 않는 분재 목회이다.

교회의 성장과 역할을 다이나믹하게 역동화하기 위해서는 새로운 일을 꿈꾸고 실행해야 한다. 여기에 그만한 재정이 투입되어야 한다. 사업상에서도 성장하는 기업은 새로운 분야를 개척함으로 그 기업은 때로는 모험을 감수하기도 한다.

현재 세계를 이끌어 가는 모든 글로벌 기업들도 다 모험을 통해 새로운 산업을 만들어 가고 있는 흔히 말하는 벤처기업들이다. 예를 들어 마이크로소프트사의 빌 게이츠, 페이스북의 마크 저커버그, 온라인 전자 상거래 유통 업체인 알리바바의 마윈과 아마존의 베조스 등도 세계의 산업을 이끌어 가는 창의적이고 혁신적인 모험적 벤처기업으로 시작하였고 성공신화를 이끌어 가고 있다.

교회도 마찬가지이다. 미국에서는 1, 2백 년 된 전통적 교회들이 세계 교회의 선두에 있지 않다. 가장 대표적 목회자가 새들백교회를 개척한 릭 웨렌으로 많은 교회들과 목회자들에게 표상이 되고 있다. 이 교회 또한 벤처정신에 입각한 교회이다.

나는 무에서 유를 창출하는 벤처목회 주창자이다. 벤처기업이 성공하는 데에는 엔젤 투자자들을 만났기 때문이다. 왕성교회는 끊임없이 새로운 일들을 창안하여 추진하였고 성도들은 열정적인 기도와 헌금으로 참여해 준다. 머릿속에 들어 있는 하나님이 주신 지혜와 아이디어와 분석력, 그리고 여기에 신앙을 더했을 때 역사가 만들어지는 것이 아닌가.

올림픽 역도에서 금메달을 딴 전병관과 장미란을 보면 알 수 있다. 현역 시절에 그들은 자기 몸무게의 몇 배가 되는 무게를 들었다. 손목 기술(snapping), 배의 힘, 하체의 힘이 잘 배분되어 몇 배 되는 바벨을 끌어 올렸다.

많은 목사님들이 하나만 성취하면 그것이 전부인 양 안주하고 만다. 예수님께서도 "네 믿음대로 될지어다"라고 하셨는데, 나는 이 말씀이 지금도 유효하다고 믿는다. 목회는 논리의 전개가 아니고 체험의 연속이기 때문에 도전 없이는 교회 성장이 안 된다. 삶의 도전을 통해서 어떤 꿈을 현실로 이뤄놓았을 때 따라오는 부가가치는 참으로 크다.

종종 나에게 산간벽지의 어려운 개척교회의 목사들이 재정이 어려워 당장이라도 교회의 문을 닫아야 한다는 어려움을 호소하면 따뜻한 위로와 개인적으로 재정 지원을 아끼지 않는다. 그 어려움을 나도 절절히 겪었던 터라 그 아픔을 알기에 지나칠 수 없다. 그런 사례는 해외의 선교사들도 마찬가지이다. 선교편지를 보내와서 얼마가 꼭 필요하다고 호소하면 가능한 한 그 요구에 응한다. 그것이 어려운 교회나 선교사들과 함께 나누는 목회가 되기 때문이다.

이제 우리 왕성교회는 목사와 장로들이 무슨 일에서나 하나가 된 마음을 이룬다. 서로 통하고 서로 신뢰하는 관계인 것이다. 장로들은 '아, 목회는 보이지 않는 것을 보이게 만드는 창조적인 작업이구나!' 하고 느끼는 것이다.

## 개척 목회자들을 향한 제언

나는 요즘 젊은 목사들에게 목사 안수를 받자마자 바로 개척하지 말라고 말한다. 어느 시점에서 어떻게 출발했느냐, 이것이 전체 목회에 큰 파장을 일으킨다. 준비되지 않은, 준비가 덜 된 목회의 출발은 유보하는 것이 낫다.

요즘은 교회를 개척하려고 할 때 상당한 액수의 개척 자금이 필요하다. 옛날처럼 텐트를 치는 것이나 지하상가를 얻어 개척하는 것이 최선은 아니다. 단독 목회를 할 수 있는 만큼 영적으로 갖추어져야 한다. 신학교를 졸업했다고 다 배운 것은 아니다. 학문적 필업자가 곧 실천목회와 실천신학을 다 마쳤다고 할 수 없다.

지금은 옛날처럼 목회자가 부족한 시대가 아니다. 매년 2천 명 이상의 목회자들이 신학교에서 배출된다. 1960-1970년대만 해도 개척 부흥기였기에 가능했지만 지금은 곳곳에 교회가 없는 곳이 없을 정도로 과밀하고 포화 상태이다. 목사 안수를 받고도 사역지가 없는 목사들이 많다. 물론 교회 개척은 누구에게나 열려 있지만 많은 준비를 갖추어야 한다. 그것이 본인에게나 교인들에게도 유익하다.

나 역시 신학교를 졸업하고 6개월 동안 입산 기도하고 목회에 뛰어들지 않았더라면, 또 유학을 하고 5년이나 10년 늦게 목회에 뛰어들었다면 목회자로서의 내 삶과 위상은 상당히 달라졌을 것이다. 성경과 신학과 영성을 통합하기 위한 깊은 묵상과 고독의 시간을 가졌더라면 분명 지금보다 나은 목회를 하였을 것이다. 나도 목회 초년생으로 많은 시행착오가 있었다. 목사 안수를 받기도 전에 전도사 신분으로 바로 시작한 목회로 많은 시련과 고통 속에 허우적거리면서 오직 주님만 바라보고 처절하게 매달린 적도 많았다.

주변에서 많은 사람들이 내가 목회에 성공했다고 말하지만, 목회는 성공이 중요한 것이 아니라 하나님 앞에서 목사로서의 양심에 들려지는 외침이 중요하다. 물론 나는 그렇게 충성되진 못했어도 거짓되게 하지는 않았다. 그러나 주님께서 주신 달란트에 비해 더 많은 것을 남겨드리지 못한 것이 주님께 죄송한 마음이다.

나는 신대원 3학년 전도사 시절에 목회에 뛰어들었다. 신학을 다 마치지도 않고 목회를 시작한 것은 바람직하지 않았다. 물론 1970년대 초기에는 전도사들도 많이 교회 개척을 하긴 했었다. 모세는 40년 동안 이집트 왕궁에서 왕자 수업을 받았고, 또 미디안 광야에서 영성훈련 기간을 40년 더 하였다.

"철 연장이 무디어졌는데도 날을 갈지 아니하면 힘이 더 드느니라" (전 10:10)는 성경 말씀처럼 무딘 칼날을 가지고 전쟁에 나가면 어찌 싸움에서 이기겠는가. 일본 사람들은 우동집을 수백 년에 걸쳐 대를 이어서 경영한다. 이태리에서는 시골의 조그만 마을에서 명품 섬유를 만들기 위해 400-500백 년의 대를 잇는 가업을 끊임없는 제품의 품질 향상으로 이어간다.

영혼을 살리는 기술 역시 오랜 연마가 필요하다. 내 체험도 이것을 반증한다. 나는 사실 영적 목회를 추구했기 때문에 다른 목회자들에 비해 그렇게 기갈에 시달리지 않았다. 나는 영적 목회, 영적 설교를 했다고 자부한다. 그렇지만 17-18년쯤 목회를 하니까 신학의 기갈

(burn out)이 왔다. 흔히 목회자들이 겪는 현상이기도 하다. 신학과 성경에 나름대로 견실하다고 자부해왔었으나 거기에 세밀한 연구가 부족하였다. 목회자는 평생 학자처럼 연구에 매진해야 한다.

성도가 700-800명 정도의 교회가 되면 자신도 모르게 현실에 안주하려는 경향이 나타난다. 그렇게 되면 흔히 사례비도 많아지고 생활이 안정되고 차도 고급 승용차를 타게 된다. 자녀들의 학비도 교회에서 지원해 준다. 그래서 생활하는 데 별 어려움도 없고 사모도 만족해한다. 그런데 목회자들은 정말 이때가 위기가 될 수 있다. 소위 중형교회 현실에 안주하면 목회는 물론이요 영적 생활 전체에 큰 타격과 위기가 온다.

대형교회 목사들은 정말 피곤할 것이다. 회중은 많고 요구도 다양하기 때문이다. 이름이 대외적으로 알려지며 그 능력을 정치적으로 이용하려는 교단 및 여러 단체의 단체장들이 불러내어 자신들의 목적을 이루려 한다. 이때 절제력을 갖지 못하면 이용당할 수 있고 여기에 휘말리면 많은 구설수에 오르게 된다. 그러면서 성도들에게는 외면당하고 목회에는 영성이 약화되어 결국 그 피해가 자신과 성도들에게 미치게 된다. 쟁기를 잡고 뒤를 돌아보는 것과 같다.

중형교회 목사들도 역시 현실에 만족해서는 안 된다. 생활이 안정되고 자녀 교육이 되고 교회 재정도 넉넉하게 되면 영적으로 게을러져서 교회의 외형은 안정되어 있지만 영적 쇠락으로 이어질 수 있다. 어느 경우에는 이를 극복하기 위해 비성경적인 목회 방법에 빠지게 된다. 여러 많은 교회들이 교회 분위기의 변신과 성장의 촉진을 위해 고액의 사례를 주고 유명 연예인들을 초청하여 전도 집회를 하거나 거물급 정치인들을 초청하여 교회의 권위를 세워보려는 전략은 결국 실패를 보게 된다. 목회의 새로운 전략은 지속 가능해야 하며 성경적이어야 한다. 교회 전통을 거스르면 덕스럽지 못한 결과를 목회자와 온 성도가 겪게 된다.

### 보수주의와 근본주의 목회의 균형

우리나라에는 두 부류의 목회자가 있다. 그중 하나는 세상과 세상의 모든 방법을 죄악시하고 오직 신앙적인 방법만으로 목회를 해야 한다고 보는 목회자들이다. 이들은 스스로 보수주의자라고 생각하지만 사실상 진리를 보수하는 것만으로 부족해서 방법론까지 보수한다. 이것은 보수주의가 아니라 근본주의에 가깝다.

나머지 하나는 방법론에만 집착하는 목회자, 그리고 너무 세속에 관심이 많아서 세속주의에 함몰되는 목회자이다. 이 양측은 모두 발전이 없다. 진리는 고수하되 방법론은 계속 개혁해 나가는 목회자와 교회만이 앞으로 두각을 나타낼 것이다.

산속에서 기도를 많이 하고 은혜가 충만해져서 주일에 내려와서 생명의 꼴을 전하는 목사도 훌륭하지만 고뇌하는 현실에 참여하면서 신령한 세계를 추구하고 현실 삶의 여건을 타개해 나가는 목회자는 더 훌륭하다. 그것이 곧 성경이 말하는 참 교회상이요, 참 목회자상이다. 이런 관점에서 교회와 목회는 중용 지도자가 필요하다. 진리를 고수하되 진리를 적용하고 표현하는 방법론은 시대상에 맞게 계속해서 개조해 나가야 한다.

예수님은 마태복음 25장에서 신앙생활을 달란트 비유, 즉 장사로 비유하셨다. 사실 목회만큼 신령한 장사가 어디 있겠는가? 밑지는 장사, 남는 장사의 대상인 사람을 그리스도 복음의 사람으로 바꾸는 일이 선행되어야 하고 그 바뀐 사람을 통해 효율과 영향력이 나오게 해야 한다. 나는 이때 다양한 방법이 동원되고 구사될 수 있다고 생각한다. 그래서 경영학 이론이라 하더라도 성경에 어긋나지 않으면 얼마든지 목회에 원용할 수 있다고 본다.

우리의 신앙과 신학은 정녕 보수적인가? 몇 년도짜리 보수인가? 혹시 200년 전의 미국의 근본주의를 붙잡고 앉아서 보수를 찾고 있는 것은 아닌가? 신학자들이 학문적 입장에서 자기 견해를 발표하면서 건강한 신학의 보수를 찾아가고 있는가? 우리의 목회 방법론에 이런 반성은 끊임없이 있어야 한다.

교회를 고루하게 내버려두는 것은 목사의 죄이다. 교회는 계속 발전한다. 어떤 사람들은 양과 질을 이분법으로 가른다. "많이 모이면 제일이냐? 몇십 명이 모여도 진짜 교인을 만들어야지"라고 주장한다. 이것은 이론적으로는 그럴 듯하지만, 사실 틀린 말이다. 양은 질을 말한다. 동시에 질은 양을 말한다.

진실로 좋은 상품은 구매력을 일으키고 많이 구매된 상품을 보면 그 상품이 다른 상품보다 좋다는 것을 즉시 알게 된다. 아무리 맛있는 음식도 시대에 맞게 포장하면서 그 맛을 유지해 나가야 하듯, 교회도 경영학적인 입장에서 좀 더 능률적이고 발전적인 운영을 도모해야 한다. 예수님께서도 달란트 비유에서 많은 결과를 낸 청지기에게 이같이 말씀하셨습니다.

"잘하였도다 착하고 충성된 종아 네가 적은 일에 충성하였으매 내가 많은 것을 네게 맡기리니 네 주인의 즐거움에 참여할지어다"(마 25:23).

## 하나님의 사랑을 품고 성도들을 향하는 심방

극단적인 평신도운동 주창자들이나 제자훈련만을 고수하는 자들은 한국교회의 전통적인 목회방법론을 상당히 얕잡아 보는 경향이 있다. 예를 들어 심방(Pastoral visitation)에 대한 폄하가 그것이다. 그들은 목사가 심방을 중시하면 전통적인 인간관계 형성 방법을 통한 관리적 목회의 소산이라고 운운하면서 심방을 비난한다.

그러나 심방은 목사가 성도를 관리하는 것이 아니라 하나님이 인간을 찾아가는 일, 즉 목회자가 하나님을 모시고 성도를 찾아가는 것이다. 심방의 성경적 모델을 창세기 18장에서 찾아볼 수 있다. 하나님께서 천사를 대동하시고 아브라함의 집을 찾으신 일이다. 예수님께서도 마리아와 마르다의 가정을 심방하셔서 저들에게 말씀을 전하시고 축복하셨다. 심방은 곧 하나님께서 주신 기업의 장소에 하나님께서 임재하시는 임마누엘의 공동체를 이루게 한다.

심방은 목회자가 하나님을 모시고 성도의 집을 방문하는 행위이다. 하나님은 아브라함의 집에 오셔서 "내년 이맘때에 네 아내 사라가 수태하리라" 하고 복을 내리셨다. 따라서 나는 2, 3년 만에 한두 번 맞는 심방을 통해서 한 성도의 가정을 축복하고 그 가정의 문제와 고민을 들으며 영적 분위기를 점검하여 신앙적 정진이 일어나도록 돕고 있다. 심방을 받는 성도들이 교역자에게 눈도장이나 찍으려고 음식을 장만하고 차 대접을 하면서 심방을 기다리는 것이 아니다. 왕성교회 성도들은 내가 혹은 부교역자가 전한 설교를 꼼꼼히 적어 놓고 정말 그렇게 살고자 애쓴다. 다음 방문 때, 그 설교노트를 꺼내 놓고 그동안 어떻게 살았는지 간증하는 가정들이 많다.

내가 직접 방문하지 못하는 경우에도 부교역자들이 따뜻한 마음과 정중한 예의로 각 가정을 방문한다. 그리고 마치 내가 그 자리에 참석한 것처럼 동일한 마음으로 축복의 말씀을 전한다. 이때 각 가정이 직면한 도전과 문제를 자연스럽게 알게 된다. 그러면 나는 이 보고를 받고 기도해야 할 가정, 전화해야 할 가정, 심지어 재심방이 필요한 가정을 선별해 대처한다.

심방의 효용이 이렇다면, 신분 노출과 사생활을 드러내고 싶지 않은 일부 가정은 구역으로 편성하지 말고 목회자들은 다시 부지런을 내어 교구와 성도들의 가정을 돌보아야 한다.

왕성교회가 커지면서 마음의 빚처럼 남는 큰 안타까움 하나가 있다. 뒤처지고 병들고 연약한 성도에 대한 배려와 보살핌 등이 바로 그것이다. 교회가 성장하면서 자상하고 살가운 접촉이 아쉬울 때가 많을 것이라 생각하면 늘 가슴이 짠하다. 그래서 연속으로 이어지는 설교를 마치고 녹초가 되어서도 병원만큼은 꼭 찾아보려고 한다. 힘들고 지쳐서 차 안에서 토막잠을 자면서도 중병 환자 심방은 반드시 한다.

금요일 철야기도회를 인도하고 기도원으로 돌아오면 토요일 새벽 4시이다. 그러면 잠깐 눈을 붙이고 아침 9시쯤에 일어난다. 주일날이면 새벽 4시에 일어나 주일 설교를 다시 준비하고 아침부터 저녁까지 모두 6차례를 설교한다. 4번째 설교할 때면 탈진 상태가 되어 다리에 힘이 풀리고 마비증세가 오기도 한다. 힘들지만 주일만큼은 성도들이 담임목사의 설교를 원하므로 피곤하고 지쳐도 쌩쌩한 것처럼 힘 있게 설교해야 한다.

설교와 설교 시간 사이에는 내 사무실에 찾아오는 성도를 위해 상담과 개인 기도를 해준다. 그러다 보면 주일 저녁에는 얼굴이 누렇게 변해 버린다. 그동안 신체를 혹사시킨 것에 대한 부작용이 간염으로 나타난 것이다.

교구에서 성도 한 분이 암에 걸렸다는 소식을 듣게 되는 날이면 집에 가서 쉬지도 못하고 피곤한 몸을 이끌고 병원에 가서 그 성도를 위해 기도와 위로의 시간을 갖는다. 목사는 양들을 사랑하고 있다는 것을 직접 보여 주어야 한다. 또 저들은 목회자의 기도를 통해 큰 힘을 얻는다.

그러나 교회가 커지면 담임목사의 손길이 일일이 다 닿지 못한다는 점이 아쉽고 성도들에게 늘 미안한 마음을 갖는다. 이처럼 목장이 커져서 영적 울타리는 더 넓게 쳐져 있지만 목양적 돌봄이 못 미치는 경우가 많다. 이러한 어려운 상황을 잘 풀어 주는 대안이 바로 동역자들이다. 부목사들이 나의 영성과 성품과 목회방법과 비전을 함께 공유하고 나누면서 뜻과 마음을 합하면 크나큰 영향력이 교회의 부흥으로 이어진다.

### 어디든지 가오리다

나는 지난 40여 년간을 서울의 대표적인 저개발 지역인 달동네 같은 곳에서 목회를 시작하여 오늘에 이르렀다. 이러한 탓에 사람들은 나를 '서민목사'라고 한다. 하지만 나는 이미 서민으로 못 살고 있는 목사이다. 그래서 나 스스로가 '나는 서민을 위해서 일하는 목사이고 서민교회 목사이다'라고 생각한다.

한국에서는 서민목사라면 낡은 헌옷에 구두 뒷축이 닳아빠진 것을 신고 다니는 것을 흔히 생각한다. 그러나 그런 모습도 기질과 의식이 잘 어우러져야 되는 것이다. 억지로 하면 그것도 위선이다. 내가 생각하는 진정한 서민목사는 서민정신을 가진 목사, 그 정신을 삶 속에서 농축시켜 서민들과 함께 생사고락을 하는 목사이다.

가난한 동네인 신림동 지역에서 목회하면서 수없이 자문자답하여 보았다. '내가 왜 여기 필요한 사람인가?' 또 성도가 약 2천여 명이 되었을 때 이런 두려움이 엄습했다. '하나님이 만일 내게 강원도 태백 탄광촌으로 가라고 하시면 과연 순종하겠는가?' 이것이 내게 큰 도전이었다. 이때 '하나님, 제게는 성도가 2천 명이 되기까지 고생 고생해서 쌓은 공로가 있는데, 왜 이제 와서 이 교회를 떠나야 합니까?' 하는 생각이 가상적으로 드는 것이다. '예, 주님. 제가 주님을 파송한 게 아니라 주님이 저의 파송자이시니 가라고 하시는 대로 가겠습니다' 하는 마음의 결정을 내리는 데 몇 주가 걸렸다. 하지만 이제는 하나님이 어디든지 가라 하시면 그 명령에 순종할 것이다.

나는 교회가 바로 나아가려면 이것을 꼭 해야 한다는 일들이 있을 때는 힘에 겹더라도 그 일을 반드시 착수하고야 만다. 나름대로의 목회적 자신감이 있고, 목회도 영적인 비즈니스인데 '투자가 커야 회수도 큰 것'이라는 지론이 있기에 안 되는 여건 속에서도 성사될 수 있도록 몸부림쳐 온 것이다. 때로는 이런 한계와 벽에 부딪힐 때마다 답답한 마음에 '모든 여건과 환경이 좋은 곳에서 목회했다면 얼마나 좋을까?'라는 생각을 할 때도 있었다.

그러나 이런 어려운 환경을 만나는 것이 어찌 보면 좋은 면이 더 많은 것 같다. 우선 성도들이 순종적이고 큰 위기 앞에서도 목회자를 믿고 따라준다. 누군들 큰일 벌이기 좋아하는 목사를 좋아하겠는가. 그래도 왕성교회에는 내 목회에 브레이크를 거는 성도가 거의 없다. 오히려 목사가 일해 보겠다는 것을 도와주지 못해서 안타까워하는 사람들이 많다. 이처럼 그 어느 곳에서도 받기 힘든 격려와 위안을 성도들에게서 받는다.

나는 이러한 성도들을 통해서 신중함, 때로 기다림과 같은 소중한 삶의 덕목들을 배웠다. 소위 최상의 목회지라고 거론되는 강남이나 분당 같은 곳에서 목회를 했다면 이런 신중함은 배우지 못했을 것이다. 나는 감성이 예민한 편에 속하는데, 부요하고 여유 있는 신자들을 만났다면 허영심에 사로잡혀 목회를 했을지도 모른다. 그러니 내가 빈촌이었던 신림동 달동네에 온 것은 참으로 다행스러운 일이다. 지내

놓고 생각해 보니 하나님께서 가장 최적인 곳으로 보내 주신 것이다.

요즘 성도들은 교회와 목사가 싫으면 그날로 딴 교회로 옮긴다. 이제는 쇼핑하듯 얼마든지 자기 취향에 따라 교회를 선택한다. 왜냐하면 주변의 골목마다 길거리마다 교회들이 얼마든지 보이기 때문이다. 그런데 우리 왕성교회의 경우를 보면 혹시나 하고 또는 시험에 들어 다른 교회에 갔던 사람들이 많이 돌아왔다. 그들이 하는 말은 "역시 왕성교회만한 교회가 없네"였다.

왕성교회는 건물도 건축한 지 오래되어 시설들이 낡았다. 또 교인들이 사용하기에는 평수가 비좁다. 성도의 수에 비해 약 6천 평은 있어야 하나 건축할 때 최대 2천 명 수용으로 건축한 것이었기에 비좁고 불편한 것이 하나둘이 아니다. 그럼에도 성도들은 모이기에 힘쓰고 시장처럼 북적거림을 좋아하는 것 같다.

### 아내와 자녀들에게 늘 부족했던 남편과 아버지

아내가 내 곁을 떠난 지 벌써 7년이 지났다. 아내 천희정만 생각하면 죄스럽고 미안한 마음을 거둘 수가 없다. 신혼 초에는 무턱대고 한의원을 개원하여 환자가 6개월 이상을 오지 않아서 끼니 걱정을 해야 했다. 그때에 아내는 결혼 폐물을 팔아서 봉지쌀과 연탄을 사서 가족들을 부양했다. 쌀을 살 돈이 부족하면 밀가루로 수제비와 칼국수를 만들어 신물이 나도록 먹었다. 지금도 그 음식만 보면 고개가 돌아간다.

목회자가 되어 신림동 교회를 개척할 당시 사례를 못 받아 생활 대책이 없었을 때에 아내는 재봉질을 해서 생활비를 마련했다. 그런 모진 고생을 할 때도 나에게 한 마디의 불평불만도 하지 않았다. 어떤 때는 밥 먹기가 미안해서 먹었다고 하고 냉수를 벌컥벌컥 들이킨 적도 있었다. 아내는 나와 반세기를 함께 걸어온 사역의 동역자요, 인생의 동반자였다.

지금은 천국에서 안식과 평안을 누리겠지만 나는 하늘로 떠난 아내를 못 잊어서 십자수기도원에 묻고 날마다 그의 묘소 앞에서 대면하며 말을 건넨다.

"여보! 고마웠어요."

아내에게 남들처럼 호강 한 번 못 시켜 주었다. 교회가 안정된 후에는 기도원에 와서 수련회 때나 특별 집회에는 어김없이 나타나 부엌에서 행주치마를 두르고 성도들을 대접하느라 고생했던 아내였다. 75세에 떠났기에 너무도 아쉽다. 편히 쉴 나이에 하나님께서 더 좋은 곳으로 데려가신 것이라 생각한다. 덜 고생시키려고 하셨나 보다. 지금도 아내만 생각하면 눈시울이 뜨거워지고 눈물이 난다.

나는 자녀들에게도 정말 빵점짜리 아빠였다. 아이들이 다 크도록 그들과 가족 휴가 한번 못 가보았고, 남들처럼 주말이나 휴일에 가까운 공원을 손잡고 걸어본 적도 없었다. 어린이날에 아이들에게 선물을 한 번도 못 해주었다. 목회에 집중하느라고 시간이 없었고 마음의 여유도 없었을 뿐더러 가족보다는 성도들이 먼저였기 때문이었다.

빌리 그레이엄이라는 세계적 복음 전도자인 그분도 10대부터 전도하고 90세가 될 때까지 평생 복음을 전한 위대한 전도자였는데, 그가 말년에 한 말이 있다. 젊었을 때에 가족들과 먼저 약속이 있다가도 어디서 설교하러 오라고 하거나 교회 일이 생기면 다 취소하고 사역장으로 달려갔다고 한다. 그러나 만일 내가 다시 그 옛날로 돌아간다면 가족들을 더 소중히 여길 것이라고 하였다. 그 자녀들도 어릴 때 아버지의 얼굴 보기 힘들었고 대화가 없었기에 장남은 한때 탈선하여 청소년기에 마약과 술을 즐기는 세월이 있었다고 한다. 그러나 그 부모의 눈물의 기도가 있었기에 아들과 딸, 두 자녀 모두 아버지 빌리 그레이엄 재단에서 일하며 온 세계를 대상으로 사역하고 있다. 하나님의 자녀들은 한때 방황할 수 있어도 반드시 하나님의 품으로 돌아오게 되어 있다.

### 은퇴의 뒷모습을 덕스럽게

질풍노도같이 달려온 나의 50여 년의 목회 사역을 공교회의 법에 따라 마무리하여 섬겼던 교회 강단을 후임 목사에게 물려주었다. 지금은 나의 마지막 힘을 다해 달려갈 길을 준비하며 가고 있다. 하나님께서 앞으로 나에게 주시는 천수대로 목사로서 힘 닿는 대로, 또 하나님께서 허락하시는 데까지 갈 것이다. 이제 80 인생을 맞이하였으니 나보다 앞서가신 선배 목사님들의 삶도 되새겨 보면서 나 또한 앞으로의 시간은 특별한 은총의 시간이요 덤이라 할 수 있다.

태어날 때부터 갖가지 병을 달고 살아왔던 나의 육신의 장막은 전적인 하나님의 도우심과 보호하심이 있었기에 여기까지 올 수 있었다. 그렇다면 남은 생애도 하나님께서 이끌어 주실 것이다. 지금까지 함께해 주신 에벤에셀의 하나님은 여호와 이레의 하나님으로서 나의 앞길을 동행하실 것이다.

반세기에 가까운 왕성교회에서의 사역을 아들에게 바톤을 이어주는 데에는 세상과 교회 안팎에서 따가운 비난이 있었다. 그러나 총회 법에 따라 공동의회 투표를 거쳐서 지지 승인 65%의 찬성 기준을 초과하여 70%대의 지지를 얻어 길요나 목사가 왕성교회 담임사역자가 되었다. 너무도 감사한 일이다.

길요나 목사는 어렸을 때에 아버지의 불철주야 목회 사역하는 모습을 보고 자신은 절대로 목사가 되지 않을 것이라고 거부하였다. 그러나 하나님께서 제사장 가문의 대를 잇게 하시어 나와 아내의 기도에 응답해 주셨다.

지금은 경기도 양평의 십자수기도원에서 초교파적으로 여러 성회와 신학교의 성경 세미나와 성도의 다양한 수련회를 개최하고 있다. 그리고 내가 상주한 후 이 지역 원근에서 성도들이 주일 성수를 위해 예배를 드리러 옴으로 자연스럽게 제2의 목회자의 삶을 살면서 기도와 말씀의 사역을 하게 하시니 욥의 노년처럼 축복의 삶이 아닐 수 없다.

욥 42:12 "여호와께서 욥의 말년에 욥에게 처음보다 더 복을 주시니."

◉ 나의 목회 현장에서 발견한 한 줄 목회보감 4
목회자는 예수님의 사랑을 품고 성도들을 돌보는 목자이다.

# 5장
## 휴먼 네트워킹을 통한 리더십

### 합리적인 리더십

어떤 목회자는 기능적으로 사람을 배치하는 기술을 가지고 있다. 하지만 이런 기술의 단점은 리더의 의도에 따라 기능만을 감당한 '예스맨'을 만든다는 것이다. 이런 리더는 'No' 하는 것을 용납하지 않는다. 이것은 합리적인 듯 보이나 사실 상당히 비합리적인 리더십이다.

나는 기능적으로 사람을 기용하거나 평가하지 않는다. 그전에 먼저 그 사람을 정확히 읽으려고 노력한다. 그 사람을 두루 파악하고 그가 자기 역량과 창조력을 발휘할 수 있도록 돕는다. 이렇게 되면 처음에는 조금 불협화음이 생겨도 리더에 의해 그것이 조정되면서 수동적인 예스맨보다 더 큰 역량을 발휘할 수 있게 된다. 또한 이런 역량들이 서로 연결될 때 큰 힘을 이룬다. 이것이 바로 휴먼 네트워킹을 만들어 내는 리더십이다. 처음에는 좌충우돌하는 것이 비합리적으로 보일지 모르지만 사실 더 합리적이다. 이러한 리더십은 더 큰 숙고와 노력을 필요로 한다.

나는 강수진이라는 발레리나를 참 좋아한다. 그녀의 얼굴은 미인이라고 할 만한데, 발은 형편없이 뭉개져 있다. 남이 자는 시간에 안 자고 남이 깨어 있을 시간에 더 열심히 연습하고 남이 밥 먹는 시간에 굶으면서 자신의 능력을 계발했기 때문이다.

사람의 정신과 신체 속에는 계발되지 않은 잠재된 능력이 이미 계발된 능력보다 더 많다고 한다. 목회든 사업이든 아니면 다른 학문의 세계이든, 예능의 분야이든 성공한 사람들은 자신의 내재된 능력을 계발한 것이다. 물론 천부적 능력과 후발적 계발이 합치되어야 한다. 왜냐하면 땀 흘리지 않은 천재는 둔재에 불과하다. 발명의 왕 에디슨도 무지무지한 노력파였다. 그는 자신의 발명이 1%의 재능과 99%의 노력의 결실이라고 하였다.

우리나라에서 최초로 미국 프로 야구에 진출하여 아메리칸 드림을 성취한 박찬호 선수는 대학을 졸업했으나 우리나라 프로 야구팀에서 오라고 하는 곳이 없었다고 한다. 그 이유는 그의 볼 속구는 좋은데 제구력이 약하다는 것이었다. 그런데 프로야구 스카우트 전문가가 박찬호의 잠재력을 보고 그를 LA 다이저스팀 마이너리그로 데리고 가서 그의 잠재된 능력을 계발시켜 최고의 투수를 만들어 냈다.

참된 유능한 리더는 잠재된 능력의 소유자를 찾아내고 계발시켜

팀을 만들어 창의적인 비즈니스를 이루어 간다. 목회 현장에서도 잠재된 목회자와 평신도의 능력을 일깨우고 계발하여 하나님 나라 사역에 팀을 이룬다면 서로가 유익한 것이다.

### 목회의 중용지도(中庸之道)

사람들은 자기가 체험해 보지 못하고 알지 못하는 일에 관해서는 무조건 부정적인 시각을 갖는다. 이런 시각을 가진 목회자들은 자기를 편하게 해주는 사람들만을 기용하려는 경향이 있다. 자기에게 협력하지 않는 사람들은 무조건 적대시한다. 이런 목회자에게는 중용의 지혜가 필요하다. 사람은 누구나 '저 사람은 비교적 원만하다'라고 느끼면 함께할 수 있다고 생각한다.

물론 이런 목회자들 중에 두각을 나타내는 이들도 많다. 요즘 세대는 목회자의 성격이 남달리 튀어도 그것 자체를 하나의 스타성으로 받아들이기 때문이다. 예전에는 목회자가 '호불호'가 분명하면 인기가 없었다. 그런데 '좋다, 나쁘다'의 표현이 분명해도 워낙 시대가 개성을 넘어 초개성의 시대이니 이것이 통하는 것이다. 이런 목회자는 시대에 맞는 목회자상일 수도 있으나 이것이 사람을 대하는 태도로 나타나는 것은 문제가 될 수 있다. 자기가 목표하는 것에 맞지 않는 사람이라고 적대적으로 대해서는 안 된다.

나는 사람이 좋다, 나쁘다로 나누기보다는 되도록 껴안고 참으려고 노력한다. 성향의 문제로 사람을 박하게 대하면 안 된다는 것이 내 지론이기 때문이다. 효율만을 생각한다면 좋고 나쁨이 분명한 것이 좋을 수도 있다. 그러나 목사로서 40년 넘게 살다 보니, 하나님은 우리가 못할수록 더 열심을 내신다는 것을 알게 됐기에 사람을 우선하며 생각한다. 그래서 나는 부목사들이 "저 사람은 효율적이지 않습니다. 다른 사람으로 대체했으면 좋겠습니다"라고 말해도 그냥 웃어넘긴다.

## 다름을 용납하는 포용의 목회

교회가 동일한 사람들의 공동체이기보다는 서로 다른 개성과 독창성을 다양하게 갖춘 사람끼리 많이 모여야 유익함과 효율성이 높아진다. 군대에서도 성격이 같은 집합체보다는 성격과 성향이 다른 군대가 전투력이 더 높다는 것이 어느 자료에서도 밝혀졌다. 교회도 마찬가지이다. 개성을 죽이면 효율적일 것 같지만 실상은 정반대이다. 친구지간도 서로의 개성을 있는 그대로 인정해주어야 우정이 지속된다.

한국교회의 갱신을 부르짖으려면 적어도 자기와 다른 사고틀, 세계관을 지닌 사람을 받아들일 줄 아는 '톨레랑스'(tolerance)가 있어야 한다. 그런데 목회자, 평신도 지도자는 물론이고 신학교를 다니는 학생들까지도 마치 거푸집에 넣은 듯 자기 틀에 맞는 사람들만 골라 세우기를 한다.

나는 보스형으로 분류되는 지도자인데, 최근 3년 동안 리더형이 되려고 무지 애를 쓰고 있다. 지도자가 자기 생존을 위해서도 그렇지만, 좀 더 영향력 있게 일하기 위해서는 리더형이 되어야 한다. 그래서 나는 교회 사역도 가장 신선하면서도 서로 다른 각도에서 생각하는 세 명 정도의 스태프들의 의견을 경청한 후에 결정한다. 그렇지 않고 내가 "이렇게 합시다" 하고 명령만 하면, 순종은 하겠지만 창의적이지 않다. 나는 우리 교회에서 1960년대에 공부한 사람들은 더 많이 들으라고 입버릇처럼 말한다. 나는 1964년에 대학을 졸업했다. 우리 세대의 논리와 의사소통의 특징은 흑백논리와 일방통행형이다.

요즘 시대는 교회에서도 평신도로 내려갈수록 교육 수준이 높고 더 순수하며 더 전문적인 사람들이 잘 포진해 있다. 이들은 원활한 커뮤니케이션에도 익숙한 세대들이다. 한국 중진들이 이들을 일방적이고 지시적인 태도로 대한다면 효과적인 사역이 이루어지지 않는다. 이제는 명령과 강압적인 리더십은 버려야 한다. 흑백논리의 이분법적인 사고에서 벗어나지 못한다면 한국교회의 정체 현상은 사라지지 않을 것이며 젊은 세대들은 교회를 등질 것이다.

### 총론은 목사가, 각론은 장로가 담당

신림동의 초기 목회 때에는 내가 부드럽고 넉넉한 목사상으로는 목회가 안 되겠다는 인식을 갖고 있었다. 사방에서 밀려오는 어려움 가운데 기도를 많이 하면서 영적 권위가 생기고, 다듬어지지 않았지만 생명력이 있는 설교로 성도들의 신임을 얻었다. 이런 신임을 바탕으로 양보 없이 원칙을 주장해 나갔다. 이 과정에서 13명의 장로가 사직하는 사태도 벌어졌다.

한참 동안 장로 없는 교회로 지내다가 다시 한 사람을 장로로 세웠다. 이 일 후에 성도들이 "우리 목사님은 보통 무서운 사람이 아니다" 하는 인식을 갖게 된 것 같다. 약 20여 년 가까이 정말 군주처럼 군림하는 목회를 하였다. 그런데 그 후 가만히 생각해 보니, 이제는 교회와 성도들의 수준이 대화와 협의를 할 만큼 높아졌고 후임 목회자를 생각해서도 유화해야겠다는 결론이 나왔다. 그 후 장로들도 "저렇게 부드러운 목사가 과거에 둘도 없는 파쇼였다는 게 믿어지지 않는다"라고 말할 정도이다.

이전에는 교회가 큰 일을 하려고 할 때 "장로님, 이렇게 하면 어떨까요?" 하는 식으로 물어 보지 않았다. 그저 "장로님, 하나님 나라를 위해서 명분 있는 일입니다. 잘 부탁드립니다" 하고 밀어붙였다. 그러나 세월이 지나 많은 경륜이 쌓이면서 부드러운 리더십과 겸손한 자세로 협의를 한다. 특히 목회자에게 영성과 리더십의 겸손은 필수적이다.

목사는 불완전한 인간 본성을 염두에 두면서도 강력한 리더십을 행사해야 한다. 언제나 총론은 목사가 제시하고, 각론은 장로들과 의논하면서 풀어가야 한다. 이렇게 하면 목사, 장로, 나아가 교회 전체가 편안해진다. 장로들은 교회를 이루는 교인 총회의 대의를 좇아 세워진 지도자들이니 권위를 세워주고 의무도 잘 고지시켜야 한다. 의무만 강조하고 걸핏하면 "헌금 내라!" 하면서 윽박질러서는 결코 교회가 평안할 수 없다.

많은 장로교회에서 담임목사와 당회의 장로들이 중요한 사안을 놓고 대립하고 분쟁하는 경우가 자주 발생한다. 특히 청빙받은 목사는 개척하여 교회를 부흥시킨 목사에 비해 영향력과 리더십이 약하다. 그러다 보니 당회에서 통솔력 부족으로 담임목사로서 소신껏 목회하지 못하는 교회들이 많다. 이제는 한국교회에서 담임목사보다는 당회의 장로가 교회를 이끌어 가는 추세이다. 목사는 그저 설교만 해야 하는 추세가 대세라고 한다.

그러나 이는 교회의 바른 모습이 아니다. 이제는 교회를 개척하고 부흥시킨 목사도 교회가 안정되면 옛날처럼 무소불위의 밀어붙이기식 목회를 하는 것은 불가능하다. 이 시대에 그러한 패러다임의 목회는 합당치 않다. 분명한 것은 담임목사는 교회에 새로운 비전을 제시하고, 그 사안을 당회의 장로들이 구체화하고 실행시키는 역할 분담으로 함께 운영해 나가야 한다.

2001년 봄에 사당동 어느 중형급 교회의 위임을 받은 목사가 나에게 부흥회를 부탁하여 간 적이 있었다. 그때 그 후배 목사는 이렇게 고민을 털어놓았다.

"길 목사님, 이 교회 당회의 장로님들이 나를 비난하지는 않지만 당회가 있을 때마다 내 자신이 위축됩니다. 스트레스를 많이 받습니다. 어떤 해결 방법이 없을까요?"

나는 웃으면서 대답했다.

"허허, 목사님. 저도 40여 년 가까이 목회하면서 아직까지 그렇습니다."

과거 장로들과 투쟁적으로 목회하던 시절에 생긴 흑백논리, 즉 '장로는 목회의 걸림돌'이라는 고정관념과 피해의식이 내게도 있다. 내가 장로의 아들임에도 불구하고 그렇다. 나는 그 후배 목사에게 이렇게 충고하였다.

"목사님이 장로님들 없이 혼자 목회한다는 것은 불가능합니다. 그래서 요점은 이미 있는 장로님들과 어떻게 융화를 할 것인가 찾아야 합니다. 나도 장로들 때문에 시달리기도 했지만, 그것은 내가 미숙해서일 수도 있습니다. 무엇보다 장로는 내가 세운 것이 아니라 하나님이 세우셨으니까 인정해야 합니다. 필요에 의해 장로직제가 세워졌으니 자격 있는 사람, 훈련된 사람, 교회와 목회 현실에 필요한 사람을 선발하도록 하는 노력을 최대한 기울여야 합니다. 이렇게 해서 뽑힌 장로는 일정 기간 동안 미숙함을 드러내도 그를 위해서 기도하고 사랑하며 감싸주어야 합니다. 또 때로는 성실하게 책망할 줄도 알아야 합니다."

오늘날 장로교회에서 나타나는 여러 가지 불협화음은 장로직제가 나빠서가 아니라 최상의 직제를 가지고도 최악의 결과가 나오게 하는 장로의 자질 문제 때문이다. 나도 목회하면서 목사 견제를 사명처럼 생각하는 장로들 때문에 고전하고 상처를 받은 적이 많다. 나는 우리 장로들이 나보다 훌륭하다고 생각한다. 장로교회는 어차피 장로와 더불어 교회를 세워가게 되어 있다. 목사는 장로들이 머리를 숙일 정도의 영적 권위를 가지고 있으면 된다.

내 경험에 의하면 앞에서는 "목사님, 목사님" 하면서도 일단 당회가 시작되면 검사가 논고하듯 표정이 달라지고 추궁하듯 목소리를 높이는 장로가 있다. 옛날에는 그런 모습을 보면 솔직히 불편한 마음과 인간적인 혈기와 분이 생겼지만 그렇게 하면 내가 지는 것이라고 생각하고 기도하면서 마음을 다잡는다. 하나님의 시험에 합격하기 위해서는 그렇게 하면 안 된다는 것을 잘 알고 있기 때문이다.

나는 장로들과 협력하는 문제에 관련해서 내가 더 열심히 영적인 생활과 깨끗한 생활을 함으로써 그들로부터 진정으로 인정받는 것이 가장 좋은 방법이라고 믿고 이를 실천하려 한다. 사람은 스스로를 안다. 자기의 속됨과 거룩함은 자신이 제일 잘 안다. 내가 영적 생활을 통해 스스로를 차별하면 그 영적 권위가 결국 목사를 세워 줄 것이고 교회의 질서는 자연스럽게 잡혀 갈 것이다.

### 교단 봉사로 얻어진 유익과 고난

흔히 총회장이 되어 교권정치를 하다 보면 영성이 쇠퇴할 것이라고 일반적으로 생각한다. 그러나 나는 그렇지 않았다. 나는 부총회장, 총회장 재임 시절, 정치에 발을 들여놓은 후에도 개인적인 영성 관리에 최선을 다했다. 재임 시절 교회가 많이 성장하고 사역에도 탄력이 더 붙었으며 다양한 목회적 결실이 있었다. 그야말로 왕성교회는 총회장 재임 시절 더 부흥되었다.

나는 이런 결과가 주님이 내게 총회장직을 맡기셨다는 소명의식 때문에 빚어졌다고 본다. 총회 역시 가파른 상승세를 타고 발전했다. 목회만 하던 목사가 총회장이 되어 교단 교회들이 실제적으로 처한 형편을 살피고 현장의 문제들을 하나씩 다루다 보니 오히려 총회 분위기 자체가 일신된 점이 많았다. 소모적인 정치공방이 점차 사라져 갔고, 마지못해 억지로 끌려 온 것처럼 앉아 있다가 자리나 채우고 가던 목사들의 총회 참석률과 지지율이 눈에 띄게 늘어났다.

신앙 그 자체에 관한 한 나는 열성적인 이상주의자이다. 그렇지 않았으면 신림동을 지키면서 목회하지 않았을 것이다. 내가 그 험한 신림동 목회를 했다는 것은 내 신앙의 근본을 드러내는 증표일 것이다.

나는 총회 정치에 발을 들여 놓으면서 많은 것을 얻었다. 첫 번째 유익으로 꼽으라면 교리적인 것을 떠나서 현실에 많은 눈을 떴다. 교권정치도 목회의 큰 분야이다. 이 또한 하나님의 영역이기에 그 현실에 참여하라는 부르심이 있으면 적극적으로 해야 한다.

두 번째 얻은 유익은 교단 간 협력사업에 대해 열린 시야를 갖게 되었다는 것이다. 재임 시절 통합 측과의 상호 이해와 교류의 물꼬가 약간은 열렸다. 당장은 교단 대 교단의 통합은 불가능하다. 신학적으로 조정되지 않은 견해가 너무 많기 때문이다. 그렇지만 대정부, 대사회, 대언론 사역에서 뭉쳐진 힘을 보여줄 수 있다는 장점을 봐서라도 협력사업은 지속되어야 한다.

나는 대외적 활동도 하나님께서 시키신 일로 알고 복음신앙을 바탕으로 열심히 했다. 나름대로 우리 합동 측의 좋은 신학과 신앙을 다른 교단에 보여 주는 역할을 했다고 자부한다.

교단 사역을 할 때에 지프차(SUV)를 타고 다녔다. 이 차를 타고 하루에 세 시간 이상 달리며 전국을 다녔다. 건강이 악화되면서 간이 나빠지자 얼굴이 새까맣게 변해갔다. 지프차가 집이었고 휴식터였고 서재였다. 교단 일을 하면서 설교 준비가 참 어려웠다. 그러나 이 일도 주님께서 나에게 맡겨 주신 것이기에 온 힘을 다했다. 온 촉각을 영성에 맞추고 기도로 늘 영적 안테나를 하늘로 향하게 하였다. 놀랍게도 많은 성도들이 도리어 교단 일을 맡기 전보다 설교에 더 풍성한 성경과 인간의 이해가 깃들여 있다고 격려해 주었다. 이것이 다 성도들이 결사적으로 기도해 준 덕이었다.

옛날 교단이 지방색, 정치싸움으로 시끄러울 때에 비하면 지금은 많이 나아졌다. 내가 돈으로 움직이지 않는다는 것이 주변에 알려지게 되었다. 그런데 불미스럽게 2000년 84회 총회 때에 내가 총회장 직에서 물러나는 때였는데, 어떤 목사가 총회 석상에서 "길자연 목사가 총회 부지를 사고 파는 과정에서 3억 5천만 원 리베이트 중에 상당한 부분을 먹었다. 그리고 길자연 목사의 주머니로 흘러 들어간 사실이 포착되었다. 내가 그 증거를 가지고 있다"라고 발언했다. 그 목사는 "분명한 증거가 있다. 내 말이 만약 거짓말이면 감옥에 가겠다" 하면서 확신 있게 말했다.

그날이 총회 마지막 날이었는데 남아 있는 총대가 500명쯤 되었고, 신문기자가 20여 명 정도였다. 당시 그 목사의 발언이 이슈가 되어 2년 동안 나는 매우 고통을 당하였다.

당시 한 평회원 목사가 이렇게 제안했다.

"거룩해야 할 총회에서 부끄럽기 짝이 없는 발언이 나왔습니다. 우리 총회의 기강과 경건함을 위해서 사법부까지 가서라도 판명해야 합니다."

이런 의견에 동의와 재청이 나와서 7인 조사위원회가 구성되었다.

하지만 손바닥으로 어떻게 하늘을 가리겠는가? 결국 검찰의 엄정한 수사로 시시비비가 가려졌다. 검찰은 땅 주인의 계좌 추적까지 다 했다. 그런데 계좌를 추적해 보니 총회에서 받은 대금 중 5천만 원이 비는 것이었다. 그러나 그 5천만 원은 땅 주인이 장기려 박사 기념사업회에 기부한 것으로 드러났다. 검찰에서 기념사업회 재단의 장부까지 모조리 추적했는데, 1원 하나 틀림이 없이 다 기부한 것으로 나타났다.

명예 훼손에 가까운 발언을 했던 당사자는 사태가 이렇게 역전되자 오히려 무고죄로 큰 화를 입을 것 같아 전전긍긍하는 모습이었다. 그러나 나는 편안한 마음으로 용서해 주었다. '아니, 예수의 제자가 누구인가? 예수의 제자로 산다는 것이 무엇인가?'

그 후 그 목사는 신문지상에 사과문을 크게 냈다.

나는 그 당시만 생각하면 지금도 입맛이 쓰다. 정말 힘든 세월을 보냈다. 그 심정은 주님만이 아실 것이다. 그 당시 정치판이 그렇게 살벌하기까지 하였다. 교회 목회만 하였던 목사가 총회장 노릇을 한다는 것은 너무 힘든 사역이었다. 선대 총회장들이 얼마나 악전고투를 하셨을까도 생각해 보았다.

총회장 선거 때 10가지 선거 공약을 내세웠다. 그중에 교단 정풍과 세례교인 의무 분담금 정착과 통합 측과의 교류 등이었다. 그중에는 성사된 것도 있었지만 불발된 것도 있었다. 통합 측과의 교류에는 상당한 물꼬가 트였다. 나도 우리나라가 겪고 있는 보수와 개혁의 갈등에 대해 심히 우려하는 사람 중의 하나다. 그러나 나라든 교계든 보수와 혁신의 갈등과 긴장 역시 하나님께서 주신 창조를 위한 것이라고 본다. 따라서 보수와 혁신이 서로 충돌할 때 우리가 취해야 할 태도는, 기회가 안 왔을 때라도 긍정적이고 협력적인 자세를 취하는 것이라고 본다. 내 마음에 안 맞는다고 배척하고 부정하면 안 된다.

아울러서 지역 편견에서 불거진 문제를 호도하기 위해 보혁의 구도를 들먹이는 경우가 많다. 어느 단체장이 어떤 지역 사람이냐에 따라 그 지역 단체들의 집단 이해를 반영하고 나선다. 그러면 다른 쪽에서는 그 세력을 견제하기 위해 험담하고 무고가 난무한다. 하루 빨리 이런 망국적 지역 갈등을 벗어내는 데 교회와 교계가 앞장서야 할 것이다. 일반 사회에서도 저질스럽다고 외면당하는 지역감정 부추기기가 교계에 발붙일 곳이 있다는 것은 아직도 우리 교단이 자성하지 못하고 있다는 반증이다. 앞으로 지방색을 부추기거나 이에 편승해서 정치적인 이해를 추구하는 사람들이 발붙이지 못하게 해야 한다.

나는 일단 대의를 물어 결정된 사안에 대해서는 존중해야 한다는 입장을 늘 고수했다. 많은 결점이 있지만 일단 다수결이라는 이 시대의 보편타당한 의사결정 과정을 존중하고 역기능이 나오면 보완을 해야 한다고 본다. 그리고 보완해도 안 되면 근본적인 수정을 가하도록 의견을 재수렴해야 한다.

총회장으로서 분연히 의로운 일을 하는 데에는 외로운 싸움을 치열하게 해야 할 경우가 있다. 그 예로서 1999년에 어느 단체에서 추진한 공공장소에 단군상을 건립하자는 움직임이 일어나면서 그 파급 영향은 매우 컸다. 그 일로 기독교계에서는 많은 반발과 반대 의견이 표출되었다.

서울역에서 단군상 설립 반대 캠페인을 대대적으로 벌이기로 했다. 나 또한 적극적으로 나섰다. 그러나 그 캠페인에 동참하면 교회 현안을 풀어갈 때 불리하다는 말이 돌았는지, 그 반대운동 행사에 설교를 부탁받은 목사가 나타나지 않아 내가 대신하였다. 목사들은 사회 분위기가 자신들에게 불리하다고 판단하여 모두 외면했다.

나는 외로이 그 싸움에 참여하여 홀로 단군상 철폐운동을 2년 동안 했다. 그 운동을 하다 보니 문제의 핵심을 알게 되었다. 그것은 하나 됨의 부재라는 것이다. 우리는 다원주의 사회에 살고 있다. 엘리야같이 450명의 바알 선지자와 홀로 싸워서 그들의 목을 베고 기손 강에 던지는 일을 할 수가 없다. 다만 공존을 하되, 종교가 정치 이데올로기와 결탁해서 정치와 교회의 구분을 흐리게 하는 일들을 자행한다면 그것은 막아야 한다.

한국의 대형교회 목회자들은 결코 정치적으로 자유롭지 못하다. 자기 교회와 목회, 자기 개인 생활과 관련해서 조금이라도 정치권에 꼬투리 잡힐 만한 일이 있으면 목사로서 해야 할 말도 못하고 성직자로서 취해야 할 자세도 취하지 못한다. 내가 교권이든 정치권이든 눈치 보지 않고 할말을 하면서 살아온 데에는 '누구에게도 거리낄 만한 것이 없다'는 영적인 담대함이 버텨주고 있기 때문이다.

◉ 나의 목회 현장에서 발견한 한 줄 목회보감 5
다름을 용납하는 포용의 목회가 예수님의 정신이다.

# 6장

## 교역자들을 향한 나의 제언과 충언

### 교인들 수평이동의 원인과 목회자의 책임

오늘날 목회자들의 문제라면 너무 안일주의에 빠져 있다는 것이다. 부흥은 이미 포기한 상태이고 정체 시대라는 말을 거리낌 없이 한다. 지난 2천 년 교회사를 놓고 보면 정체 시대가 어디 있었는가? 물론 고난의 시대는 있었지만 그럼에도 불구하고 교회는 지속 발전해 왔다.

하나님의 복음 사역이 정체된 일은 역사상 단 한 번도 없었다. 다만 목회자 자신의 달란트 활용이 안 되고, 죽은 설교를 하기 때문에 성도들이 다른 교회로 이동하는 것뿐이다. 교역자들이 이 점을 각성하고 돌파하지 못하면 한국교회에 큰 위기가 닥칠 것이다. 주님을 위한 사역자라면 개인의 삶을 걱정하기보다 '내가 주님의 일을 하고, 주님이 내 일을 해주신다'는 믿음이 필요하다.

게다가 요즘은 소위 수평 시대이다. 지금은 아파트 문화가 대세니까 성도들도 편리한 곳으로 교회를 찾아간다. 그러다 보니 두 가지 문제가 생긴다. 하나는 아파트 지역의 목사들이 성도들을 대상으로 적극적으로 훈련을 시키지 않는다. 즉 저들로 하여금 편리하게 신앙생활을 하게 하고 저들의 눈치를 보며 부담을 주지 않는 목회를 하려고 한다. 또 그들은 성도의 영적인 삶에는 마음을 두지 않는다. 성도들이 불편하게 생각하면 교회를 떠날 것을 두려워하며 눈치를 보는 것이다.

요즘은 성도들의 영성 강화와 성숙보다는 사회적 교양과 세상 지식과 돈, 그리고 예술적이고 예능적인 쇼 프로그램처럼 기획하고 연출을 하여 성도들의 세속적인 취향에 맞추려고 한다. 이러한 프로그램을 실행하기 위해 외부의 유명한 강사를 초빙하고 외국의 새로운 트렌드에 맞추어서 많은 노력을 기울인다. 특히 어느 교회가 그러한 대세에 맞추어서 젊은층과 중산층의 환심을 사서 쏠림 현상이 나타나면 이를 벤치마킹하는 교회들이 많아지고 있다.

이 땅에 교회가 존재하는 목적이 무엇인가? 영혼 구원과 영적인 삶으로 세상에 그 영향력을 끼치는 주체가 되어야 한다. 왕성교회를 찾아오는 이들 가운데 '영적인 것'(being spiritual)에 대해 전혀 알지도 못하고 관심도 없는 성도들이 있다. 한국교회의 도덕적 해이(Moral hazard)는 윤리 자체의 문제가 아니고 영적인 문제이다.

사실 기독교인들의 수평이동이란 일종의 영적 방황이라고 볼 수 있다. 마치 자기 마음에 드는 물건이 없으니까 백화점을 돌아다니는 것과 마찬가지이다. 오늘날 성도들은 교회와 목회자에 대한 신뢰도가 많이 떨어졌기에 이사 갈 조건이 생기면 가차 없이 교회를 떠난다. 수평이동하는 모든 성도들이 그렇지는 않지만 대체로 그들의 신앙이 말씀 위에 깊이 뿌리 내리지 못하고, 참 목자상에 대한 의식이 약화되면서 결국 수평이동 현상이 확산된 것이다.

수평이동은 중단되어야 한다. 중단되려면 그 책임은 목회자에게 있다. 목회자는 사례금을 받으면서 설교만 하고 행정은 장로가 알아서 한다는 식의 분할 목회가 타파되어야 한다. 그렇지 않으면 그 교회는 세상에 표류하게 된다. 왜냐하면 리더가 없기에 누구도 책임을 지려 하지 않기 때문이다. 만일 교회에 위기가 오면 성도들은 별 부담 없이 그 교회를 떠나 다른 교회로 가버리게 된다.

분명한 것은 성도가 불가피한 이유 없이 교회를 떠나는 것은 그 교회 목사에게 원인이 있다는 것이다. 목사는 자신의 목회적 자아를 확립하고 굳건한 목회 철학을 갖추어 확신 있게 메시지를 전파해야 한다. 그러나 그런 목회자들은 전체 목회자의 5% 내외밖에 안 될 것이다. 나머지는 그저 체념적으로 목회하는 목사가 되고 말 것이다.

그동안 제자훈련이라는 목회 방법론이 크게 유행했다. 지난 20여 년 이상 한국교회에 제자훈련이 도입되면서 전통적인 교회와 목회자들에게 지식적인 기여를 했다. 그러나 중요한 것은 제자훈련도 치열한 영적 추구와 실제적인 영적 훈련이 없으면 이론 교육이 되기 쉽다. 실제로 영성 훈련이 뒷받침되지 않아서 오히려 위선적인 그리스도인을 양산하는 도구로 전락하는 사례들이 상당히 많다.

어느 교회에서 제자훈련 프로그램을 최초로 시행하고 많은 교회들이 이를 뒤따라 했다. 그러나 시간이 지나면서 훈련의 부작용이 나타나기 시작하였다. 성도들이 성경에 대한 지적인 수준이 높아지면서 오히려 교만해지고 제자훈련 교육을 받지 않은 성도를 폄하하여 교회가 계급화되었다. 또한 목회자의 설교에 대해 판단하면서 나 이외의 다른 성도의 신앙을 판단하는 일들이 발생했다. 그러자 그 목사는 더 이상 그 프로그램을 운영하지 않고 제자훈련은 실패하였다고 선포하였다.

물론 유익한 점도 있었다. 제자훈련 프로그램이 평신도의 자긍심을 갖게 하였다. 하지만 자칫하면 말씀 사역자의 권위가 부지중에 약화될 수 있음을 기억해야 한다.

지금의 한국교회 현실을 빗대어 말하자면 춘추전국시대이다. 한정된 땅을 두고 서로 차지하려고 하는 군웅할거(群雄割據)와도 같다. 누가 더 많이 차지하고 누가 더 많이 자신의 교회로 끌어 오느냐가 화두이다. 일각에서는 "제자훈련이 살 길이다", 다른 한편에서는 "성령운동이 살 길이다"라고 외쳐댔다. 그뿐만 아니라 외국에서 유행되고 있는 새로운 사역 프로그램이 신학적으로 성찰되지도 않은 상태에서 "미국에서 뜨는 교회 프로그램이다"라는 이유 하나만으로 도입되고 있다. 한국교회의 영성에 맞지도 않는 것들을 흉내냄으로써 오히려 교회와 성도들에게 부작용을 일으키기도 했다.

조금만 다른 각도에서 보면 한국교회의 맹점이 보인다. 우리는 과거 신앙적 순수함과 열정을 너무 빨리 버렸다. 아니, 최소한 우리의 자생적인 신앙의 토양과 그것의 장점에 충분히 주목하지 않는다. 너무나 외국 교회, 특히 미국 교회를 교회적 이상이요, 목회의 대안으로 여기는 영적 사대주의가 심하다.

우리 자신이 분명한 목회철학을 정립한 후에 약간의 수입을 하고 우리 상황에 맞게 접목해야 한다. 그런데 완전히 역전되었다. 선배들이 개발하고 지킨 신앙의 전통과 현재적인 적용 등을 생각하지 않은 채, 이런 맛도 제대로 못 보고 목회를 하려니 대안이 없다. 대안이 없으니까 세미나가 문전성시인 것이다.

이런 사태가 발생하게 된 데에는 신학교 책임이 크다. 신학교에서 다양한 프로그램으로 실천목회를 가르쳐야 하는데, 이론 신학만 소개하는 경향이 강하다. 더욱이 현장목회 경험이 없는 신학자들이 신학과 현장목회의 괴리를 극복하지 못한 채 이론만 소개하기에 급급하니까 오히려 공동현상이 빚어지는 것이다. 신학자들이 목회 경험도 없고, 더욱이 깊은 기도생활 없이 학생들을 가르친다면 영적이며 살아 있는 삶과 지식을 전수하기는 요원한 일이다. 박윤선, 박형룡 같은 신학자들은 기도의 사람들이었으며 지식과 영성을 겸비한 위대한 학자들이었다.

### 목회의 세속화 극복

최근 한국 목사들이 크게 착각하고 있는 것이 있다. 수평이동을 부흥이라고 보는 것이다. 물론 교회, 목사, 목회에 매력을 느껴서 모이는 것이지만 과연 진정한 부흥인가를 되물어야 할 때가 되었다. 우리가 부흥을 말하려면 씨를 뿌리고 가꿔서 거두는 전 과정이 들어가야 한다. 한국교회는 이미 이런 투지를 상당히 상실했다.

엎친 데 덮친 격으로 사회적으로 급격한 변화가 일어났다. 아파트 문화, 의식의 서구화, 편의주의, 문사철(문학, 역사, 철학)의 쇠퇴 등 엄청난 변화가 사회 전반에서 일어났다. 여기에 맞춰 사람들이 몰려다니기 시작하면서 교파와 교단의 벽이 무너졌다. 한국에 대형교회(Mega-church)가 생긴 것은 이런 배경을 무시할 수 없다.

한국에 대형교회가 생기고 세계선교 열풍이 불었지만 결국 전체적인 맥락에서 볼 때 한국교회는 중병을 앓고 있다. 나는 우리 개신교에 전래되어 온 순수성으로 다시 돌아가지 않으면 소망이 없다고 단언한다. 세상의 다양한 풍조는 나날이 변화하는데 교회가 그 추세를 따라가다 보면 교회와 신앙의 정체성을 잃어버리고 세상으로부터도 외면당한다. 먼저 목사가 영적 오리엔테이션을 다시 해야 한다. 목회를 비즈니스, 직장생활로 여기는 풍조가 없어져야 한다.

신흥 도시에서는 목사들이 자기 생활을 오픈하지 않는다. 성도들이 안 한다고 자기들도 안 하는 것이다. 신흥 도시의 성도들은 교회에서 누가 집으로 오는 것을 싫어한다. 주일에 설교를 듣고 헌금하고 끝난다. 그러니 목사도 더 편해진 것이다. 그러면 과연 성도들이 자기 심정을 토로하고 싶은 일이 하나도 없는 것일까? 그렇지 않다. 목사와 성도 간에 거리감이 느껴져서 터놓지 못할 뿐이다.

나는 목회자들의 영성 회복이 이러한 한국교회의 중병을 치유할 수 있는 첫걸음이라고 생각한다. 개혁이 일어나려면 영적 갱생운동이 우선되어야 한다. 회개 없는 각성운동, 기도와 경건 없는 프로그램으로 인한 부흥을 진짜 부흥이라고 착각하면 안 된다.

한국교회가 차라리 어려웠던 선교 초기처럼 목사가 성도들이 갖다 주는 쌀을 받아먹고 땔감으로 장작을 받던 때로 돌아가야 하지 않을까 생각도 해본다. 이는 곧 성도들과 생사고락을 함께하며 함께 웃고 함께 우는, 성도와 일체화된 목회생활을 말하는 것이다. 성도와 괴리된 목사, 접근하기 어려운 목사가 아니라 공동체적인 친밀감이 있는 목회가 필요하다.

한국교회는 한국 경제의 급속한 경제 성장과 함께 그 궤를 같이하였다. 그로 인해 급격한 문화생활의 변화와 적응과 소비 풍조의 만연과 물질만능주의로 이어지면서 교회의 정체성도 세속화되고 성도의 삶도 급격하게 세속화에 빠져들었다. 성도의 수입이 증대되면서 교회의 재정도 비례하게 증가되어 목회자에 대한 사례도 많아지고 좋은 차에 큰 아파트도 제공되니 영적인 갈급함이 사라지고 기도보다는 삶을 즐기는 쪽으로 흐르게 되었다.

이런 부작용으로 나타난 풍조가 목회자의 프로페셔널한 직업의식이다. 목회자들은 시골교회에서 사역하다가 도심지 교회에서 청빙이 들어오면 뒤도 안 돌아보고 교회를 옮겼다. 또한 부교역자들은 어느 교회에서 더 많은 사례비를 준다면 바로 떠나버리는 세태가 자연스럽게 형성되었다.

어느 신학교의 박사학위 논문을 보니 소명의식을 가지고 신학교에 가는 학생이 40%에 불과하다고 한다. 두 곳 신학교만 조사 결과가

60%가 나왔다. 그렇다고 너무 비관적일 필요는 없다. 신학교는 일종의 필터 기능을 하기 때문이다. 하지만 현재 신학교는 건전하지 못한 의미에서 포화 상태이다. 매년 신학교에서 쏟아지는 신학생 수가 약 2천 명이 더 된다. 그러나 너무 많다는 부정적인 시각보다는 제대로 교육을 받은 영성의 사역자들이 배출된다면 걱정할 필요가 없다. 세계 각국에 많은 선교사들이 필요하고 다양성 시대에 다양한 사역지도 있다. 지금 당장 사역지가 없을지라도 삶 속에서 목사로서 리더십을 발휘하면 된다. 장차 통일이 되면 많은 목회자를 필요로 하게 된다.

미국에서는 교회의 재정 상태가 좋지 않아 그에 대한 충분한 사례를 못 해줌으로 사모가 직업을 갖는 경우가 많다. 이는 부끄러운 것이 아니다. 바울도 한때는 자비량 선교사(tent maker)로서 아굴라와 같이 사역하면서 사역비를 조달하였다. 한국에서도 요즈음 교회가 어렵게 되자 대리운전을 하는 목사들이 적지 않은 것이 현실이다. 중요한 것은 생계를 위한 부업을 할지라도 목회자로서의 사명을 잃지 않고 어려운 중에도 사역을 포기하지 않고 목회를 이끌어 가야 한다는 것이다.

## 영성 훈련을 통한 목회자 배출

한국의 저명한 신학자였던 박윤선 박사는 생전에 그분을 만나면 이렇게 말씀하셨다. "목사님, 1, 2학년 때는 이론신학을 잘 습득하게 하고 3학년 때는 기도원으로 데리고 갑시다. 거기서 먹고 자면서 월요일부터 금요일까지 몰아붙입시다. 월요일 밤에 다 입산시켜서 약간은 금욕적인 경건 훈련을 받게 하고, 무엇보다 말씀과 기도의 불을 붙여 줍시다."

나는 1년에 한 번씩은 총신대학교 신학대학원 학생들을 대상으로 한 달 동안 실전 목회에 대해서 강의를 하였다. 이 강의에서 나는 관리적 차원의 목회는 말하지 않는다. 말씀 증거는 어떻게 하고, 교구 조직 관리는 어떻게 하라는 식의 목회론이 아닌 것이다.

나는 첫 시간에는 소명(calling)에 대해 말한다. 소명이 없으면 아무리 기능이 좋아도 안 된다. 사도행전 7장에서 소명 없는 모세가 열심만 갖고 덤볐다가 사람을 때려죽이고 도망치는 모습을 볼 수 있다. 그다음으로 설교에 대해 가르친다. 그리고 세 번째로 기도, 네 번째로 실천적인 현장 목회론을 가르친다.

이 과목을 이수하려면 왕성교회 금요철야기도회에 나와야 한다. 물론 모든 신학생들이 자원하는 마음으로 참석하려고 하는 것은 아니다. 하지만 철야기도회 마지막 시간이 되면 모두 크게 도전을 받고 간다. 나는 후배들 앞에서 '목회자는 이렇게 철야기도를 해야 한다'는 마음으로 전력투구를 했다. '영성목회연구회'에서도 철야기도회 시범을 보였더니, "철야기도회가 이래서 능력이 있군요!" 하며 참석자들이 이구동성으로 좋아했다.

신학교가 시대적 조류와 여러 가지 교단적 상황 때문에 신학생의 범람을 자체 조절할 수 없다면, 이왕 들어온 신학생들을 붙들고라도 철저한 훈련을 시켜야 한다. 3학년 때는 영적인 하드 트레이닝을 해야 현장에서 헤매지 않는 목회자가 만들어질 뿐더러, 이렇게 해야 소명을 끝까지 일관성 있게 감당해 나갈 수 있는 것이다.

요즘에는 목사들이 너무 학구적인 면으로 치우치려고 한다. 성경보다는 신학과 인문학에 치우치는 경향이 많아지고 있다. 자신의 영성의 경험이 별로 없으면 평신도들을 대상으로 영성 훈련과 영적인 설교를 할 수 없다. 마치 아동심리학 박사가 정작 자신의 아이를 키워 본 적도 없이 대학에서 아동심리학을 가르치는 것과도 같다.

외국 유명대학에서 박사학위를 받고 들어와서, 흔히 말하는 스펙이 좋아서 부교역자가 되고 담임목사가 된 경우 학구성은 좋지만 영성이 부족한 면이 많다. 평신도들의 요구는 아카데믹한 학식의 지성보다는 복음적인 영성이다. 아무리 철학적으로, 심리학적으로 수려한 설교를 한다 할지라도 성도는 영적인 영양실조에 걸리고 메말라 간다. 즉 생명력이 없는 목회와 메시지가 된다. 그 메시지에 성령의 감동이 없는데 어찌 은혜가 임하겠는가?

특히 지식인들이 많고 사회적 상류층이 많이 사는 지역의 목회자들은 매우 피곤하다. 가끔 그들의 설교를 들어 보면 그 설교는 매우 수사적이고 지성적이다. 영의 말씀이 아닌 세상적인 지식과 최근의 정보를 편집해서 설교를 작성하고 외치니 모두가 피곤하고 메마른 영성이 될 수밖에 없는 것이다. 많이 배울수록 더 많이 무릎을 꿇고 기도하며 성경을 보는 시간을 더욱 많이 가져야 한다.

어느 분야든지 극기의 노력이 없이는 정상에 오르지 못한다. 하물며 사람의 영혼을 낚는 일을 쉬엄쉬엄 하면 성도들도 알고 뒷걸음친다. 내가 신학교 교육 과정과 내용을 크게 염려하는 이유는 신학교 학생들은 학교에서 배운 신학적 원리만이 전부라고 알고 있다. 그렇다면 신학교는 정말 현장에서도 통하는 것을 가르쳐야 한다. 즉 균형적인 성경학과 신학과 실천적 목회학이 저들에게 필요한 것이다.

### 예수 닮는 목회

목사가 영적인 생활을 할 수 있는 삶의 여건이 안 된 상태에서 앞으로 달리기만 하면 금방 지치게 된다. 옹달샘으로 말하면 올라오는 물이 적은데 퍼내는 물이 많으면 그 샘은 기능을 제대로 하지 못하고 말라버린다. 기도생활은 부모 세대에서 본 것만으로는 안 된다. 본 것과 해 본 것은 근본적인 차이가 있다.

시골에서 조용한 목회를 하지만 영적 생활이 삶 전체에 배어 있는 분들을 본받아야 한다. 얼마 되지 않는 소수의 성도가 모인 교회의 외적인 모습만 보지 말고 그 속에 배어 있는 영적인 충만함을 본받아야 한다.

요즘 점점 신학교 학생들이나 목회자들의 신학과 설교가 인스턴트화되고 있다. 인터넷에 들어가면 설교 자료가 얼마나 많은가. 최근에 와서는 유튜브에 동영상 설교와 강의 콘텐츠들이 바다처럼 차고도 넘친다. 그러나 그런 자료들은 이미 그들이 사용한 것으로서 그들의 것이다. 그 자료를 나의 것으로 인용해서 내 것처럼 포장해서 내놓을 수는 없다. 그런 타인들의 자료에 익숙해지면 영적으로나 지적으로 자기의 것이 될 수 없고 오직 모방에만 충실하게 된다. 그러면서 자기의 영성 계발과 성장을 멈추게 된다. 자기 나름대로의 객관적이고 개성적인 영성과 자기 콘텐츠가 필요하다.

우리 시대에 신세대 성도는 화려하고 일찍이 들어보지 못한 새로운 메시지와 정보를 원한다. 그러나 이 시대가 아무리 4차 산업혁명 시대일지라도 성경과 성령의 역사하심을 떠날 수 없고 그것이 기본이 되어야 한다. 성령을 의지하고 활용하면 그곳에서 늘 새로운 샘물이 솟아난다. 그러나 세상적인 학문과 풍조를 좇다 보면 늘 갈급하고 허전하며 만족과 기쁨과 성취감을 맛볼 수 없다.
우리는 성경을 근본으로 한 인문학과 세상 정보를 활용해야 한다. 목회자는 세상 학문의 전달자가 아니다. 세상적인 학문에 기초하다 보면 늘 흔들리고 갈급하며 영적으로나 학문적으로 방황하게 된다. 그런 목자는 길 잃은 목자가 되어 양들도 떠난다. 우리의 영원한 표상은 예수 그리스도이다. 그는 공생애를 시작하기 전에 어린 나이에도 불구하고 서기관들과 성경에 대해 얘기를 하며 그들을 탄복시킬 정도로 말씀에 능하셨다. 또한 공생애의 분주한 가운데서도 이른 아침에 일어나 기도하셨고 해가 진 후에는 밤이 새도록 동산에서 기도에 힘쓰셨다.

목회자는 영적인 자기 관리에 끊임없이 힘써야 한다. 평소에 관리된 영성과 습관화된 영적인 삶이 그를 지탱시켜 주면서 이끌어 가게 된다. 다윗의 경우를 보면 확연히 알 수 있다. 그가 사울에게 쫓기어 아둘람 굴에서 지낼 때에는 그의 영성이 보석처럼 빛났다. 그런데 그가 왕이 된 후에는 왕궁에 거하면서 기도의 제목이 없어지고 영적인 갈급함이 사라지자 영성을 잃게 되었고 그런 흐트러진 삶과 습성이 그를 급격하게 타락하게 만들었다. 결국 자신의 부하인 우리아를 죽게 하고 그 부인 밧세바를 빼앗은 크나큰 범죄를 자행했다.

모든 사람들의 영성은 늘 가꿔야 한다. 또 끊임없이 성장하고 절제하는 영성이 필요하다. 영성의 체질은 중단하면 바로 퇴락한다. 그러나 갈고 닦으면 보석처럼 빛나게 된다. 우리는 완전하시며 온전하신 예수를 닮아가야 한다.

> 히 12:2 "믿음의 주요 또 온전하게 하시는 이인 예수를 바라보자 그는 그 앞에 있는 기쁨을 위하여 십자가를 참으사 부끄러움을 개의치 아니하시더니 하나님 보좌 우편에 앉으셨느니라."

## 은사를 영성목회를 위해 전략적으로 사용하라

현재 한국교회 목회자들은 무기 없이 싸우는 군사와 같다. 세미나도 좋고 수련회 같은 다양한 교육 프로그램도 좋지만 하나님과 일대일로 만나는 영적 체험과 이 체험을 가시화하기 위한 통로로서 은사와 그것의 추구가 없기 때문에 정체와 세속화의 길로 치닫는 것이다.

죄인이 많아서 교회가 약해지는 것이 아니다. 아직 윤리적, 도덕적으로 충분히 각성된 성도가 적다고 해도 목회자들이 영적 세계를 체험하고 사랑하는 마음으로 청중을 향해 강력하게 복음의 메시지를 선포하면 영혼들이 그 말씀을 통해 죄 지으려는 마음을 돌이킨다. 목회자들은 죄를 책망할 것이 아니라, 죄를 짓는 그 약한 영적 체질을 강하게 바꿔주어야 한다. 이것은 은사를 경험함으로써 이루어질 수 있다.

영적 전쟁의 최전선에 서 있는 목회자 한 사람이 쓰러지면 교회도 무너진다. 마귀는 목회자들을 시험하기 위해 온갖 교묘한 전법, 즉 고난, 유혹 등을 동원한다. 그런데 목회자들은 그것도 모른 채 아직 자신이 공격을 받고 있는데도 이를 알지 못한다. 또 자신은 그런 유혹에 결코 빠지지 않는다고 자신한다. 유혹에는 장사가 없다. 영적 관리를 하지 않으면 서서히 무너지거나 한순간에 무너질 수도 있다. 나는 이러한 모습을 너무도 많이 보아왔다.

내 자신도 여러 형태의 유혹과 겁박이 나를 누르고 쓰러뜨리려는 것을 경험했다. 나는 이를 감지하고 기도로써 이겨내며 버티며 살아왔다. 교회는 마귀와의 전쟁터이다. 마귀는 교회 내에 어느 누구를 내세워 목회자를 쓰러뜨리려 하거나 어떤 사건을 터트려서 교회를 풍비박산 내려고 한다. 실제로 여러 교회들이 이런 시험과 유혹 때문에 갈라지고 목회자가 쫓겨나고 장로들이 집단적으로 나가는 일들이 비일비재하였다.

또한 교회는 영적 전쟁터이면서도 병원이기도 하다. 교회 내에는 상처받고 아파하며 중병에 걸린 영적 환자들이 많다. 이들을 치유하며 회복시켜야 하는 사명이 목회자에게 있다. 때로는 이들을 고치지 않으면 전염병으로 번져서 교회가 무력화되기도 하며 생기를 잃게 되기도 한다.

예수님께서는 아프고 고통받고 소외된 자들을 찾아다니며 치유하셨다. 또한 예수님을 찾아오는 자들, 귀신들린 자들을 고치시고 저들에게 생명력을 불어넣어 주시며 예수님을 믿고 따르도록 하셨다. 예수님은 공생애 사역을 통해 우리가 어떻게 목회를 해야 하는지를 가르쳐 주고 계신다.

성령께서 역사하시는 은사는 하나님이 우리에게 주시는 선물이자 무기이다. 이는 전적으로 교회에 덕을 끼치며 영혼을 살리는 데 사용해야 한다. 이 은사는 하나님이 주시는 영적 무기이다. 따라서 성령의 열매, 즉 인격적 변화도 중요하지만 이 변화가 제대로 나타나기 위한 현실적 통로로서 은사의 추구도 대단히 중요하다. 은사를 강조하지 않다 보니, 교회가 점점 약화되는 것이다.

그런데 조금만 은사를 사용하면 신비주의로 몰아붙인다. 평신도 중에 은사를 받아 교회에 덕을 끼치는 경우도 있지만 해를 끼치는 경우도 허다하다. 예를 들어서 예언기도를 한다면서 점쟁이 노릇을 하는 직분자들도 있다. 심한 경우는 기도원을 차려 놓고 예언과 치료 사역을 하면서 헌금을 받음으로 스스로 타락의 길을 가는 은사자들도 많다. 그러므로 이러한 경우는 교회 내에서 목사의 지도하에 행하도록 해야 한다. 목사는 영적인 카리스마를 갖고 영적인 세계에서 일어나는 일들의 야전 사령관이 되어 모든 것을 다스리며 주도적으로 이끌어 가야 한다.

어떤 신학자들과 목사들은 "성령의 은사는 초대교회 시대의 오순절로 끝났다"라고 단언한다. 신학자들은 교리(Dogma)에 갇혀서 성경을 본다. 또한 신학의 눈으로 성경을 보기에 성경이 안 열린다. 성경이 본질이고 신학은 성경이 하나님의 말씀임을 입증해 주는 도구일 뿐이다. 우리는 신학을 우상화하는 경향이 있다.

하나님께서 가장 기뻐하시는 종은 '하나님을 아는 종'이다. 그러면 하나님은 어떤 분인가? 영이시기 때문에 영적 세계에 들어가야 알 수 있다. 이 영적 세계에 들어가서 하나님을 만났다는 표시로서 받는 것이 은사이다. 이 선물은 우리에게 곧 능력이 된다.

은사를 받은 목사의 설교에는 심령을 흔드는 능력이 들어 있다. 나는 설교를 잘하는 목사가 아니다. 내가 생각해도 투박한 면이 많다. 그러나 수사적 기교나 값싼 교양의 조미료를 뺀 진국 설교를 하려고 노력한다. 우선 설교를 준비하면서 내면에서 성령님의 강한 감동을 받는다. 내가 생각해도 무서운 집중력으로 본문을 응시하고 묵상하며, 무엇보다도 설교의 주체로서 성령님의 기름 부으심과 운행하심을 강청한다. 이렇게 해서 완성된 설교를 성도에게 전할 때 성도는 미동도 없이 설교에 집중하며 은혜와 감동을 받는다. 그들은 내가 하나님의 목소리를 전하기 위해 철저히 달인의식을 갖고 설교한다는 것을 알고 신뢰하기 때문이다.

한국교회 목사들은 '은사'라 하면 오순절주의를 생각하고 경계한다. 말로는 은사가 하나님의 선물이라고 하면서 이중적인 인식을 갖고 있다. 하나님이 친히 육신을 입고 이 땅에 내려오셔서 친히 밤을 새우면서 금식하시고 기도하시는 습관화된 모습을 보여 주셨다. 목회자들은 이런 모습이 습관화되고 생활화되어야 힘이 들지 않는다. 억지로 하면 그야말로 고생 같은 사역이 된다.

## 목회의 품격을 위하여

하나님께서는 목회자에게 기능보다는 본질과 개성을 찾으신다. 테크닉은 그 후의 일이다. 그 예를 모세에게서 찾아볼 수 있다. 그는 이집트의 황실 교육을 받은 최고의 지성인이었고 말과 행사에 다 유능하였다. 또 민족정신도 강하고 문무를 다 겸비한 조합형 리더십을 갖춘 사람이다. 그러나 이스라엘 백성 중 한 사람도 감동을 시키지 못하였다. 그 이유는 모세가 노예들의 삶과 고난을 몸소 체험해 보지 못했기 때문이었다. 그는 황실에서 자라고 보고 들은 것뿐인 금수저였다.

그러나 그가 광야 훈련을 40년 동안 받고 전적으로 하나님을 의지했을 때에는 그의 지팡이가 하나님의 능력의 지팡이가 되었다. 그리하여 백성들을 이끌어 갈 수 있었다. 출애굽한 후 광야에서 그야말로 생사고락을 저들과 함께 하면서 모세는 많은 것들을 배우며 그들을 이끌어 나갔다.

학업을 많이 수행한 목사라고 해서 모든 것을 갖추는 것은 아니다. 그 이성의 힘에다 따뜻한 감성을 키워야 한다. 성도들이 박사학위를 받고 최고 대학을 나온 목사에 대해서는 쉽게 다가가질 못한다. 양들이 다가오고 목회자가 그들을 향해 다가갈 때 목회자와 성도는 서로 교감하며 친근감을 갖게 된다. 그럴 때 성도는 우리 목사님, 우리 교회라는 소속감과 일체의식을 갖게 된다. 그리고 교회와 목회자를 신뢰하고 헌신하게 된다.

대중적으로 많이 불리는 노래에는 공통점이 있다. 가사와 멜로디가 감동적이다. 그 노래는 세월이 지나도 계속 불리고 그 노래를 부른 가수는 국민가수가 된다. 즉 가장 대중성 있는 노래가 되는 것이다.

목회자도 목회에 힘을 받고 감동을 주는 목회를 하기 위해서는 감성지수를 높여서 성도들이 목회자에게 친근감을 갖게 해야 한다. 그러면 설교에도 큰 힘을 받게 된다. 설교의 논리는 성도들을 감동시키지 못한다. 설교에도 감성을 입히면 놀라운 감동이 일어난다. 학구적이고 이성적인 목사는 감성을 계발하고, 감성적 목사는 독서를 통해 지성을 더 입히면 합력하여 선을 이루는 목회와 목사가 될 것이다.

스마트하고 곱게 성장한 젊은 목사에게는 대부분 영성이 부족한 면이 많다. 저들이 어려서부터 기도의 훈련과 은사를 사모하는 신앙으로 잘 훈육되었다면 더 풍성한 목회를 할 것이다. 지성과 아름다운 품성의 소유자는 그 위에 영적 파워를 입혀서 목회를 하면 온 교회 성도들에게 큰 영향력을 미칠 것이다.

목사에게 신학은 평생 친구여서 늘 차분히 공부해야 하지만 영적 훈련과 생활은 늦은 나이에 형성하기가 참으로 힘들다. 골프를 치는 사람들의 말에 의하면 스윙을 할 때에 딴 생각을 하거나 집중하지 않으면 공이 다른 방향으로 나간다고 한다. 골퍼들의 집중력은 대단하다.

박찬호 선수도 선수 시절에 공 하나를 던지는 데 목숨을 걸고 온 힘을 다해 던졌다. 볼을 던질 때마다 이그러지는 그의 얼굴 표정에 잘 나타나 있다. 볼 하나로 승패를 좌우하기에 목숨을 건 투구에 온 힘을 다한다. 그가 그런 마구 같은 공을 던지기 위해 얼마나 피눈물

나는 훈련을 하였겠는가. 목사들도 설교 한 마디 한 마디에 힘을 다하고 감성을 다하고 영성을 다하여 선포하면 감동 감화의 은혜의 역사가 일어난다.

요즘 부교역자들은 자기 파트만 맡지만 나는 교회를 개척하면서 한 파트만 붙잡고 갈 수 있는 기회가 없었기에 일인다역을 5, 6개씩 하였다. 매일 일에 허덕였다. 교회 형편상 구조적으로 그럴 수밖에 없었다. 여러 문제들을 해결하기 위한 방법은 하나님께 매달리는 것이 유일하였다. 그렇게 거의 20여 년 가까이 전투를 치르듯이 목회를 한 후, 교회가 안정되면서 부교역자들에게 파트를 맡기고 저들이 능력껏 하도록 자율성을 보장해 주었다.

뉴밀레니엄 시대인 2000년을 맞이하면서 교계에서 '영성'이라는 용어를 유행어처럼 많이 사용하였다. 그 이전에는 그런 용어들을 거의 사용하지 않았다. 물론 그 말이 비성경적인 것은 아니며, 매우 포괄적인 의미를 갖고 있는 영적인 말이다. 아무래도 신학이 계속 다양성을 나타내면서 그런 말이 미국 신학계에서 나온 것 같다. 어떻게 보면 자연발생적인 것 같다. 모든 것이 지나치다 보면 허함을 느끼기에 새로운 용어가 태어난 것이다.

그러면 영성이 무엇인가? 방언하고 병을 고치며 신비한 체험을 하는 것인가? 아니면 수도원 같은 곳에 들어가서 금욕주의적인 생활을 하는 것인가? 이런 개념이 평신도부터 목회자에게까지 퍼져 있는 것이 현실인 것 같다. 지금은 진정한 영성이 무엇인가, 그 영성으로 인해서 정말 건전하게 교회를 끌고 갈 때는 어떤 교회 모델이 나오는가, 이런 것들을 시급하게 점검해야 할 필요가 있는 시점이다.

왕성교회는 서울의 대표적인 저개발 지역인 신림동 난곡 지역의 관문 교회이다. 물론 지금은 재개발되어서 많은 아파트들이 들어섰다. 실제로 우리 교회는 어렵게 살아가는 성도들이 많았다. 그리고 나는 이곳으로 이끄신 하나님께 순종하는 마음으로 성도들의 어려움을 함께 나누려고 애쓰며 40년 이상을 목회해왔다.

변변한 목회 스탭도 없이 고생을 하다가 60이 넘어서야 늦게 영성이 깃든 목회에 대한 도전을 시작하였다. 시대는 변하고 거기에 따라 목회의 패러다임도 변한다. 왜냐하면 라이프 스타일이 바뀌고 고도의 산업화와 전문화와 생활수준의 향상 등과 인터넷으로 인한 정보화 시대 등 정말 정신을 차릴 수 없을 정도로 모든 삶이 빨리 변화하고 진화하며 전진하고 있다. 과거 30, 40년 전의 목회 환경과 지금의 환경은 실로 수백 년이 경과한 느낌이다.

앞으로 남은 나의 달려 갈 길은 하나님께서 이끄실 것이다. 중요한 것은 하나님 앞에 "나를 보내소서" 하는 소명감을 갖고 이 생명이 다하는 그날까지 하나님 앞에 쓰임 받는 것이다.

◉ 나의 목회 현장에서 발견한 한 줄 목회보감 6
　예수 닮는 목회가 목회의 바른 길이다.

# 7장

## 장성한 분량에 이르게 하는 영성 처방전

### 기도와 말씀에 심취하라

"목사님, 기적 같은 놀라운 선교를 할 수 있는 방법이 무엇인가요?"

이 질문에 허드슨 테일러 선교사는 "하나님의 방법은 사람입니다"라고 했다. 여기서 "그리스도인은 과연 어떤 사람이어야 하는가?"라는 명제에 부딪히게 된다. 한마디로 그리스도인은 '영성(Spirituality)의 소유자'여야 한다. 하나님은 어떤 기술이나 프로그램을 통해서가 아니라 사람을 통해서 당신의 일을 이루어 나가신다.

그래서 우리 그리스도인에게는 "그가 무엇을 할 수 있는가?" 하는 역량의 문제보다 "그가 어떤 사람인가?"라는 본질의 문제가 중요하다. 건강한 교회를 위해서는 건강한 그리스도인이 우선이다. 신앙은 존재(being)의 문제이지 사역(doing)의 문제가 아니다.

키에르케고르는 현대 교회를 바라보면서 예수님께서는 물로 포도주를 만드셨는데 현대 교회는 그것보다 더 어려운 술로 물을 만들었다고 했다. 왜 이런 일들이 오늘날 우리 주변에서 자행되는 것일까? 영성 없는 삶이 오늘날 그리스도인을 사지로 몰아넣는 것이다. 그렇다면 영성이란 무엇일까? 영성은 원래 철학적 용어로 '어떤 사상을 소유하는 것'을 말한다. 이는 영성은 어떤 정신을 가지고 살아간다든지 또는 누구의 정신을 가지고 살아간다는 의미이다. 기독교 영성은 기독교 사상을 소유하는 것으로 성령 충만함을 의미한다.

아이리스 컬러는 "인간은 하나님의 형상을 따라 지음을 받았기 때문에 본성적으로 영성, 즉 창조주의 깊은 관계를 갈망하며 추구한다"라고 말했다. 초대교회로부터 중세를 거쳐서 영성은 계속 추구되어 왔다. 특별히 칼뱅은 인간으로부터 출발한 경건이 아니라 하나님으로부터 출발하는 경건을 강조하며 그리스도인의 영성을 경건운동으로 보았다.

그리스도인의 삶은 이 세상에서 순례자의 삶이기 때문에 하나님 앞에 깨끗하고 절제되며 하나님을 위한 봉사와 헌신의 삶을 사는 것으로 보았다. 믿음과 성령 안에서 하나님과의 연합과 경건한 삶, 봉사의 헌신을 모두 그리스도인의 영성생활로 보았다. 영성운동은 교회의 부패와 물질주의, 세속주의로 인해 혼탁해질 때마다 하나님께서 하나님의 사람들을 통해 일으키신 영적 대각성 운동인 것이다.

왜 그리스도인은 영성의 소유자가 되어야 할까? 그것은 하나님이 영이시기 때문이다(요 4:24). 영성을 소유할 때 영이신 하나님을 만날 수 있다. 그래서 헨리 마틴은 "지상에서 최대의 사업은 내 자신의 영혼을 성화시키는 일임을 내게 가르치소서!"라고 기도했다.

영성을 소유한 그리스도인은 하루아침에 이루어지는 것이 아니다. 그리스도인은 "나는 하나님 앞에서 어떤 사람이 되어야 하는가?"와 "내가 하나님을 위해 무엇을 할 것인가?" 하는 양면성을 안고 고민하는 사람이다. 그 사명을 감당하기 위해서는 영성을 소유한 그리스도인으로 날마다 훈련되어야 한다. 진정한 영성의 소유는 말씀과 기도의 삶을 살 때 이루어진다.

## 기도는 위대한 행복의 축

나의 아버지는 기도하는 분이셨다. 기도로 하루를 열고 기도로 하루를 닫는 분이셨다. 한의사로서 많은 환자를 진료하느라 시달리면서도 틈틈이 기도의 골방을 드나드시던 기도의 사람이셨다. 하루 일과를 마친 늦은 밤이면 반드시 하나님의 성전을 찾아가서 엎드리고 새벽기도는 물론 철야기도와 금식기도를 반복하며 목회자처럼 경건의 생활을 습관화하신 분이었다.

아버지께서는 특별히 기도의 망토를 지어 입으셨다. 두툼한 양털을 넣어 발에 끌릴 정도로 길게 만든 것으로서 그 망토는 아버지의 기도의 분신과도 같은 것이었고 기도의 산실이었다. 그 당시 교회는 겨울철에 예배가 끝나면 화목이나 탄을 때는 난로를 껐기 때문에 차가운 냉골이 되었다. 그래서 그런 양털 외투를 걸치고 기도하시면서 기도생활을 일상화하셨다. 아버지는 자신만의 기도생활로 만족하시지 않고 어린 내게 기도의 훈련을 시키셨다. 어린 시절부터 시작된 이 기도 훈련은 청년 시절까지 계속되었고 나 스스로 기도생활에 정진할 수 있는 계기를 만들어 주었다.

아버지는 어린 시절부터 매년 한두 차례 나를 기도원에 데리고 가셨다. 큰 바위 위에 자리를 잡고 나에게는 작은 바위 위에 내 자리를 만들어 주셨다. 그리고 "자연아, 기도하다가 피곤하면 자거라" 하시고는 아버지는 먼저 큰 소리로 기도를 시작하시곤 했다.
"주여! 성령 충만을 주시옵소서. 아들 자연이가 성령 충만한 목회자가 되게 해 주옵소서!"
한밤중에 산을 울리는 아버지의 기도 소리는 내 어린 마음에 기도해야 한다는 마음을 심어 주었고 아버지의 그 영성이 나의 가슴에 각인되었다. 기도하시는 아버지를 따라 "주여! 주여!" 하면서 기도하던 생활이 어느덧 내게 기도생활의 맛을 알게 해주었고 기도의 능력을 덧입게 해주었다. 이때의 기도생활이 중·고등학교와 대학·청년 시절을 거쳐서 오늘에 이르게 된 것으로, 내 목회의 기틀이요 뿌리가 되었다.

그러므로 나의 영성의 삶은 아버지의 기도로 태동하였고 자라난 것이다. 그 기도의 영성이 능력자로 만들고 은혜자로 만든 것이었다. 나아가서 기도하면 반드시 하나님께서 응답하신다는 확신을 갖게 되었다. 성경이 말한 대로 하나님의 나라는 말에 있지 않고 능력에 있다. 기도야말로 능력이요 기도생활이야말로 능력의 반열에 들어가는 통로이다.

이런 말이 있다.

"당신이 일하면 당신이 일하는 것으로 끝나지만 당신이 기도하면 하나님이 일하신다."

자신이 일하는 삶은 곤고하고 고달프다. 그러나 하나님으로 나를 위해 일하시도록 하는 삶에는 평안과 기쁨이 있고 행복이 있다. 그래서 기도는 위대한 행복의 축이다. 현실을 먼저 보고 하나님을 보는 눈을 가진 사람은 기도하지 못한다. 그 이유는 현실 문제에 얽매여 근심과 걱정에 사로잡히기 때문이다. 하나님을 바라보는 눈을 가진 사람이라야 기도한다. 결국 기도의 사람은 응답을 체험하게 되고 그 응답의 기쁨을 통하여 더욱 깊은 기도의 자리로 나아가게 된다. 이것이 바로 경건생활이다.

사람들은 위기를 두려워한다. 그러나 기도하는 사람은 위기를 두려워하지 않고 오히려 기도의 기회로 삼는다. 그 이유는 기도생활에는 문제의 해답이 있기 때문이다. 무엇이 두려운가? 무엇을 두려워하는가? 두려움의 감정에 사로잡힌다는 것은 내가 기도하지 않는다는 것을 의미한다. 기도생활이야말로 모든 두려움을 몰아낸다.

### 용기 있는 사람, 용기 주는 사람

어려서부터 위대한 음악가의 꿈을 키우던 소녀가 있었다. 그런데 그녀는 16세에 청력을 완전히 잃었다. 청력을 상실했다는 것은 음악가에게 사형선고나 다름없었다. 그녀가 깊은 절망과 좌절 속에 빠져 있을 때 어머니의 격려 한 마디가 그에게 희망의 빛으로 다가왔다.

"너는 청력을 잃었지만 아직 시력이 남아 있다. 사람의 입술을 보고 말을 파악하는 독순술(讀脣術)을 익혀라. 그러면 계속 음악을 할 수 있단다."

그녀는 독순술을 배웠다. 그 결과 사람들과의 대화는 물론 비올라 연주를 계속할 수 있었고 런던 심포니 오케스트라에서 비올라를 연주하게 되었다.

영광은 이에 끝나지 않았다. 영국은 신체장애를 극복한 그녀에게 자랑스런 영국인에게 주는 최고의 상인 프랑크 상을 수여하였다. 이렇게 용기는 삶과 행복과 내일을 보장한다.

이 세상에는 용기를 심어주는 사람이 있는가 하면 절망과 좌절을 심어주는 사람이 있다. 여기에 하나님의 사람과 마귀의 사람의 차이가 있다. 하나님의 사람은 언제나 긍정적이다. 그러나 마귀의 사람은 언제나 부정적이다. 절망을 심어주는 자는 크리스천이 아니다. 용기를 심어주는 자가 크리스천이다. 왜냐하면 용기는 하나님께로부터 오는 선물이기 때문이다. 용기를 심어주는 것은 삶을 심어주는 것이다. 희망을 심어주는 것이다. 내일을 심어주는 것이다.

하나님은 광야의 로뎀나무 아래에서 절망과 좌절에 빠져 완전히 삶의 의욕을 상실한 채 누워 있는 엘리야에게 떡과 물을 주심으로써 삶의 용기를 심어주었다. 그리하여 사십 주 사십 야를 달려 하나님의 산 호렙에 이르게 했다. 그리고 또다시 용기를 잃고 동굴 속에 은거한 그에게 내일의 삶을 깨우쳐 주셨다. 이처럼 용기는 삶을 주고, 희망을 주며, 내일을 열어준다.

윈스턴 처칠의 용기 있는 말과 행동은 영국 국민을 2차 세계대전의 포화 속에서 일어나게 했다. 좋은 환경이 힘을 복돋는 것이 아니다. 용기가 힘을 복돋운다. 그래서 용기 있는 곳에 내일이 있는 것이다. 서해교전에서 총상을 입어 장애인이 된 이희완 대위는 이렇게 말했다.

"청년기에는 100미터를 13초에 달렸다. 지금은 아마 1분은 더 걸릴 것이다. 단지 느려졌을 뿐이지 목표를 향해 가지 못하는 것은 아니다."

우리 시대에 필요한 사람은 불행한 현실을 용기로 뛰어넘는 사람이다. 그러나 우리 시대에 가장 필요한 사람은 이웃의 마음속에 용기를 심어주는 사람이다. 절망을 주면 죽음을 주지만 용기를 주면 삶을 준다. 절망을 주면 불행을 주지만 용기를 주면 행복을 준다. 그래서 크리스천은 용기를 주는 사람이어야 한다. 어떤 사람이 용기를 줄 수 있는가? 믿음이 있는 사람이다. 갈 바를 알지 못하고 방황하던 아브라함과 잉태하는 힘을 잃었던 사라가 용기를 얻을 수 있었던 것은 바로 믿음 때문이었다. 믿음은 용기의 씨앗이다.

### 그리스도인의 행복관

사람들은 풍요 속에 행복이 있다고 생각한다. 그래서 풍요를 얻기 위해 최선의 노력을 경주한다. 사람들의 이런 생각에는 그 나름대로 일리가 있다. 그러나 완전한 생각은 아니다. 풍요는 행복의 보조수단일 수는 있어도 행복 자체는 아니다.

"나는 모든 것을 가졌습니다. 부족한 것은 아무것도 없습니다. 그런데 웬일인가요? 나의 마음은 외롭고 공허하며 기쁨이나 평안이 없습니다. 이유 없는 반항이라는 말도 있지만 나는 이유 없이 불행합니다."

세기의 배우 마릴린 먼로의 이 독백에서 우리는 사람이 풍요롭다고 행복한 것은 아니라는 사실을 다시 한 번 발견하게 된다.

행복 속에 신비가 있다. 그것은 가난과 질병 속에도 행복이 깃들 수 있다는 것이다. 풍요가 행복인 것처럼 생각하는 사람들에게 빈곤은 불행과 실패의 전형인 것처럼 생각된다. 그러나 이는 옳은 생각이 아니다. 빈곤은 삶에 고통을 줄 수 있어도 행복을 빼앗아 가지는 못한다. 그래서 솔로몬은 "마른 떡 한 조각만 있어도 화목하는 것이 제육이 집에 가득하고도 다투는 것보다 나으니라"(잠 17:1)라고 한 것이다.

이 말씀이 설득력이 있는 이유는 이 세상 온갖 부귀영화를 다 누렸던 솔로몬 왕의 말이기 때문이다. 빈곤 속에서도 행복은 꽃피울 수 있다. 그 이유는 빈곤이 예수님 앞에 나오는 단초를 제공하기 때문이다.

갈릴리 가나 혼인잔치에 포도주가 모자랐듯이 오늘날에도 빈곤과 결핍 속에 신음하는 이들이 많다. 능력 부족 때문에, 경제력 부족 때문에, 지식과 건강 부족 때문에 고통을 겪는 사람들이 많다. 이런 사람들은 패잔병이 되어 극심한 자괴감과 열등감을 안고 살아간다. 이렇게 빈곤과 궁핍은 단순한 불편과 어려움만 주는 것이 아니다. 삶에 크나큰 장애를 제공한다. 그렇다고 풍요만이 행복일 수는 없다.

빈곤과 궁핍도 행복일 수 있다. 그 이유는 빈곤과 결핍이 동기가 되어 예수를 찾게 되기 때문이다. 그래서 영국의 지성 버틀란트 러셀은 "부족한 것이 얼마쯤 있는 것이 행복의 필수 조건이 된다"라고 했다. 과연 부족한 것 때문에 예수를 찾게 된다는 점에서 볼 때 빈곤과 결핍은 축복이다. 예수 밖에 있는 빈곤은 저주이지만 예수 안에 있는 빈곤은 도리어 축복이다. 그 이유는 예수 안에는 우리의 빈곤을 채울 수 있는 모든 것이 있기 때문이다.

예수 안에 풍요가 있다. 능력이 있다. 안식과 기쁨이 있다. 축복과 치유가 있다. 행복과 변화가 있다. 구원이 있다. 예수 안에 우리가 바라는 모든 것이 있다. 이렇게 우리 안에는 없어도 예수 안에는 다 있다. 그러므로 빈곤과 결핍으로 인한 근심과 걱정은 곧 불신앙이다.

무엇이 모자란가? 포도주가 모자란다고 예수를 찾아 나온 예수의 어머니 마리아처럼 내 부족한 것, 내 모자란 문제를 가지고 예수를 찾아라. 물을 포도주 되게 하는 능력이 예수에게 있었던 것처럼 불행을 행복으로, 질고를 건강으로, 가난을 부요로 바꾸는 능력이 예수 안에 있다. 이것은 왜 우리가 예수를 찾아야 하고, 그에게 간구해야 하며, 그의 말씀에 순종하며 살아야 하는가에 대한 답변이다.

예수 안에는 우리가 바라는 모든 행복이 있다. 실망과 좌절의 자리에서 일어나 예수 앞에 나아오라.

## 고난은 하나님께 나아가는 길목이다

"누구의 마음에도 그 나름의 고통은 있다."

토마스 훌러의 말이다. 이 말은 고통의 보편성을 뜻한다. 이처럼 고통은 누구에게나 찾아온다. 그러므로 사도 바울도 믿음의 아들 디모데에게 말세에 사람들에게 고통하는 때가 이를 것이라고 경고했다.

바벨론에 동족과 함께 포로로 잡혀갔던 시인은 "나의 괴로운 날에 주의 얼굴을 내게서 숨기지 마소서"(시 102:2)라고 애소했다. 여기서 말하는 나의 괴로운 날이란 정신적, 육체적 고통을 아우르는 말이다. 나라를 빼앗기고 개인의 자유와 행복마저 잃어버린 시인의 고통은 이루 헤아릴 수 없었다.

문제는 이런 고통이 우리라고 예외는 아니라는 점이다. 그래서 카를 야스퍼스는 고통 속에 신음하는 현대인의 아픔을 불안과 공포와 절망으로 표현한다. 고통을 주는 사람과 고통을 주는 환경이 있다. 적대적인 사람과 고독과 가난과 질병이 바로 그것이다. 문제는 이 고통이 하나님께로부터 오는 것이기에 선지자 이사야는 고통의 공여자이신 하나님을 두고 "나는 빛도 짓고 어둠도 창조하며 나는 평안도 짓고 환난도 창조하나니 나는 여호와라 이 모든 일들을 행하는 자니라"(사 45:7)고 했던 것이다.

고통은 아픔을 준다. 상처를 남긴다. 그러나 고통은 그보다 더 큰 유익을 준다. 그래서 시편 기자는 "고난당한 것이 내게 유익이라 이로 말미암아 내가 주의 율례들을 배우게 되었나이다"(시 119:71)라고 한 것이다. 사람들은 극복할 수 없는 고통에 직면했을 때 로뎀나무 아래의 엘리야처럼 절망한다.

그러나 여기서 명심할 점이 있다. 그것은 고통에는 그 나름대로의 의미가 있다는 것이다. 아우구스티누스는 "고통은 동일하다. 그러나 고통당하는 사람은 동일하지 않다"라고 했다. 마음가짐의 여하에 따라 고통을 극복할 길이 생긴다는 말이다. 그래서 다윗은 "하나님이여 내 마음이 확정되었고 내 마음이 확정되었사오니 내가 노래하고 내가 찬송하리이다"(시 57:7)라고 고백했다.

고통은 하나님께로부터 온다. 그러나 하나님께서 우리에게 고통을 주신 목적은 우리를 고통으로 쓰러지게 하려는 데 목적이 있는 것이 아니다. 도리어 유익을 주려는 데 목적이 있다. 바람이 강하게 부는 것에는 나무를 강하게 하려는 하나님의 뜻이 담겨 있다. "상처는 별이 된다"는 서양의 격언이 있다.

그러면 고통은 무엇으로 극복되는 것일까? 푸블릴리우스 시루스는 "고통을 잊어버리는 일이 그것을 치료하는 길"이라고 했다. 그러나 망각이 고통의 치료약이 될 수 없는 이유는 가슴 깊이 상처로 남은 고통의 자국은 결코 지워지지 않기 때문이다. 고통은 믿음으로만 극복된다. 믿음을 두고 "바라는 것들의 실상이요 보지 못하는 것들의 증거"라고 한 히브리서 기자의 말씀처럼 믿음에는 고통을 이기는 힘이 있다.

그 믿음은 과연 어떤 믿음인가? 하나님의 존재하심을 믿는 믿음이다. 또 하나님이 나와 함께하심을 믿는 믿음이다. 고통은 망각으로 치료되지 않는다. 오직 믿음으로만 극복된다. 그 이유는 믿음이 있는 사람들만이 기도할 수 있기 때문이다. 버나드 쇼는 "사람은 보통 기도하지 않고 구걸한다"라고 했다. 그러나 믿음이 있는 자는 기도로 고통을 극복한다.

## 잊어야 할 일과 기억해야 할 일

누구에게나 잊고 싶은 일이 있는가 하면 기억하고 싶은 일도 있다. 그래서 사도 바울은 "나는 아직 내가 잡은 줄로 여기지 아니하고 오직 한 일 즉 뒤에 있는 것은 잊어버리고 앞에 있는 것을 잡으려고 푯대를 향하여…달려가노라"라고 했다.

그러면 잊고 싶은 일은 무엇이며 기억하고 싶은 일은 무엇인가? 사람들은 부끄러운 과거를 잊고 싶어 한다. 또 지난날에 지은 죄와 실수와 허물을 잊고 싶어 한다. 쓰라린 실패와 불행과 고통을 잊고 싶어 한다. 그런가 하면 받았던 축복과 은혜의 체험, 행복과 성공의 경험은 길이길이 기억하고 싶어 한다.

잊고 싶은 과거를 기억한다는 것이 고통인 것처럼 기억해야 할 과거의 일을 잊고 산다는 것 역시 고통이다. 얼마나 많은 사람이 잊혀지지 않는 과거 때문에 고민하는가? 한편 얼마나 사람이 기억하고 살아야 할 과거의 일들을 잊어버림으로써 괴로움을 겪고 있는가?

무엇을 잊어야 할까? 결코 삶에 도움이 되지 않는 일은 잊어야 한다. 그러나 삶에 도움이 되는 일은 잊어서는 안 된다. 잊어야 할 것은 미움과 실패와 불행이다. 그러나 잊어서는 안 될 것은 지난날에 받은 하나님의 은혜다. 그래서 프랑스 속담에 "피해는 모래에 써놓되 은혜는 대리석에 써놓으라"고 한 것이다. 사람이 받은 은혜를 잊고 산다는 것은 파렴치한 일이다.

문제는 여기서 끝나지 않는다. 받은 은혜를 잊고 살 때 준비된 더 큰 은혜를 받을 수 없다는 데 더 큰 문제가 있다. 그래서 슬픈 과거,

불행한 과거는 잊을지언정 받은 은혜는 반드시 기억하고 살아야 한다. 그럴 때 은혜는 더 큰 은혜를 낳게 되는 것이다. 온갖 역경을 이기고 성공한 엘리자베스 머레이가 자신의 고통스러웠던 과거야말로 오늘의 자신을 있게 해준 자양분이었다고 한 말은 결코 과장이 아니다.

도저히 이길 수 없는 블레셋과의 전쟁을 하나님의 큰 도우심으로 승리하고 나서 선지자 사무엘은 "여호와께서 여기까지 우리를 도우셨다" 하면서 미스바와 센 사이에 돌단을 세우고 '에벤에셀'이라고 이름하였다. 여기서 우리는 받은 바 은혜를 결코 잊지 않았던 사무엘의 신앙을 본받아야 한다.

오늘날 우리가 결코 잊어서는 안 되는 것은 지난날 베풀어주신 하나님의 한량없는 은혜이다. 하나님은 위기의 순간마다 당신의 은혜로 우리를 구원하고 보호해 주셨다. 하나님의 은혜는 도우심으로 나타난다. 그래서 시편 기자는 "내가 산을 향하여 눈을 들리라 나의 도움이 어디서 올까 나의 도움은 천지를 지으신 여호와에게서로다" (시 121:1-2)라고 고백했다.

우리는 지금 불안과 공포가 팽배한 위기의 시대를 살아가고 있다. 사람들은 다양한 대처 방법으로 위기의 벽을 뛰어 넘으려고 한다. 그러나 인간의 힘은 위기의 벽보다 능하지 못하다. 위기의 시대를 사는 힘은 하나님의 은혜에서 나온다. 그래서 은혜를 받으면 다 받은 것이고 은혜를 못 받으면 다 못 받은 것이다. 과거에 받은 은혜를 망각한 채 출발하는 것은 어리석은 일이다. 왜냐하면 은혜의 망각은 하나님에 대한 망각이기 때문이다. 지난날 받은 하나님의 은혜를 기억하면서 더욱 큰 은혜를 사모하는 마음으로 살 때 새로운 축복의 장이 펼쳐질 것이다.

## 가장 귀중한 삶의 자산

베이컨은 시간을 '작가 중의 작가'라고 말했다. 이 말은 시간은 그 활용도에 따라 결과가 달라진다는 말이다. 사람들은 흔히 물질의 실패를 모든 것의 실패인 것처럼 생각한다. 그러나 그것은 옳은 생각이 아니다. 물질의 실패만이 실패가 아니다. 시간의 실패도 실패이다. 문제는 시간의 실패가 물질의 실패보다 더 치명적인 손상을 가져다준다는 데 있다.

그 이유가 무엇인가? 물질을 잃으면 물질만 잃지만, 시간을 잃으면 모든 것을 잃기 때문이다. 그러므로 가장 큰 손실은 시간의 손실이다. 존 홀로리오가 말한 것처럼 시간을 잡은 사람은 인생을 잡은 사람이다. 하나님이 주신 선물 중에 시간만큼 귀중한 선물은 없다. 그 이유는 시간 속에 행복이 있고, 시간 속에 성공이 들어 있기 때문이다. 그러므로 시간을 어떻게 활용하느냐에 우리의 운명이 달려 있다.

"태초에 하나님이 천지를 창조하시니라"고 한 말씀에서 보듯 하나님은 하나님 자신의 실존보다 태초라는 단어를 앞세워 기록함으로써 시간이 삶에 얼마나 중요한 가치 기준이 되는가를 말한다. 시간을 창조하시고 시간 속에 들어오셔서 시간의 제약을 받으시며 창조 사역에 임하셨던 하나님은 우리 인간들에게 이 시간을 주심으로써 시간을 활용하여 그 속에 있는 행복을 맛보도록 섭리하셨다.

사람들은 물질적인 성공이 축복인 것처럼 생각한다. 그러나 진정한 축복은 시간 속에 들어 있다. 그러므로 시간의 활용 문제는 우리가 얼마나 행복해질 수 있는가와 정비례한다. 이런 의미에서 시간은 이 세상에서 그 무엇보다 중요하다. 그래서 사도 바울은 "세월을 아끼라 때가 악하니라"(엡 5:16)고 말했다. 시간을 낭비하는 것은 시간을 창조하신 하나님에 대한 죄악이다.

어떻게 시간을 사용할 것인가? 하나님처럼 창조적인 일에 사용해야 한다. 소모적인 논쟁이나 헛된 일에 시간을 허비하는 것은 지혜가 아니며 옳은 일도 아니다. 사람을 살리고, 영혼을 구원하는 창조적인 일에 시간을 사용해야 한다. 1초를 소홀히 하는 사람은 하루를 잃고 인생을 잃는 법이다. 인생의 승패는 순간순간에 달려 있다.

또 시간을 선용해야 한다. 창세기 1장 5절에 "저녁이 되고 아침이 되니 이는 첫째 날이니라"고 했다. 저녁이 안식의 시간이라면, 아침은 노동의 시간이다. 쉴 때 쉬고, 일할 때 일을 해야 한다. 꽃 한 송이가 피어나는 데도 밤과 낮의 교차가 필요하다. 둥지 속의 알들이 깨어나 창공을 나는 데도 밤과 낮의 시간이 필요하다. 성경은 하나님이 지으시던 일을 일곱째 날이 이를 때 마치셨다고 했다. 이처럼 일의 마무리 역시 중요하다. 하나님은 첫째 날의 창조를 둘째 날로 미루지 않으시고 그날 일을 그날에 마치셨다.

음악에는 미완성 교향곡이 있지만 하나님에게는 미완성이 없고 용두사미가 없다. 하나님은 창조에서 구속사역에 이르기까지 다 완성하셨다. 시작이 중요한 것처럼 마무리 또한 중요하다. 하나님처럼 시간을 활용하여 그 속에 있는 행복을 얻는 것이 우리를 향한 하나님의 뜻이다.

## 가장 강한 사람, 가장 약한 사람

우리 시대의 가장 큰 문제는 경제, 또는 교육이나 지구환경이나 질병문제라고 한다. 그러나 제일 중요한 문제는 사람이다. 왜냐하면 지구상의 모든 문제는 사람과 관련되어 있다. 사람이 문제를 일으키고 사람이 그 문제를 해결해야 한다. 개인 문제와 가정 문제, 국가 문제도 그러하다. 여기에는 신뢰할 만한 사람, 검증된 사람, 실력 있는 사람들이 필요하다. 개인적으로는 내가 힘들 때에 나와 함께해주는 사람, 나에게 힘이 되어 주고 궁극적으로는 내 인생의 본질적인 문제를 해결해 줄 수 있는 사람이 필요하다.

그러나 나와 동일한 성정을 지닌 사람은 그러한 문제들을 해결해 줄 수 없다. 왜냐하면 그도 나와 같이 유한하고 부족하며 흠결이 있는 존재이기 때문이다.

2천 년 전에 예수님 당시 예루살렘 양문 곁 베데스다 못가에 누워 있던 38년 된 장애를 가진 병자의 경우를 보면 사람들은 그를 연못가에 데려다 줄 수는 있었지만 그의 불치의 병은 아무도 고쳐 줄 수가 없었다. 그 경우가 바로 인간 스스로가 해결할 수 없는 한계를 만난 상황이다. 돈으로도, 의술로도 해결되지 않은 문제였다.

소문에는 그곳에 물이 동할 때에 연못에 들어가면 병이 치유될 수 있다고 했으나 그에게는 그 물에 자신을 들어서 넣어 줄 사람도 없었다. 왜냐하면 그 물이 언제 움직일지 알 수 없고 검증된 사실도 없는 그저 막연한 바람이었기 때문이다. 인간이 인간을 돕고 해결해 주는 데에는 한계가 있다. 부모와 자식 간에도 그러하다.

그러한 상황에 예수님께서 그에게 나타나셨다. "주여, 물이 동할 때에 나를 물에 넣어 줄 사람이 없어 내가 가는 동안에 다른 사람이 먼저 내려가나이다"라는 자조적인 그의 고백 속에서 우리는 그의 소외됨과 외로움을 보게 된다. 인간 세상에서도 내가 병들고 가난하고 실패하면 친구들이 떠난다.

그러나 예수님께서는 그의 연약함을 아시고 "네가 낫고자 하느냐?" 하고 물으셨다. 예수님께서는 그에게 "일어나 네 자리를 들고 걸어가라"고 명하셨다. 그는 그 말을 믿고 움직일 수 없었던 다리에 힘이 생긴 것을 믿고 일어났다. 정말 꿈 같은 기적이 나타난 것이었다. 베데스다 못가에 누워 있던 그 사람은 가장 약한 자였다. 그런데 가장 강하시고 전능하신 예수님께서 그에게 다가가 말을 건네시고 그 소원을 물으시고 그의 육신을 고쳐 주셨다. 예수님은 내가 가장 약할 때에 찾아와 주시고 마음의 소원을 들어 주시며 이전보다 강하게 하시는 분임을 친히 보여 주셨다.

인간의 성정을 지닌 선지자들도 위험에 처하고 고난이 길어지면 자신의 사역을 포기하고 삶마저도 포기하고자 하는 모습을 엘리야 선지자를 통해서 보게 된다. 그는 이스라엘에서 모든 선지자들이 다 죽임을 당하고 자기 혼자만 남게 된 줄 알고 불안과 두려움에 싸여 있었다. 그는 갈멜산에서도 혼자 싸웠고 브엘세바 광야와 호렙산에서도 혼자였다.

그러나 사실 혼자 있었던 것이 아니었다. 하나님께서 그를 보호하셨고 그에게 능력을 주시고 감당케 하신 것이었다. 단지 가시적으로 하나님이 보이지 않았을 뿐이다. 하나님께서 그를 홀로 있게 하신 것은 그 고독함을 통해 온전히 하나님만 바라보고 의지하게 하심이었다.

시인 실러는 "고독을 잘 견디는 사람은 강한 사람"이라고 했지만 정작 강한 사람은 예수를 붙들고 그를 의지하는 사람이다. 연약한 인간이 하나님을 의지하면 그 능력이 자신에게 임하는 것이다.

### 청년은 관심을 먹고 자란다

19세기 홋가이도에서 일본 청년들에게 신 농업기술과 미래의 꿈을 심어주었던 윌리엄 크라크는 임기를 마치고 귀국하면서 이렇게 작별 인사를 했다.

"청년들이여, 대망을 품으시오!"(Boys, Be Ambitious)

그때의 젊은이들 중에 일본을 이끌어 갈 미래의 지도자들이 배출되었다. 우치무라 간조가 바로 그중의 한 사람이었다. '청년들에게 무엇을 심어주느냐?' 하는 것은 '어떤 미래를 만들어 주느냐'와 같다. 그 이유는 위대한 일의 대부분은 청년기에 이루어지기 때문이다.

청년들이 교회를 떠나고 있다. 이는 새삼스러운 일이 아니다. 오래전부터 있어 왔던 한국교회의 고질병이다. 소수를 제외하고 오늘날 대부분의 교회는 이미 노령화되었다. 마치 황혼 열차를 탄 것처럼 기성세대만으로 북적이고 있다. 예산과 프로그램도 모두 기성세대 중심이다. 그러면서도 아무런 문제의식조차 느끼지 못하고 있는 것이 문제다. 사람들의 지적대로 한국교회의 물량주의와 성장 문화 현상은 아직까지도 해결되지 않는 문제이다. 그러나 이것이 문제의 본질은 아니다. 이보다 더 큰 문제는 청년들이 교회를 떠나고 있다는 데 있다.

청년은 교회의 미래이며, 미래 부흥의 씨앗이다. 청년이 떠난 교회는 내일이 없다. 청년기는 사랑하는 시기 전에 사랑받는 시기이다. 청년이 교회를 떠나는 이유는 관심 부재에 있다. 관심은 사랑이고 신뢰이다. 청년들의 사고와 행동이 현실적이지 못하다고 무시되는 한 청년들의 교회로의 리턴은 이루어지지 않는다. 청년들이 머무르고 싶은 교회, 청년들이 자랑스러움을 느끼는 그런 교회야말로 역동적인 교회, 부흥하는 교회가 될 수 있다.

사람들은 삼성그룹의 놀라운 도약을 이건희 회장의 사업적 능력에서 찾는다. 그러나 오늘의 삼성의 성장은 비즈니스 감각이 뛰어나고 장사에 대해 관심이 많은 둘째 아들 창희보다 풍부한 상상력으로 좀 더 멀리 내다보는 셋째 아들 건희를 후계자로 선정한 이병철 회장의 직관력에 기인한다고 보아야 할 것이다. 청년은 관심을 먹고 자란다. 그것은 관심이 곧 사랑이기 때문이다. 청년들에게 관심을 두는 교회, 청년이 숨쉴 수 있는 교회, 청년이 설 자리가 있는 교회가 부흥한다. 우리가 알아야 할 것은 나인성 과부의 죽은 외아들에 대한 우리 주님의 관심이 부활 이적의 원동력이 되었다는 사실이다. '어떻게 살아야 하는가? 무엇을 해야 하는가? 어떤 사람이 되어야 하는가?'를 가르치는 일은 누구나 할 수 있다. 그러나 관심을 가지는 일은 누구나 할 수 없다. 그 이유는 관심은 내 전부를 쏟아야 하는 전 인격적인 어려운 작업이기 때문이다. 그럼에도 불구하고 청년들에 대한 관심이 중요한 이유는 청년들은 관심을 먹고 자라기 때문이다.

나인성 과부의 죽은 아들을 향하여 "청년아, 일어나라"고 하셨던 주님의 말씀처럼 오늘의 청년들은 일어나야 한다. 그러기 위해서는 우리 주님처럼 우리도 청년들에게 관심을 가져야 한다. 그 이유는 관심은 사랑이며 변화를 일으키는 힘이기 때문이다.

교회를 사랑하는가? 청년을 사랑하라.

청년을 사랑하는가? 그들에게 관심을 가져라.

## 성공과 행복의 사다리인 꿈을 가져라

이 세상에는 두 종류의 사람이 있다. 꿈이 있는 사람과 꿈이 없는 사람이다. 이 두 종류의 사람은 단순한 단어상의 차이만 있는 것은 아니다. 꿈이 있는 사람과 없는 사람 간에는 생각이 다르고 생활이 다르고 그 결말도 다르다. 꿈이 있느냐, 없느냐 하는 것이 그만큼 차이가 나고 다른 것이다. "비전과 결혼하라"는 말이 있다. 이는 인생이 꿈대로 되기 때문이다.

그렇다. 인생은 그가 지닌 자질의 우수성대로 되는 것이 아니다. 그가 가진 꿈대로 된다. 큰 꿈을 꾸면 크게 된다. 작은 꿈을 꾸면 작게 된다. 이는 마치 어떤 씨를 땅에 뿌리느냐에 따라 열매가 달라지는 것과 같다. 꿈이 없는 백성은 망한다. 반대로 꿈이 있는 사람은 흥한다는 말이다. 역사를 변화시키고 이끈 사람들의 공통점은 젊은 날에 꿈이 있었던 사람들이었다. 누가 이 세상에서 가장 불행한 사람인가? 헬렌 켈러가 말한 대로 "시력은 있으나 비전이 없는 사람"이다.

꿈은 우리 인간을 향한 하나님의 설계도이다. 꿈의 사람 요셉은 노예 신분이었지만 애굽의 총리가 되었다. 다른 형제들은 그냥 목자로서 사는 것이 인생의 전부인 것으로 알고 유목민으로 인생을 보냈다. 요셉은 꿈이 있었기에 고난과 유혹을 극복할 수 있었다. 그는 자신에게 주어진 인생의 역경을 원망하지 않았고 포기하지 않았다. 애굽의 경호대장 밑에서 종 노릇 할 때도 성실과 정직으로 최선을 다했다. 그 모습을 본 주인 보디발은 요셉을 자신의 모든 재산과 가정을 다 맡기는 관리자요 경영인으로 세웠다.

그 후 요셉은 보디발의 아내의 유혹을 물리친 것으로 인해 감옥에 들어갔지만 그곳에서도 성실성과 재능을 인정받아 대행 관리자로서의 일을 하면서 죄수가 아닌 행정인이 되었다. 그러한 경험이 토대가 되어 국가의 경영 지식과 요령을 터득하여 애굽 왕의 꿈을 해몽해 줌으로 애굽의 총리가 될 수 있었다. 그는 모진 역경에서도 꿈을 포기하지 않았다. 그의 삶은 어린 시절 하나님께서 보여 주신 그 꿈을 믿고 준비한 과정이었다. 요셉은 사실상 야곱을 잇는 영적 족장이 된 것이다. 그는 당시 최대의 강국인 애굽의 총리가 됨으로 그 시대에 큰 위업을 달성한 성공 신화의 주인공이기도 하다.

현재 지구상에서 가장 유명한 영화감독이라면 스필버그를 꼽을 수 있다. 그는 어린 시절에 유대인이라는 이유로 늘 소외되고 외로운 시간을 보냈다. 그러나 학생 시절에 많은 것들을 상상하였다. 그가 상상한 꿈 같은 이야기를 영화로 실현한 것이 "E.T.", "쥬라기 공원"이었다.

또 다른 꿈의 소년이 있었다. 밤하늘의 달을 보면서 '난 언젠가는 달나라에 갈 거야'라는 꿈을 꾸던 소년이다. 그가 바로 달나라를 다녀온 우주인 제임스 어윈이다. 그 외에도 전 세계인에게 콜라를 생활 음료수로 만든 이가 있는데, 바로 '전 세계의 가정의 수도꼭지에서 콜라가 나오게 하겠다'라는 포부를 품었던 우드 러프이다.

성공과 행복의 주인공이 되고 싶다면 믿음 안에서 꿈을 키워라. 하나님은 우리의 꿈을 통하여 역사하신다.

## 인생은 누구나 정상에 서야 한다

1924년 영국의 등반대가 세계 최고봉인 에베레스트 산에 도전하고 있었을 때 한 신문 기자가 등반대원인 조지 멜로리에게 물었다.
"왜 산에 오릅니까?"
그의 대답은 간단했다.
"산이 거기에 있기 때문입니다."
멜로리는 영국 최고의 지성인이요 세계적인 등산가였다. 그해 6월 8일, 그는 제6캠프에서 에베레스트 정상을 향해 출발한 후 영원히 돌아오지 않았다. 그때 그의 나이 38세였다.

이렇게 사람들은 정상에 도전하다가 목숨을 잃기도 하고 온갖 어려움에 직면하기도 한다. 그러면서도 자신이 추구하는 삶의 정상에 도전하는 이유는 거기에 환희가 있고 행복이 있기 때문이다. 모든 사람에게는 이와 같이 오르고 싶어 하는 정상이 있다.

육신의 세계에도 정상이 있듯이 영적인 세계에도 정상이 있다. 영적인 세계의 정상은 무엇인가? 그것은 성령 충만한 경지에 이르는 것이다. 그러면 성령 충만함은 무엇인가? 성령이 차고 흘러넘치는 상태, 즉 몸과 마음뿐 아니라 의지와 정신까지 성령으로 가득 찬 상태를 말한다. 이것은 인간의 지, 정, 의 전 영역이 성령에 의해 완전히 지배된 상태를 말한다. 사람이 은혜를 받아 이런 경지에 이르게 되면 자기의 생각과 의지와는 전혀 상관없이 성령에 의해 올바르고 참된 길로 들어서게 된다.

하이데거의 말처럼 사람에게는 물질과 인간과 자기 문제로 인한 고민이 있다. 그때 그 고민의 문제 해답을 알지 못하면 절망과 좌절에 빠지게 되고 결국은 죽음에까지 이르게 된다. 그러나 성령이 충만하게 되면 이런 고뇌로부터 해방된다. 그렇다고 성령 충만하게 되면 세상과 완전히 단절하고 산 속에 들어가 도인이 되는 것이 아니라 배가 물속에 있으나 물이 배 안으로 들어오지 못하는 것처럼 세상 속에 살면서 세속에 오염되지 않는 신비함을 맛보게 된다.

그래서 성령 충만한 삶 속에는 모든 자유함이 있는 것이다. 사도 바울이 말한 바와 같이 우리가 사방으로 포위되어도 에워싸이지 않고, 답답한 일을 당하여도 낙심치 않게 되는 것은 성령 충만한 삶 속에 자유로움이 있기 때문이다.

그러나 여기에는 한 가지 고민이 있다. 그것은 정상이 오래 머물 수가 있는 곳이 아니라는 점이다. 산에 오를 때가 있으면 내려갈 때가 있다. 신앙도 정상에 오를 때가 있으면 추락할 때가 있다. 그래서 은혜가 깊어지고 성령이 충만할 때 기뻐하기만 할 것이 아니라 도리어 넘어질까 조심해야 한다. 사탄은 예수를 성령 충만한 자리에서 떨어뜨리려고 시험했다. 이처럼 사탄은 우리를 시험한다. 그래서 토마스 아 켐피스는 "불이 철을 시험하듯이 유혹은 올바른 사람을 시험한다"라고 말한 것이다.

그러면 하나님께서 사탄의 시험을 허락하시는 이유는 무엇일까? 이에 대해 사도 바울은 로마서 5장 3-4절에서 이렇게 말하고 있다.

"우리가 환난 중에도 즐거워하나니 이는 환난은 인내를, 인내는 연단을, 연단은 소망을 이루는 줄 앎이로다."

불이 쇠를 강하게 하듯이 연단은 성도를 강하게 만든다. 그래서 성령 충만한 사람에게 고난은 유익한 것이다.

### 문제 곁에 해답이 있다

세상을 살아가는 모든 사람에게는 공통분모가 있다. 그것은 모든 인간은 문제에 직면해 있다는 것이다. 그래서 J. G. 프레이저 경은 이런 세상을 두고 "위대한 사람의 수준으로는 살 수 없는 것이 바로 이 세상"이라고 말했다.

사무엘 선지자의 어머니 한나가 그런 경우이다. 한나가 직면했던 문제는 바로 복잡한 가정 문제였다. 남편 엘가나는 도저히 신뢰할 수 없는 존재였다. 그와의 관계는 사랑을 주고받는 관계라기보다 도리어 고통과 아픔을 주고받는 가해자와 피해자의 관계였다. 그들은 형식상의 부부였을 뿐 참 부부는 아니었다.

입만 열면 사랑한다고 하면서 곱절의 물질로 사랑을 과시하면서도 한나에 대한 그의 사랑은 굴절된 사랑이었을 뿐 참사랑은 아니었다. 이런 남편 엘가나와의 사이에 애정의 갈등을 겪으면서 한편으로는 자신으로부터 남편을 빼앗아 간 브닌나와 갈등하면서 도저히 견딜 수 없는 파탄 지경에 이르게 되었다.

우울증이 따로 없었다. 남편 엘가나의 배신과 두 번째 부인인 브닌나의 적대행위로 인한 정서장애는 그녀로 하여금 심각한 우울증에 시달리게 했다. 이로 인해 그녀의 눈에는 눈물이 마를 날이 없었고 번민은 가슴을 저리게 했다. 사는 것이 사는 것이 아니었고 지옥이 따로 없었다.

그들이 전혀 해결의 길을 모색하지 않은 것은 아니었으나, 엘가나의 따뜻한 위로의 말도, 물질적인 사랑의 표시도 전혀 위로가 되지 않았다. 마음의 상처는 아물지 않았고 시린 가슴은 풀리지 않았다. 괴롭고 슬펐다. 무너져 내린 참담한 마음은 돈 몇 푼과 위로의 말 몇 마디로 추스러지지 않았다. 세월이 약이려니 기다려 보기도 했으나 해결의 기미는 전혀 보이지 않았다. 참으로 난감한 일이었다.

남편 엘가나의 입장도 마찬가지였다. 한나를 저버리자니 조강지처였고 브닌나를 버리자니 자식문제가 걸려 이럴 수도 저럴 수도 없었다. 문제는 당사자의 몫일 뿐 그 누구도 해결할 수 없고 끼어들 수도 없다. 그러므로 문제는 당사자들 스스로 풀어야 했다. 그렇다고 문제의 실마리는 어떻게 풀 수 있을까? 그것은 하나님을 만남으로 해결되는 것이다.

하나님은 문제 곁에 해답을 두고 계신다. 믿음이 없는 사람은 문제를 통해 실망을 보지만 믿음이 있는 사람은 하나님을 통해 희망을 본다. 그래서 믿음이 있는 사람은 하나님께 기도한다. 결국 한나는 절박한 가운데 그 문제를 하나님께 맡기고 마치 정신이 나간 여자처럼 부르짖어 기도한다. 그것도 모자라 하나님 앞에 서원기도를 하면서 '아들을 주시면 하나님 앞에 드리겠다'는 조건부 기도를 하였다. 이 기도는 자신의 모든 것을 건 절체절명의 기도였다.

하나님께서는 그 여인의 눈물의 기도에 응답해 주셔서 마침내 아들 사무엘을 허락해 주셨다. 그리고 그녀는 약속대로 하나님 앞에 아들을 바쳐서 위대한 선지자로 만들었다.

하나님께서는 그녀에게 큰 복을 주셔서 사무엘을 하나님의 종으로 바친 후에 3명의 아들과 2명의 딸을 더 주심으로 그녀의 소원과 자존감을 높여 주셨다.

괴로운가? 가슴 아픈 일을 당했는가? 한나처럼 하나님을 찾아 기도하라. 기도는 하나님의 보좌를 움직여 문제 곁에 해답을 두게 한다.

◉ 나의 목회 현장에서 발견한 한 줄 목회보감 7
  말씀과 기도는 위대한 행복의 축이다.

# 8장

## 말씀의 보감 강단

### 하나님 중심의 설교

청년 시절, 참 좋은 목회자들을 만나서 귀한 설교를 듣고 자랐다. 그분들의 설교는 지금 생각해도 상당히 진실했고 본문의 핵심에서 이탈하는 법이 없었다. 그러나 복잡하고 적용 부분이 약했다는 점에서는 아쉬움이 남는다. 정작 나 자신이 전도사 생활을 하면서도 주일학교에서부터 시작해서 청소년들에게 주로 인물 중심으로 설교했다. 성경 본문이 서사 구조로 되어 있어서 옛날 이야기처럼 들려 줄 수 있으면서도 재미있고 무엇보다 실생활에 적용할 면이 많아서 아주 좋았다.

인물 중심의 설교를 하다 보니 거기서 희미하게 뭔가 보이는 것이 있었다. 그것은 우리가 위대하다고 생각하는 사람들의 믿음보다 그런 믿음을 만들어 주신 하나님의 능력이 더 크다는 것이었다.

예를 들어 야곱의 생애를 보면 하나님의 절대적인 주권, 야곱의 비열함, 약함, 간교함을 초월해서 그를 구원하시는 하나님의 주권이 보였다. 그의 부도덕함에 저해를 받지 않고 그의 인생 전체를 붙들어 나가시는 하나님의 위대함을 보게 된 것이다. 그 후로 설교의 초점은 항상 하나님의 주권(The Sovereignty of God)에 맞춰졌다. 그리고 지금까지 일관되게 '하나님 중심'의 설교를 한다.

하나님의 주권이라고 해서 늘 주권이 설교의 중심은 아니다. 하나님의 큰 주권적 은혜와 사랑으로 구원받았으니 이제 그 은혜와 사랑이 현실로 펼쳐지는 삶을 살아내라고 명령법적으로 촉구해야 한다. 이때 윤리 교과서처럼 뻔하고 고리타분한 이야기, 잔소리를 풀어내서는 안 된다. 은혜에 합당하게 살지 못했을 경우 생기는 비극을 생생하게 딱 짚어서 전달하면 성도들은 '아, 저렇게 살지 말아야지!' 하고 저절로 깨닫게 된다.

설교란 하나님께서 설교자를 통해서 성도들에게 그분의 마음과 생각을 전달하는 것이다. 목사가 하나님이 성도들에게 말씀하고자 하시는 것은 전달하지 않고 자기가 느낀 것, 자기가 좋아하는 것만을 선포하면 안 된다.

그래서 나는 한 설교가 한 가지 주제에 의해 진행되도록 노력한다. 그리고 반드시 성경이 말하는 인생 해답, 삶의 진로, 변화와 새로움의 비결을 본문에서 추출한다. 단순하지만 요점이 있도록 말이다. 이것이 내 설교의 전달 기법이다. 이런 설교는 한국교회 회중의 현실을 생각할 때도 잘 맞는다. 대학원을 나온 박사에서부터 시작해서 초등학교를 겨우 나온 할머니까지 섞여 있는 상황에서는 구원사적 초점이 분명하되 전달과 전개가 단순하면서도 한 가지에 초점이 맞춰지는 설교가 호소력이 있다.

설교 작성에서 가장 중요한 요소 하나는 착상이다. 착상이 잘 되면 나머지는 누에고치 풀리듯 술술 풀린다. 착상이 되면 그다음에는 대지를 잡는다. 이 잡힌 대지에 살을 입히는 일은 어디서도 할 수 있다. 때로는 차를 타고 가면서도 살 입히는 작업을 한다. 착상과 대지를 구성하면 그다음은 서론을 만든다. 영화도 처음 5분이 중요하듯이 설교도 한 주제를 제시하고 전개에 기대감을 갖게 하는 서론부가 매우 중요하다. 서론과 전체가 모호하거나 시시하면 회중은 집중력이 흐트러지고 설교자는 그때부터 설교에 힘을 잃게 된다. 처음 설교 부분이 회중들로 하여금 기대감을 갖게 하면 지속적으로 그 집중력을 유지하면서 설교의 결론 부분까지 이끌어 갈 수 있다.

나는 이런 면에서 하나님께 복을 많이 받았다. 본문을 보면 순간적으로 인상과 영감이 온다. 이것을 정리하는 데 10-20분도 안 걸린다. 나는 주석을 참고하지 않는 편이다. 주석부터 보면 내가 받은 인상과 영감이 너무 학문적으로 재단된다는 느낌이 들기 때문이다. 설교 본문에 적합한 예화를 찾을 때에는 부목사들이 도와줄 때가 많지만 내가 직접 설교 주제와 관련된 책들을 전부 찾아서 독파할 때도 있다. 그런 경우 하룻밤에 10권 이상의 책을 보면 적절한 예화가 나온다.

설교하는 나보다 설교 듣는 성도가 나를 더 잘 안다. 언어적 표현을 구사해서 본문을 풀어가려면 내 실력보다 그것을 받아들이는 성도들이 그 내용의 탄탄함을 더 잘 분별한다. 대부분의 목회자들이 자기 열심이 성도들을 아이 취급하고 무조건 가르치려는 태도로 나가다 보니 설교가 잘 전달되지 않는 것이다.

예화와 관련해서도 마찬가지이다. '내가 이런 것을 안다'는 식의 예화가 나와서는 안 된다. 설교의 주제에 필요한 예증(illustration)을 촌철살인 격으로 끼워 넣는 것이 예화의 목적이다. 결론적으로 예화는 부수적인 것이다. 설교의 뼈대가 잡히고 살을 입히면 후에는 비로소 문장으로 옮겨 적는다. 이때 나는 컴퓨터보다는 종이에 써내려가는 것이 더 편하다. 누가 내 설교 초안을 보고 꼭 처방전 같다고 했는데, 남이 보면 휴지조각일지 모르나 내게는 보물처럼 소중한 것이다.

## 땀의 설교, 피의 설교

나는 부교역자가 설교를 잘하면 되도록 칭찬을 아끼지 않는다. 칭찬하는 것이 내게도 유익하다. 위기의식을 느끼고 그다음부터 그 사람을 강단에 안 세우면, 그것은 양심을 배반하는 일인 동시에 성도들에게 흉 잡힐 일이다. 한국교회 목사들이 모르고 있는 한 가지 진리는 성도들이 나보다 더 잘 안다는 것이다. 내가 조금이라도 기도생활에 게으르면 '아, 우리 목사님은 요즘 기도를 안 하는구나' 하고 척 알아본다. 묵상이 옅어서 자꾸 어려운 말만 하고 있으면 '아이고, 우리 목사님이 오늘은 철학 강의 하시네' 하고, 괜히 강대상에서 소리를 지르면 '목사님, 오늘 부부싸움 하셨구나' 한다.

왕성교회에서도 '저 목사는 나보다 설교를 잘하는군' 하고 느낄 만큼 탁월한 목사가 있었다. 하지만 나는 아무리 부목사가 설교를 잘해도 그것은 '땀의 설교'라고 생각한다. 거기에 깊은 연륜과 부단한 자기 노력이 더해지면 '피의 설교'가 된다. 목사가 '피의 설교'를 할 수 있으면 교회를 1년이 아니라 10년을 비워도 괜찮다.

'피의 설교'를 해야 한다니까 인간적인 노력과 탐구를 경시하라는 것인가 하고 의아해할 수도 있다. 성경의 저자는 성령님이시지만, 그 표현 과정에서 언어와 문학의 방편을 동원하였기에 그것들의 속성과 의미까지 알아야 설교할 수 있다. 그래야 성경에 제대로 접근하는 것이다.

나는 어떻게 하면 성경의 심층에 도달할 수 있을까 큰 한계를 느끼고 있다. 이것은 나만 느끼는 것이 아니다. 나와 비슷한 세대에 공부한 목회자들이 일반적으로 느끼는 필요이자 한계이다. 나는 이 갈증을 구체적으로 해소하려고 이스라엘에서 5년, 그리스 아테네에서 5년 동안 성경언어를 전공한 전문가의 도움을 받고 있다. 나는 한마디로 '맨날 그 밥에 그 나물' 식으로 목회하고 싶지 않다. 앞으로도 젊은 목회자들과 협력 내지 경쟁을 해서 나 자신의 고유한 자리매김을 하고 싶기 때문이다.

'피가 묻은 설교'는 선지자인 척하는 설교가 아니라, 영성을 바탕으로 뼈를 깎는 자기 노력을 기울이는 설교이다.

왕성교회의 4부 예배는 청년예배인데, 자화자찬 같지만 내 설교를 들으려고 오는 청년들이 꽤 많다. 내가 연령이나 소속 문화, 표현 양식으로 보면 도무지 젊은이들에게 안 맞을 것 같은데, 희한하게도 내 설교에 집중하고 또 반응도 아주 좋다. 아마 현실 생활에서 부딪치는 젊은 세대의 고민과 헷갈릴 수 있는 신앙적인 요점을 정확하게 짚어 내 대안과 치유를 제시하기 때문이 아닌가 싶다.

한번은 유명한 관료 한 분을 모셔서 4부 청년예배에서 간증 집회를 했다. 내 생각에 그 관료는 명문대학 출신인 데다 놀라운 경영 능력으로 자신이 부임한 도를 몇 배나 발전시킨 전문 행정가요 경영자여서 청년들의 반응이 좋을 줄 알았다. 그런데 반응은 전혀 뜻밖이었다. 교회 청년부 홈페이지 게시판에는 말씀 중심의 설교가 더 좋다면서 여러 의견의 글들이 우후죽순처럼 올라왔다. 의외로 내 설교에 잘 반응해 준다.

자기가 정성껏 준비한 음식에 만족하는 남편과 아이들을 보면서 흡족해하고 존재감을 느끼는 주부의 심정, 이것이 바로 설교자로서의 내 마음이다. 식구들이 외식에 물려서 아내나 엄마가 해주는 집밥을 찾게 되면서 '오늘은 무엇을 차려 놓을까?' 하는 기대를 가지고 즐거운 마음으로 준비하는 주부와 같이 나도 설레는 마음으로 설교를 준비한다.

성경에는 무한한 설교 조리 비법들이 들어 있다. 성경은 하나님의 말씀이기 때문에 같은 본문을 가지고도 수천, 수만의 각도에서 수십, 수백 번을 설교해도 지루하거나 고루하지 않다고 믿는다. 그래서 나는 일부러라도 같은 본문을 택해서 다른 각도에서 하나님의 구원사, 인간의 삶의 문제와 대안을 다양하게 제시한다. 성경이 결코 우리의 실제 삶에 대해서 '믿으라, 믿으면 다 된다'는 식의 경박한 해결책을 내놓지 않는 말씀임을 보여 주고 싶은 까닭이다.

나는 어려서부터 독서를 많이 했다. 청력이 약해서 강의를 들을 수 없어 고육지책으로라도 책을 들고 있을 수밖에 없었다. 만화든 소설이든 닥치는 대로 읽었다. 잡독 습관은 이때 단단히 길러진 것 같다. 지금은 읽은 내용들이 가물가물하지만 나도 모르는 사이에 추론하고 정리하는 습관과 언어의 구사와 어휘 선택에 결정적인 영향을 미쳤다. 이러한 사실은 주일에만 일곱 번 이상 설교를 해야 하는 설교자가 된 지금에서야 알게 되었다.

나는 주로 신문의 신간 서평을 참조해서 책을 구입한다. 자칫 베스트셀러 위주의 선택을 하게 될 위험이 있지만, 경제·경영에서부터 인문·사회에 이르기까지 전 영역을 훑는다. 또 사회적인 의제(social agenda) 결정력이 강한 책들은 주제가 무엇이든 필요하다면 읽어본다. 더 좋은 독서법을 개발해야 한다는 생각이 들기는 하지만 신문이 좋다는 책만 읽기에도 너무 바쁘다.

목회와 전혀 관계가 없는 책들도 봐둔다. 예를 들어 경제, 경영 서적이 그렇다. 나는 벤처기업도 하나의 사상이라고 본다. 그래서 젊은 세대들이 벤처를 선호하는 이유, 그 밑에 깔린 철학적인 사유를 나름대로 감지하려고 애쓴다. 청년목회, 청년교회를 지향하는 내가 그들의 정신적인 CEO가 될 수 있어야 하기 때문이다.

신학교에서 상담학을 배웠는데, 실제로 목회 현장에 나가 보니 가장 중요한 것은 설교였다. 예를 들어서 이혼하려는 사람은 아무리 상담해도 안 된다. 또 상담하다 목사와 성도의 관계가 미묘해질 수 있음도 알게 되었다. 그래서 이후로 나 개인적으로는 상담이 별로 유익하지 않다고 결론을 내렸다.

왕성교회에는 일종의 역전 현상이 일어나고 있는 것 같다. 오히려 나는 "왜 한번 찾아오시지 않습니까? 함께 의논해 드리려고 했는데요" 하고 말하면 성도는 "목사님이 바쁘신데 번거롭게 해드릴 뿐이죠. 저는 주일날 목사님이 주신 말씀으로 해답을 얻었습니다"라고 말한다. 나는 설교가 곧 상담이라고 생각한다. 선포된 메시지가 인생 문제를 건드려 주면 거기서 이미 해답을 얻고 가기 때문이다. 굳이 인간 목사와 인간 교인이 마주 앉지 않아도 된다.

깊은 기도를 통해서 영적 세계를 체험하지 못하고 말씀을 깊이 깨닫지 못하면 결국에는 목회가 아니라 교회를 운영하게 된다. 이렇게 되면 문제가 생긴 사람들을 일일이 쫓아다니는 심방목회로 전락하고 만다. 나중에는 사람의 말을 가지고 사람을 위로하러 돌아다니다가 끝난다. 기도를 많이 하면 심방할 일도 없어진다. 기도 속에서 이미 그 가정을 심방하시고 목회자를 찾아오셨던 그 성령님이 그 가정에도 가서 역사해 주신다. 그래서 영과 영은 통한다고 말하는 것이다.

기도를 생활화하면 성도들이 "우리 목사님은 늘 기도하시는 분이야" 하고 신뢰를 한다. 이것이 영적 신뢰이다. 신뢰에 도달하면 굳이 수평적 차원인 인간 대 인간, 목사 대 교인, 선생 대 학생 관계를 만들고 이 관계를 붙들고 목회하려는 생각을 깨게 된다. 목회에 '관계적 요소'가 빠져서는 안 되겠지만 잘못하면 사람 설거지만 하다 끝나는 게 목회이다.

목사가 인간관계를 많이 맺는다고 좋을 것이 하나도 없다. 의사가 병자와 24시간 붙어 있어서 병을 고치는 것은 아니다. 병자와 함께 있으면 병든 소리만 듣게 된다. 이런 소리를 많이 들으면 의사도 병들 수 있다.

많은 목사들이 목회가 정체되고 더 이상 교회가 성장하지 않는다고 해서 무턱대고 외국의 새로운 목회 방법이나 트렌드에 예민하다 보면 실험실 개구리가 될 수 있다. 외국의 목회 방법을 받아들일 때는 문화나 라이프 스타일의 차이를 제대로 인식해야 한다.

예를 들어 '새들백교회'의 설교와 목회 방법을 살펴보자. 새들백교회는 LA 근처에 사는 자유분방한 중산층을 대상으로 목회를 한다. 미국 사람들은 나름대로 오랜 기독교 문화 속에서 합리성을 발전시켜 온 사람들이다. 나도 그 교회를 가 보았는데, 목사가 티셔츠에 반바지를 입고 나와서 설교한다. 그런데 내가 하고 싶은 말은, 이런 목회 형태를 받아들이는 것도 좋지만 우리가 가지고 있어야 할 중심이 있어야 한다는 것이다.

성경적 전통은 시대가 바뀌어도 예배의 패러다임과 경건성을 유지해야 한다. 시대의 변화를 좇다 보면 본질까지도 바뀌고 변질되어 교회 본래의 기능과 역할과 사명이 온데간데없이 사라진다. 특히 젊은 목사들이 아직 중심이 확립되지 않은 상태에서 외국의 목회 패턴을 여과 없이 수용하게 되면 본질이 빠진 목회를 하게 된다. 목회 방법론에서도 주(主)와 종(從)을 잘 가리자는 것이 나의 요점이다.

한국교회도 소위 부흥사 시대에 속출한 피해가 컸다. 또한 양적 부흥이 일어나면서 빚어진 말씀 부재로 인해 1970년대 후반에 크게 흔들렸다. 이때 '말씀으로 돌아가자'는 운동의 일환으로 제자훈련, 강해설교 등의 대안이 모색되었다. 그러나 이런 필요가 생기기 전에 부흥사들이 각성해서 진정 말씀과 기도에 충실하였다면 더 좋은 결과를 가져왔을 것이다.

분명히 교회도 성장기가 있고 정체기가 있다. 이러한 때에 출구와 새로운 변화를 가져오기 위해서는 목회의 본질과 교회의 시대적 소명이 무엇인지를 진단하고 본질에 충실해야 한다. 교회가 늘 부흥되고 외적 성장만을 지속할 수는 없다. 외적 성장보다 더 중요한 것은 교회의 내적 변화와 성숙이다.

나의 세대는 고난의 시기에 태어나서 10-20년 동안 고난을 겪으면서 한편으로는 한국의 사회적 급변동, 정치적 격변과 더불어 일정한 변화를 맛본 세대이다. 나의 세대만 하더라도 고난을 맛본 과거의 경험을 토대로 우리를 지키고 심지를 세울 수 있는 세대였다.

그러나 오늘날 고난을 맛보지 않은 목회자들은 고난의 과정이 생략된 채 저돌적으로 목회를 하다 보니 목회의 본질을 발견하지 못한다. 목회의 위기를 맞아 말씀과 기도로 나에게 합당한 방법을 찾아야 하는데 외부의 성장한 교회를 벤치마킹하다 보면 모두를 다 잃게 된다. 하나님께서 허락하신, 나에게 맞는 맞춤형의 목회를 찾아 충실해야 한다. 남의 옷이 나에게 맞을 수는 없다. 나를 향하신 하나님의 뜻이 무엇인지를 찾아내야 한다.

목회의 핵심은 영혼을 살리는 일이다. 그 본질에 충실하면 그 결과가 성장과 부흥이 되는 것이다. 어느 교회든 지속적인 부흥은 없다.

부흥에만 집착하다 보면 목회의 많은 부작용을 낳기도 한다.

한때는 팀 목회(team ministry)가 유행하기도 했다. 목회는 토양에 따라 가능과 불가능이 바뀐다. 미국교회는 팀 목회가 자연스럽게 형성된다. 하지만 미국교회도 엄격하게 분석해 보면 한마디로 당회장 중심의 목회이다. 이런 상황과 분위기가 학문적으로 포장되었기 때문일 뿐, 핵심은 우리와 같다. 전문 사역자들에게 목회의 중요한 파트를 하나씩 맡기지만 목사의 카리스마 없이는 팀 목회가 안 된다. 게다가 그들은 전문성을 중시하고 자기 몫은 자기가 책임진다는 사고가 바탕에 깔려 있다.

그러나 한국에서는 이것이 안 통한다. 우리는 기본적으로 다종교 사회이고 500여 년의 유교적 뿌리와 전통이 꽉 차 있다. 문화와 사회적 지각 변동으로 인해 유교 전통이 다 사라진 것 같지만 아직도 우리 사회에는 엄격한 유교 문화가 깊숙이 자리 잡고 있다. 따라서 우리 사회는 아직도 상하 관계의 지배가 엄존한다.

분명한 점은 전문가들이 한 분야씩 맡아서 목회한다고 할 때 너무나 뚜렷한 우열이 나타날 것이다. 그렇게 되면 어느 분야는 팽창하고 어느 분야는 뒤떨어지게 되는데, 이것을 보완할 수 있는 기능이 아직까지 팀 목회에는 없다고 생각한다. 목회자는 받은 은사의 무늬대로 사역해야 한다. 그것이 그의 소명인 것이다.

나는 모든 목회 방법론을 존중한다. 왜냐하면 영적 세계를 알고 목회하는 순도와 함량이 내 생각에 못 미친다 하더라도 그들은 엄연히 하나님이 쓰시는 이 시대의 종이기 때문이다. 한국교회가 한때는

4인방이니, 5인방이니 하면서 대형교회와 엘리트 목회자들에게만 관심을 두었던 현상도 긍정적으로 바라본다. 이런 것을 아웃사이더적인 시각에서 자꾸 시비하는 것은 옳지 않다. 어떤 목회자든 하나님의 역사를 이루도록 최선을 다할 뿐이다. 따라서 남이 받은 은사에 대해 간섭하지 않고 또한 내가 받은 은사만을 최고로 생각하지도 않는다. 하나님이 이만큼만 주시고 쓰겠다고 하셨기 때문에 나는 그 분량만큼 쓰임 받고 있는 사람일 뿐이다.

나는 지금 은퇴한 목사이나 항상 내 자신의 영성에 변화를 주고 성숙시키기 위해 힘쓴다. 왜냐하면 나의 처지에서 내가 해야 할 하나님의 일이 있기에 담임목사직은 내려놓았지만 목회의 영역은 아직도 진행 중이다. 아직 나의 사명이 남아 있고 해야 할 일이 있는 것이 목사의 인생이다.

목회자의 은사는 다르지 않고 나뉘지 않는다. 같은 성령께서 지혜의 말씀의 은사, 지식의 말씀의 은사, 영 분별의 은사, 방언의 은사 등을 주시는데, 각각 그 표현이 다를 뿐이지 결국 모든 은사는 하나님의 은혜를 구현하는 방편인 점에서 같다. 다만 방언, 병 고침 같은 은사를 신앙의 본질인 말씀보다 우위에 두는 것은 잘못이다. 반대로 영적 세계와 은사를 부정하면서 역사적 표면, 논리의 연계로서 신학에만 치중하는 것도 잘못이다.

앞으로라도 한국교회는 서로 받은 은사를 존중하는 자세로 나아가야 한다. 나와 다른 목회의 모습을 판단하고 비교 우위의식을 갖는 것은 필요하지 않다. 서로의 장점을 세운다면 더 많은 목회의 시너지 효과를 볼 것이다.

## 말씀이 있는 곳에 창조가 있다

창 1:1-5 "태초에 하나님이 천지를 창조하시니라 땅이 혼돈하고 공허하며 흑암이 깊음 위에 있고 하나님의 영은 수면 위에 운행하시니라 하나님이 이르시되 빛이 있으라 하시니 빛이 있었고 빛이 하나님이 보시기에 좋았더라 하나님이 빛과 어둠을 나누사 하나님이 빛을 낮이라 부르시고 어둠을 밤이라 부르시니라 저녁이 되고 아침이 되니 이는 첫째 날이니라."

예수님은 공생애 초기에 백부장 하인의 병을 고쳐 주시려고 가버나움에 있는 백부장의 집으로 향하고 있었습니다. 이때 황급히 달려나온 백부장으로부터 이런 고백을 듣게 됩니다.

"주여! 내 집에 들어오심을 나는 감당치 못하겠사오니 다만 말씀으로만 하옵소서. 그러면 내 하인이 낫겠사옵나이다."

여기서 백부장의 신앙고백이 의미하는 바는 무엇일까요? 우리는 백부장의 신앙고백이 말씀 중심의 고백이었음을 알게 됩니다.

"다만 말씀으로만 하옵소서. 그러면 내 하인이 낫겠사옵나이다."

백부장으로부터 이 신앙의 고백을 들으신 주님은 매우 기이히 여기면서 많은 무리들에게 백부장에 대해 이렇게 칭찬하셨습니다.

"내가 진실로 너희에게 이르노니 이스라엘 중 아무에게서도 이

만한 믿음을 만나 보지 못하였노라."

이 말씀 중에 '기이히 여기셨다'는 말씀은 헬라어로 '다우마조'라는 말로 '놀랐다, 감탄했다'는 뜻을 가지고 있습니다. 삼라만상의 창조주가 되시고 모든 것을 지배하시는 분으로서 어떤 일에도 결코 놀라지 않는 하나님이신 주님이 백부장의 신앙고백을 듣고 놀라며 감탄하신 것 자체가 참으로 놀라운 일입니다.

그러면 주님은 왜 백부장의 신앙고백에 놀라움을 금치 못하셨을까요? 그것은 백부장의 신앙고백이 말씀에 기초하였기 때문입니다. 그렇습니다. 로고스의 말씀으로서, 말씀이 육체를 입고 오신 주님은 백부장이 천지만물의 창조주이신 하나님의 본질과 속성이 말씀이심을 너무나도 잘 이해하고 있었다는 데 놀라고 감탄하신 것입니다.

과연 하나님은 말씀이시며 주님은 바로 그 말씀이 성육신(Incarnation)하신 분임을 인간 백부장이 알고 있었다는 것은 참으로 놀랍고 감탄할 일입니다. 이런 하나님의 본질적 속성과 성육신 사건을 잘 보여 주는 것이 바로 요한복음 1장 1절, 14절입니다.

"태초에 말씀이 계시니라 이 말씀이 하나님과 함께 계셨으니 이 말씀은 곧 하나님이시니라…말씀이 육신이 되어 우리 가운데 거하시매 우리가 그의 영광을 보니 아버지의 독생자의 영광이요 은혜와 진리가 충만하더라."

이 말씀에는 세 가지 중요한 내용이 담겨 있습니다.

첫째, 하나님은 말씀이시라는 하나님의 자기 선언입니다.

둘째, 그 말씀이 성육신하신 분이 바로 예수님이십니다.

셋째, 그러므로 이 말씀 속에 구원의 길이 있습니다.

여기서 말하는 '말씀'은 헬라어로 '로고스'라는 단어인데 말씀의 인격성을 의미합니다. 이어 요한복음 1장 14절에서 '말씀이 육신이 되었다'는 말씀은 '에게네토 로고스'란 말로서, 말씀이 육체로 뚝딱 하고 변했다는 뜻이 아니고 말씀이신 하나님이 제한된 육체를 입고 우리를 구원하시려고 이 세상에 오셨다는 뜻입니다.

이런 관점에서 볼 때 "다만 말씀으로만 하옵소서"라고 한 백부장의 신앙고백이야말로 그가 얼마나 말씀이신 하나님에 대한 신비한 영적 비밀을 꿰뚫어 알고 있었는가를 보여 줍니다. 이렇게 예수님이 백부장의 이 신앙고백을 듣고 놀라며 크게 감탄하신 이유는 바로 그가 하나님이 말씀이심과 이 말씀이 육체를 입고 오신 예수님이심을 알고 있기 때문입니다.

어떻게 피조물인 인간이 그것도 죄인이요 이방인인 백부장이 자신을 향해 "당신은 말씀이십니다. 그러므로 말씀으로 족합니다. 다른 방법은 필요 없습니다. 주님께서 말씀만 하시면 내 하인이 낫겠습니다"라는 놀라운 고백을 할 수 있다는 말입니까? 주님은 바로 그 점을 놀라워하고 감탄하신 것입니다.

기적을 추구하는 신앙도 좋은 신앙입니다. 그러나 말씀에 입각한 신앙이 최상의 신앙입니다. 왜냐하면 하나님은 말씀이시기 때문입니다. 우리는 얼마든지 주님께 이적을 보여 달라고 간구할 수 있습니다. 또 주님은 얼마든지 이적을 통하여 당신의 능력을 우리에게 보여주실 수 있습니다. 그러나 하나님은 말씀이시기 때문에 우리가 말씀 중심의 신앙을 갖는 것만큼 주님을 감동시킬 수 있는 것은 없습니다. 여기서 우리는 '왜 우리 신앙이 말씀 중심이어야 하는가?'에 대해 답을 얻게 됩니다.

오늘날 우리 주변을 보면, 병을 고치고 방언을 하며 능력을 행하는 신앙에 집착하는 사람들이 많습니다. 그것도 신앙입니다. 그러나 그런 종류의 신앙은 참 신앙이라 할 수 없다는 데 문제가 있습니다. 그래서 성도라면 누구나 말씀 중심 신앙으로 돌아가야 합니다. 성경이 하나님의 말씀인 이유는 성경은 하나님의 성령의 감동으로 기록되었기 때문입니다(롬 15:4; 딤후 3:16).

로마 가톨릭에서는 성경만으로는 불완전하므로 교황의 유전으로 성경의 부족한 부분을 보충한다고 주장합니다. 또 불건전한 신비주의자들은 성경만으로는 부족하므로 이적의 역사가 따라야 한다고 말합니다. 그러나 성경만으로도 신앙생활을 충분히 유지할 수 있는 이유는 성경은 하나님이신 로고스의 말씀이기 때문입니다. 그래서 우리가 성경 말씀을 읽고 접할 때 감동과 감화와 치유와 기쁨과 온갖 능력의 역사가 일어나는 것입니다.

바빙크는 "성경의 기록은 전적으로 신적이었고 전적으로 인간적이었다. 로고스께서 육신이 되었고, 하나님의 말씀은 성경이 되었다"라고 말했습니다. 또한 칼빈도 "하늘에서 우리 귀에 들려진 하나님의 말씀이 바로 성경이다"라고 했습니다. 아브라함 카이퍼 역시 "하나님의 말씀이 성경에 있는 것이 아니고 성경이 바로 하나님의 말씀의 사진이다"라고 했습니다.

이와는 반대로 칼 바르트는 "성경은 사람의 말이므로 얼마든지 오류가 있을 수 있는데, 이런 인간의 실수 있는 말을 사용한다"라고 했습니다. 그러나 이는 대단히 잘못된 주장입니다. 성경이야말로 인격적인 말씀을 뜻하는 로고스로서, 로고스의 말씀이 어떻게 인간의 몸을 입고 육화되어 공생애의 역사를 이루시고 우리 인간을 구원하셨는가를 기록한 말씀입니다. 그래서 성경을 읽고 쓰고 묵상하는 가운데에 치유와 감동과 신비한 기적의 역사가 일어나는 것입니다.

과연 히브리서 4장 12절 말씀처럼 하나님의 말씀은 살아 있고 운동력이 있습니다. "태초에 말씀이 계시니라"고 한 요한복음 1장 1절의 말씀을 두고 벳자는 라틴어로 "태초에 설교가 있었다"라고 번역했습니다. 그렇습니다. 하나님께서 아무것도 없는 우주 공간을 향하여 설교할 때마다 창조의 역사가 일어났습니다. 공중에는 새가, 바다에는 물고기가, 땅 위에는 짐승이 생겼습니다. 여기서 우리는 말씀의 위대함을 보게 됩니다.

오늘도 설교 시간에 이런 창조의 역사가 일어납니다. 말씀은 우리의 인생들을 향한 하나님의 설교입니다. 바로 이것을 보여주는 것이 오늘 우리가 공부하고자 하는 본문 말씀입니다.

본문 1절의 "태초에 하나님이 천지를 창조하시니라"는 말씀은 하나님의 본질과 창조사역의 총론을 말해 주고 있습니다.

2절에서 "땅이 혼돈하고 공허하며 흑암이 깊음 위에 있고 하나님의 영은 수면 위에 운행하시니라"고 한 말씀은, 하나님께서 창조하신 지구의 본래 모습과 함께 하나님의 관계를 보여주고 있습니다.

3-5절은 "하나님이 이르시되 빛이 있으라 하시니 빛이 있었고 빛이 하나님이 보시기에 좋았더라 하나님이 빛과 어둠을 나누사 빛을 낮이라 칭하시고 어둠을 밤이라 부르시니라 저녁이 되고 아침이 되니 이는 첫째 날이니라"고 하신 것은 하나님의 창조 사역의 방법과 결과가 말씀에 있음을 보여주고 있습니다.

특별히 오늘 우리가 상고하고자 하는 창세기 1장 3절 말씀을 보면 "하나님이 이르시되 빛이 있으라 하시니 빛이 있었고"라고 기록되어 있습니다. "하나님이 이르시되"라는 말은 본문 창세기 1장에 모두 9번 나옵니다. 히브리어 성경에는 '바요마르 엘로힘'이라고 기록되어 있습니다. '능력의 하나님이 말씀하셨다'는 뜻입니다. 말은 단순한 의사소통의 도구가 아닙니다. 말은 인간의 정신이며 지적 능력입니다. 그래서 사무엘 존슨도, 도마스 카랄레도 이런 언어를 두고 "사상의 옷"이라고 말했습니다.

그렇습니다. 이 말은 단순한 커뮤니케이션의 수단만을 의미하지 않습니다. 말은 정신이며 지적 능력입니다. 그러기에 고대인들은 말 속에 에너지가 들어 있다고 믿었습니다. 이처럼 하나님의 말씀은 단순한 하나님의 의사 전달이 아닙니다. 하나님의 말씀 속에는 하나님의 모든 것이 있습니다. 그래서 '이르시되'란 하나님의 신성의 전부를 의미합니다.

말씀이신 하나님은 유일하게도 우리 인간들에게만 말씀이라는 하나님의 언어를 통해 자신의 의사와 의지의 전부를 표현하여 나타내셨습니다. 그 이유는 인간이 하나님의 형상을 닮은 존재이기 때문입니다. '이르시되' 속에는 하나님의 사랑, 공의, 은혜, 능력, 생각, 축복, 의지 등의 하나님의 신성이 전부 들어 있습니다.

헬라의 스토아주의는 로고스를 우주의 지배적인 이성으로 보고, 우주 만물을 다루는 만유적 정신을 가리키는 보편적 개념인 로고스가 인간 구원의 척도라고 하였습니다. 그러나 사도 요한은 이 로고스는 그리스도 자신, 곧 시작, 구원, 만유의 창조주이신 유일하신 여호와라고 했습니다. 이에 그레고리는 "하나님이 세상을 창조하실 때 로고스는 높은 곳에 앉아 계신 것이 아니라 직접 창조를 이루셨다"라고 했습니다. 그래서 "빛이 있으라"는 말씀이 우주 공간에 퍼질 때 빛이 생기는 놀라운 역사가 일어난 것입니다.

에드워드 무크가 "말 한 마디가 세계를 지배했다"라고 했듯이, "대저 하나님의 모든 말씀은 능하지 못하심이 없느니라"는 누가복음 1장 37절 말씀은 참 진리입니다. 하나님께서 말씀하실 때에 창조적 역사가 일어나는 것은 결코 우연이 아닙니다. 하나님의 말씀은 하나님의 능력이요 행위입니다. 그래서 전부인 것입니다. 한 편의 설교에 병이 낫고, 뜨거운 감동을 받고, 사랑의 마음이 일어나며, 죄책감과 회개의 체험을 하는 등 한 편의 설교로도 다양한 역사가 일어나는 것은, 하나님의 말씀은 하나님의 전부이기 때문입니다.

오늘날 우리가 성경을 상고하고 묵상하며 하나님의 말씀인 성경 말씀대로 살아야 할 이유가 바로 여기에 있습니다. 돈이 없어도, 명성과 높은 지위가 없어도 하나님의 말씀만 있으면 되는 이유가 바로 여기에 있는 것입니다. 그래서 주님은 헌신하는 마르다보다 주의 발 아래 앉아 말씀을 듣는 마리아를 더 사랑하셨습니다.

말씀은 사망과 질병과 풍랑을 향해 명령합니다. 예수께서 나인성 과부의 죽은 아들을 향해 "청년아, 일어나라" 하시고, 나사로를 향해 "나사로야, 나오라" 하셨습니다. 그때 그들이 사망 권세를 깨뜨리고 일어난 것은 바로 말씀 속에 들어 있는 하나님의 능력의 전부가 역사했기 때문입니다. 또한 예수께서 풍랑을 향하여 명령하시고 병자를 향하여 "네가 병에서 놓였다"라고 말씀하셨을 때에 치유의 놀라운 역사가 일어난 것은 바로 말씀이 하나님의 전부이기 때문입니다.

그래서 히브리서 기자는 히브리서 4장 12-13절에서 "하나님의 말씀은 살아 있고 활력이 있어 좌우에 날선 어떤 검보다도 예리하여 혼과 영과 및 관절과 골수를 찔러 쪼개기까지 하며 또 마음의 생각과 뜻을 판단하나니 지으신 것이 하나도 그 앞에 나타나지 않음이 없고 우리의 결산을 받으실 이의 눈앞에 만물이 벌거벗은 것 같이 드러나느니라"고 한 것입니다.

본문 창세기 1장 말씀을 보면 여섯 번이나 "그대로 되니라"는 말씀이 반복해서 기록되어 있습니다. 이렇게 말씀이 중언체로 반복되어 나오는 것은 말씀의 능력을 강조하는 것입니다. 그렇습니다. 말씀은 하나님의 전부이기 때문에 그대로 될 수밖에 없습니다. 여기서 말하는 "그대로 되니라"는 히브리어로 '바예히켄'이라는 말로 앞서 말한 내용이 이후에 그대로 이루어졌다는 것입니다. 그러므로 하나님께서 "이르시되"라고 말씀하셨을 때 이미 그렇게 되어 있었다는 말입니다. 그래서 영어성경에서는 이를 두고 "말씀하신 그대로 이미 되었다"는 뜻으로 번역하여 이는 말씀의 실제적 성취를 뜻하고 있습니다.

하나님의 말씀은 두 가지 역사를 일으킵니다.
첫 번째로 다양한 역사입니다. 빛, 하늘, 물, 하늘의 별, 물고기와 새, 짐승을 창조하셨습니다.
두 번째는 그대로 되는 완벽한 역사입니다. 요한복음 2장 1-11절에 예수께서 하인들에게 "항아리에 물을 채우라"고 하시고 "이제는 떠서 연회장에게 갖다 주라" 하셨을 때 하인들이 순종하더니 물이 변하여 포도주가 된 이유도 바로 이 때문입니다.

말라기 3장 10절에 "나를 시험하여 내가 하늘 문을 열고 너희에게 복을 쌓을 곳이 없도록 붓지 아니하나 보라"고 하신 말씀대로 "그대로 되리라"고 믿고 십일조를 드리면 그대로 되는 축복이 오는 이유도 다 그 때문입니다.

그러면 하나님의 말씀이 역사하는 곳에 어떤 일이 그대로 일어나는 것일까요? 이에 대해서 창세기 1장 말씀은 일곱 번이나 이렇게 말하고 있습니다.

"하나님이 보시기에 좋았더라."

이는 매우 강조하는 말씀으로서 그 의미는 하나님이 말씀하신 것이 그대로 되는 것을 바라보면서 하나님이 만족하셨다는 뜻입니다. 이처럼 하나님은 오늘날에도 하나님이 말씀하신 대로 축복받는 우리를 보실 때 만족하십니다. 그러므로 말씀이 있으면 다 있는 것이고, 말씀이 없으면 다 없는 것입니다. 오늘날 우리의 소망은 정치나 경제나 교육에 있지 않습니다. 오직 말씀에 있습니다. 왜냐하면 말씀이 곧 하나님이시기 때문입니다. 그래서 우리는 종교개혁자들의 말처럼 성경으로 돌아가야 합니다.

### 한 사람의 힘

창 19:23-29 "롯이 소알에 들어갈 때에 해가 돋았더라 여호와께서 하늘 곧 여호와께로부터 유황과 불을 소돔과 고모라에 비같이 내리사 그 성들과 온 들과 성에 거주하는 모든 백성과 땅에 난 것을 다 엎어 멸하셨더라 롯의 아내는 뒤를 돌아보았으므로 소금 기둥이 되었더라 아브라함이 그 아침에 일찍이 일어나 여호와 앞에 서 있던 곳에 이르러 소돔과 고모라와 그 온 지역을 향하여 눈을 들어 연기가 옹기 가마의 연기같이 치솟음을 보았더라 하나님이 그 지역의 성을 멸하실 때 곧 롯이 거주하는 성을 엎으실 때에 하나님이 아브라함을 생각하사 롯을 그 엎으시는 중에서 내보내셨더라."

1867년, 당시 미국의 존슨 대통령은 아무 쓸모없는 얼음의 땅 알래스카를 720만 달러에 소련으로부터 사들였습니다. 이 사실이 알려지자 미국 의회가 발칵 뒤집혔고, 전국이 시끄러웠습니다. 대통령이 의회를 무시하고 엄청난 돈을 들여 아무 쓸모없는 얼음 덩어리 땅을 제멋대로 사들였다고 맹비난했습니다. 의회에 불려나간 존슨 대통령은 그저 "죄송합니다. 이미 사버린 걸 어떻게 하겠습니까?"라며 사과했습니다.

그런 소동이 있고 나서 의회는 알래스카 땅에 조사단을 파견했습니다. 그 결과 금과 백금과 석유가 무진장 매장되어 있고 풍부한 어장과 삼림이 우거진 보고임이 판명되었습니다. 코가 납작해진 의회는 대통령에게 "의회에서 있었던 당시의 사과를 되돌립니다. 알래스카는 얼음창고가 아니라 보물창고입니다. 잘 샀습니다"라고 칭찬했습니다.

존슨 대통령 한 사람의 용단으로 엄청난 자원의 보고인 알래스카 땅을 미국의 소유로 만들 수 있었습니다. 이처럼 지난날의 역사를 뒤돌아 볼 때, 한 사람의 현명한 판단과 결정이 인류 역사에 엄청난 이익을 가져온 예는 허다합니다.

한국전쟁 당시 공산군의 침공으로 남한은 부산을 제외한 거의 전 지역이 북한군과 중공군의 수중에 들어가게 되었고 이제 전쟁은 연합군의 패배로 끝날 것처럼 보였습니다. 그때 연합군 총사령관 맥아더 장군은 악천후 속에서 조수와 간만의 차이가 맞지 않아 모두가 반대하는 인천상륙작전을 강행하여 패배를 승리로 이끌었습니다. 당시 맥아더 장군은 "나는 평생의 군 생활 중에서 오늘만큼 승리에 대한 확신을 가져 본 적이 없었다" 하면서 자신하였습니다.

그렇습니다. 한 사람의 힘이 나라를 구하기도 하고 가정과 교회와 사회를 위기에서 건져내기도 합니다. 이렇게 한 사람의 힘은 위대합니다. 오늘 본문 말씀은 믿음의 조상 아브라함을 통하여 바로 이 점을 우리에게 보여주고 있습니다.

창 19:29 "하나님이 그 지역의 성을 멸하실 때 곧 롯이 거주하는 성을 엎으실 때에 하나님이 아브라함을 생각하사 롯을 그 엎으시는 중에서 내보내셨더라."

이 말씀은 하나님께서 아브라함 한 사람 때문에 롯의 가정을 구원해 주셨음을 보여줍니다. 여기서 "아브라함을 생각하사"라는 말은 "아브라함 한 사람을 생각하사"라는 뜻입니다.

창세기 13장 13절에 "소돔 사람은 여호와 앞에 악하며 큰 죄인이었더라"고 기록하고 있습니다. 또한 창세기 18장 20절에는 "소돔과 고모라에 대한 부르짖음이 크고 그 죄악이 심히 무거우니"라고 기록하고 있습니다. 그들에 대한 부르짖음이 여호와 앞에 크므로 여호와께서 소돔과 고모라에 대한 심판 중에서도 롯의 가정만큼은 심판의 자리에서 구원해내시는 놀라운 일이 일어났습니다.

왜 그랬을까요? 무엇이 그런 놀라운 일을 일으키는 동기가 되었을까요? 본문 29절에 "하나님이 아브라함을 생각하사"라고 말하고 있습니다. 여기서 우리가 깊이 유의해야 할 점이 있습니다. 하나님께서 롯의 믿음을 보고 그와 그의 가정을 구원하시지 않고 아브라함 한 사람을 생각하사 롯을 그 심판에서 구원하신 것입니다. 여기서 우리는 한 사람의 귀중함을 보게 됩니다. 그렇습니다. 한 사람이 나라를 구하고, 한 사람이 가정과 교회와 사회를 구한 이야기를 우리 주변에서 쉽게 접할 수 있습니다.

마 17:20 "이르시되 너희 믿음이 작은 까닭이니라 진실로 너희에게 이르노니 만일 너희에게 믿음이 겨자씨 한 알만큼만 있어도 이 산을 명하여 여기서 저기로 옮겨지라 하면 옮겨질 것이요 또 너희가 못할 것이 없으리라."

이 말씀은 겨자씨같이 작은 한 사람의 믿음이 얼마나 위대한 역사를 일으킬 수 있는가를 보여줍니다. 그러므로 이 말씀에 근거해 볼 때 "하나님이 아브라함을 생각하사"라는 말은 중요한 의미를 지닙니다. 히브리어로 "기억하다, 생각하다, 표시하다"라는 말은 특별한 감정으로 생각하여 항상 마음 깊이 새기고 있는 상태를 뜻합니다. 출애굽기 2장 24절에서와 같이 하나님은 430년이 지난 후에도 아브라함과 이삭과 야곱과 세운 언약을 기억하사 이스라엘 백성들을 애굽에서 구해내셨습니다.

과연 하나님은 아브라함과 맺은 언약을 가슴 깊이 새겨 기억하시고 그에게 은혜를 베푸셨습니다. 여기서 우리는 진정한 행복이 무엇인가를 알게 됩니다. 진정한 행복은 '하나님이 우리를 생각해 주시는 것'입니다. 여기서 '생각한다'에는 두 가지 의미가 있습니다. 첫째는 쉬지 않고 생각한다는 뜻입니다.

딤후 1:3 "내가 밤낮 간구하는 가운데 쉬지 않고 너를 생각하여."

두 번째는 모든 생각을 사로잡는다는 뜻입니다.

고후 10:5 "모든 생각을 사로잡아 그리스도에게 복종하게 하니."

하나님의 생각은 온통 아브라함으로 가득 차 있었습니다. 이렇게 아브라함은 하나님의 생각을 사로잡고 있는 사람이었습니다. 아브라함은 하나님의 뇌리 속에 깊이 박혀 있는, 하나님이 결코 잊으려야 잊을 수 없는 사람이었습니다. 그렇다고 아브라함이 완전한 자는 아니었습니다. 그에게는 실수도 있었고 범죄 행위도 있었습니다. 그는 버티기 어려운 기근을 만나자마자 약속의 땅 가나안을 떠나 애굽으로 갔고, 하갈과의 사이에서 이스마엘을 낳았고, 또한 아내를 누이동생이라고 하면서 두 번씩이나 거짓말을 했습니다. 이렇게 불완전했음에도 불구하고 하나님은 언약의 백성이란 이유로 아브라함을 잊지 않으시고 그를 생각하사, 위기의 순간마다 구원하시고 또 그에게 복을 주셨습니다.

그런데 하나님은 그렇게 허물과 죄가 많은 사람인 아브라함을 무엇 때문에 가슴 깊이 품고 그를 생각하시고 복을 주신 것일까요? 그것은 하나님의 무조건적인 사랑의 속성 때문이었습니다. 요한일서 4장 7-8절에 "사랑하는 자들아 우리가 서로 사랑하자 사랑은 하나님께 속한 것이니 사랑하는 자마다 하나님으로부터 나서 하나님을 알고 사랑하지 아니하는 자는 하나님을 알지 못하나니 이는 하나님은 사랑이심이라"고 하셨습니다.

이사야 38장 17절에 "주께서 내 영혼을 사랑하사 멸망의 구덩이에서 건지셨고 내 모든 죄를 주의 등 뒤에 던지셨나이다"라고 한 것처럼 하나님은 사랑밖에 할 줄 모르시는 분입니다. 하나님은 우리의 죄는 보시지 않고 죄인인 우리를 보십니다.

이사야 49장 15-16절에 "여인이 어찌 그 젖 먹는 자식을 잊겠으며 자기 태에서 난 아들을 긍휼히 여기지 않겠느냐 그들은 혹시 잊을지라도 나는 너를 잊지 아니할 것이라 내가 너를 내 손바닥에 새겼고 너의 성벽이 항상 내 앞에 있나니"라는 말씀처럼 하나님은 마음속에 우리를 새기고 있습니다.

사무엘상 1장 19-20절에 "그들이 아침에 일찍이 일어나 여호와 앞에 경배하고 돌아가 라마의 자기 집에 이르니라 엘가나가 그의 아내 한나와 동침하매 여호와께서 그를 생각하신지라 한나가 임신하고 때가 이르매 아들을 낳아 사무엘이라 이름하였으니 이는 내가 여호와께 그를 구하였다 함이더라"고 말한 것처럼 여호와께서 한나를 생각하셨을 때에 한나가 잉태할 수 있었습니다.

출애굽기 2장 24절에 "하나님이 그들의 고통 소리를 들으시고 하나님이 아브라함과 이삭과 야곱에게 세운 그의 언약을 기억하사"라고 한 것처럼 하나님이 그들을 기억하신 것입니다.

창세기 30장 22절에 "하나님이 라헬을 생각하신지라 하나님이 그의 소원을 들으시고 그의 태를 여셨으므로"라고 한 것처럼 하나님은 라헬을 생각하사 요셉을 잉태케 하셨습니다.

레위기 26장 42절에 "내가 야곱과 맺은 내 언약과 이삭과 맺은 내 언약을 기억하며 아브라함과 맺은 내 언약을 기억하고 그 땅을 기억하리라"고 한 것처럼 하나님의 생각 속에 우리의 미래가 있습니다. 하나님은 이렇게 당신의 생각 속에 품고 있는 사람과 나라와 백성들을 구원하시고 복을 주십니다. 그래서 한나는 사무엘상 1장 11절에서 "나를 기억하사 주의 여종을 잊지 아니하시고 주의 여종에게 아들을 주시면"이라고 기도하였습니다.

하나님의 생각 속에 우리의 행복이 있고 우리의 미래가 있으며 우리의 삶이 있습니다. 하나님은 우리의 허물과 죄에도 불구하고 우리를 당신의 생각 속에서 지우지 않고 계십니다. 또한 우리가 위기에 처할지라도 순간순간마다 우리를 위해 일하십니다.

하나님은 왜 그럴 수밖에 없을까요? 그것은 예수 그리스도의 십자가 보혈로 우리가 하나님의 언약 백성이 되었기 때문입니다. 우리는 여전히 범죄하고 여전히 실수와 허물이 많음에도 불구하고 예수 그리스도의 보혈로 구속하시고 하나님의 언약 백성이 되었다는 것 때문에 하나님은 우리를 버리지 않고 항상 기억하시고 생각하시고 사랑하십니다. 이것이 하나님의 한량없는 사랑입니다.

이사야 14장 24절을 보면 "내가 생각한 것이 반드시 되며 내가 경영한 것을 반드시 이루리라"고 하셨습니다. 이 말씀과 같이 하나님은 자기 생각 속에 품고 있는 당신의 백성들의 일을 반드시 되게 하시고 반드시 이루어지게 하십니다.

한 걸음 더 나아가 하나님이 우리를 생각하신다는 말 속에는 복을 주신다는 의미가 들어 있습니다. 그래서 시편 115편 12-13절에 "여호와께서 우리를 생각하사 복을 주시되 이스라엘 집에도 복을 주시고 아론의 집에도 복을 주시며 높은 사람이나 낮은 사람을 막론하고 여호와를 경외하는 자들에게 복을 주시리로다"라고 했습니다. 하나님이 우리를 생각하신다는 말씀은 복을 주시고 은혜를 주신다는 말씀입니다. 그렇습니다. 하나님이 나를 생각해 주시는 것은 그 자체가 은혜요 축복입니다.

그러면 하나님께서 아브라함을 가슴 깊이 생각하신 이유는 무엇일까요? 그것은 아브라함이 믿음의 사람이었기 때문이었습니다. 창세기 15장 6절에 "아브람이 여호와를 믿으니 여호와께서 이를 그의 의로 여기시고"라고 한 것처럼 아브라함은 믿음의 사람이었습니다. 여기서 '믿는다'의 히브리어 '아만'은 확고함과 의존함을 뜻합니다. 즉 믿는다는 것은 한순간의 선택이 아니라 꾸준히 확고하다는 뜻이며, 또 전적으로 의존한다는 뜻입니다.

히브리서 11장 8절에 "믿음으로 아브라함은 부르심을 받았을 때에 순종하여 장래의 유업으로 받을 땅에 나아갈새 갈 바를 알지 못하고 나아갔으며"라고 했습니다. 여기에서 '믿음으로'는 영어 성경에서 '믿음에 의해서'로 번역되었습니다. 헬라어로는 '피스티스'의 여격으로 표현되었는데, 이는 아브라함의 삶의 태도를 가리킵니다. 즉 한두 번이 아닌 모든 삶의 태도가 믿음으로 되었다는 것입니다. 아브라함은 이렇게 하나님을 전적으로 의지했습니다.

제2차 세계대전 때 독일의 지하 감방 벽에 한 유대인이 이런 글귀를 남겼습니다.

> 햇볕이 보이지 않아도 나는 태양을 믿는다.
> 비록 느끼지 못하더라도 나는 사랑을 믿는다.
> 비록 잠잠할지라도 나는 하나님을 믿는다.

그러면 믿음의 사람은 어떻게 살아야 할까요?

첫째, 말씀을 따라 살아야 합니다.

창세기 12장 4절을 보면 아브라함이 여호와의 말씀을 따라갔다고 기록하고 있습니다. 여기서 "여호와의 말씀을 따라갔다"라는 말씀은 히브리어 성경과 영어 성경을 통해서 더 깊은 뜻을 알 수 있습니다. 히브리어 성경에서는 "여호와께서 그에게 말한 그대로 행했다"라고 하였고, 영어 성경에서는 "여호와께서 그에게 말씀하신 그대로 아브람은 갔다"라고 하였습니다. 즉 여기서 '따라갔다'는 '동행하다'란 뜻으로서 에녹이 하나님과 동행하였듯이 아브라함이 하나님의 말씀대로 하나님의 뜻을 좇아 동행한 것을 의미합니다.

프랜시스 쉐퍼 박사는 자신의 저서 《그러면 우리는 어떻게 살 것인가?》에서 "우리는 하나님의 말씀으로 돌아가야 합니다"라고 했습니다. 누가복음 5장 5절에 있는 것처럼 밤이 새도록 수고하였으되 잡은 것이 없는 상황 속에서도 말씀에 의지하여 그물을 내리는 믿음이 있어야 합니다. 로마서 10장 17절에서 믿음과 말씀은 불가분리 관계가 있다고 말하고 있습니다.

둘째, 믿음의 사람은 기도해야 합니다.

창세기 19장 29절에 기록된 "하나님이 아브라함을 생각하사"란 말은 "하나님이 아브라함의 기도를 생각하사"란 뜻입니다. 아브라함은 소돔과 고모라를 멸망시키려는 하나님의 확고한 뜻을 알고도 낙망하지 않고 기도했습니다. 창세기 18장 23-32절을 보면 "아브라함이 이르되"란 말이 모두 여섯 번이나 나오고 있습니다. '이르되'란 말은 히브리어로 아브라함이 말로만 기도한 것이 아니라, 소돔성의 롯을 구하려는 분명한 목적을 가지고 하나님께 가까이 나아가 기도했다는 뜻입니다.

아브라함은 하나님이 자기에게 찾아와 "기한이 이르러 내년 이맘때가 되면 사라가 아들을 낳으리라"는 말씀을 들은 것보다 유황불 심판에서 롯의 가정이 구원받기를 더욱 원했습니다. 이 갈망이 그로 하여금 하나님께 간절히 기도하게 했습니다. 아브라함은 하나님께 빌고 또 빌었습니다. 의인 열 사람에 이르기까지 여섯 번이나 간절히 하나님께 기도했습니다. 그리고 하나님은 이렇게 기도하는 아브라함을 생각하시고 롯의 가정을 멸망의 자리에서 건져내셨습니다.

사 58:9 "네가 부를 때에는 나 여호와가 응답하겠고 네가 부르짖을 때에는 내가 여기 있다 하리라."

이렇게 나 한 사람이 중요합니다. 믿음의 한 사람! 말씀과 기도로 무장된 나 한 사람이 중요합니다. 하나님의 생각 속에 들어 있는 한 사람이 되면 가정을 구할 수 있고, 교회를 구할 수 있고, 나라도 구할 수 있습니다. 아브라함처럼 하나님의 생각 속에 들어 있는 사람이 됩시다.

## 고난이 축복인 이유

창 37:12-28 "그의 형들이 세겜에 가서 아버지의 양 떼를 칠 때에 이스라엘이 요셉에게 이르되 네 형들이 세겜에서 양을 치지 아니하느냐 너를 그들에게 보내리라 요셉이 아버지에게 대답하되 내가 그리하겠나이다 이스라엘이 그에게 이르되 가서 네 형들과 양 떼가 다 잘 있는지를 보고 돌아와 내게 말하라 하고 그를 헤브론 골짜기에서 보내니 그가 세겜으로 가니라 어떤 사람이 그를 만난즉 그가 들에서 방황하는지라 그 사람이 그에게 물어 이르되 네가 무엇을 찾느냐 그가 이르되 내가 내 형들을 찾으오니 청하건대 그들이 양치는 곳을 내게 가르쳐 주소서 그 사람이 이르되 그들이 여기서 떠났느니라 내가 그들의 말을 들으니 도단으로 가자 하더라 하니라 요셉이 그의 형들의 뒤를 따라가서 도단에서 그들을 만나니라 요셉이 그들에게 가까이 오기 전에 그들이 요셉을 멀리서 보고 죽이기를 꾀하여 서로 이르되 꿈꾸는 자가 오는도다 자, 그를 죽여 한 구덩이에 던지고 우리가 말하기를 악한 짐승이 그를 잡아먹었다 하자 그의 꿈이 어떻게 되는지를 우리가 볼 것이니라 하는지라 르우벤이 듣고 요셉을 그들의 손에서 구원하려 하여 이르되 우리가 그의 생명은 해치지 말자 르우벤이 또 그들에게 이르되 피를 흘리지 말라 그를 광야 그 구덩이에 던지고 손을 그에게 대지 말라 하니 이는 그가 요셉을 그들의 손에서 구출하여 그의 아버지에게로 돌려보내려 함이었더라 요셉이 형들에게 이르매 그의 형들이 요셉의 옷 곧 그가 입은 채색옷을 벗기고 그를 잡아 구덩이에 던지니 그 구덩이는 빈 것이라 그 속에 물이 없었더라 그들이 앉아 음식을 먹다가 눈을 들어 본즉 한 무리의 이스마엘 사람들이 길르앗에서 오는데 그 낙타들에 향품과 유향과 몰약을 싣고 애굽으로 내려가는지라 유다가 자기 형제에게 이르되 우리가 우리 동생을 죽이고 그의 피를 덮어둔들 무엇이 유익할까 자 그를 이스마엘 사람들에게 팔고 그에게 우리 손을 대지 말자 그는 우리의 동생이요 우리의 혈육이니라 하매 그의 형제들이 청종하였더라 그때에 미디안 사람 상인들이 지나가고 있는지라 형들이 요셉을 구덩이에서 끌어올리고 은 이십에 그를 이스마엘 사람들에게 팔매 그 상인들이 요셉을 데리고 애굽으로 갔더라."

창세기 37장 3절에는 요셉에 대한 야곱의 사랑을 이렇게 기술하고 있습니다.

"요셉은 노년에 얻은 아들이므로 이스라엘이 여러 아들들보다 그를 더 사랑하므로 그를 위하여 채색옷을 지었더니."

그리고 4절에는 "그의 형들이 아버지가 형들보다 그를 더 사랑함을 보고 그를 미워하여 그에게 편안하게 말할 수 없었더라"고 하였습니다. 개역한글에서는 그를 더 사랑했다는 말보다 "이스라엘이 여러 아들보다 그를 깊이 사랑하여"라고 했으며, 그리하여 형들이 이를 인하여 "그에게 언사가 불평하였더라"고 말하고 있습니다.

여기에 나오는 '사랑'이란 말은 히브리어로 '아헤브'의 완료시제를 나타내는 '아하브'라는 단어인데, 선택적 사랑을 의미하는 동시에 오랜 세월 동안 지켜본 결과 형제들 중에서 가장 신앙적이고 효성스러웠던 요셉을 아버지 야곱이 사랑할 수밖에 없었다는 뜻입니다.

특별히 창세기 37장 3절 말씀에서 '~보다 깊이 사랑했다'는 말은 영어 성경에서 비교급을 사용하여 야곱이 요셉을 사랑한 것이 깊고 특별했다는 것을 보여 줍니다. 히브리어 성경은 이를 '믹콜'이라고 하는데, 야곱이 가장 사랑했던 아내 라헬과의 사이에서 낳은 요셉이 어머니 라헬이 죽고 나서 외롭게 자라는 것을 애처롭게 여겨 그를 각별한 관심을 가지고 사랑했다는 뜻입니다. 그래서 야곱은 요셉에게 특별히 채색옷을 지어 입혔습니다. 이렇게 요셉은 아버지 야곱으로부터 극진한 사랑을 받으며 자랐습니다.

요셉은 자신이 일평생 이런 아버지의 사랑을 받으며 살 줄 알았습니다. 그러나 요셉에게 뜻밖의 고난이 찾아와 감당하기 어려운 시련에 봉착하게 되었습니다.

그는 자신을 미워하던 형들에 의해 은 20냥에 미디안 상인에게 팔려 애굽으로 끌려갔고, 애굽 왕의 경호대장 보디발의 가정과 감옥을 드나들면서 13년 동안 굴곡 많은 고난의 삶을 살아야 했습니다. 그를 기억해 주는 사람은 아무도 없었습니다. 그는 완전히 잊혀진 존재였습니다. 요셉은 아버지 야곱에게서조차 가물가물 잊혀 갔고, 은혜의 보답을 굳게 약속했던 술 맡은 관원장도 그를 까맣게 잊고 있었습니다. 이제 그는 평생을 감옥에서 지내다가 죽어야 할 절박한 운명에 처해 있었습니다.

그러던 어느 날 그는 바로의 꿈을 해석함으로써 하루아침에 애굽의 총리가 되었습니다. 결국 요셉에게 있어서 고난은 축복이었습니다. 한 번 들어가면 평생 나올 수 없으리라 생각했던 시위대 감옥에서 한 많은 인생을 마칠 줄 알았던 그는 한순간에 애굽의 총리가 되어 천하를 호령하게 된 것입니다. 이런 전화위복의 상황을 창세기 41장 38-43절에서 이렇게 기술하고 있습니다.

"바로가 그의 신하들에게 이르되 이와 같이 하나님의 영에 감동된 사람을 우리가 어찌 찾을 수 있으리요 하고 요셉에게 이르되 하나님이 이 모든 것을 네게 보이셨으니 너와 같이 명철하고 지혜 있는 자가 없도다 너는 내 집을 다스리라 내 백성이 다 네 명령에 복종하리니 내가 너보다 높은 것은 내 왕좌뿐이니라 바로가 또 요셉에게 이르되 내가 너를 애굽 온 땅의 총리가 되게 하노라 하고 자기의 인장 반지를 빼어 요셉의 손에 끼우고 그에게 세마포 옷을 입히고 금 사슬을 목에 걸고 자기에게 있는 두 번째 수레에 그를 태우매 무리가 그의 앞에서 소리 지르기를 엎드리라 하더라 바로가 그에게 애굽 전국을 총리로 다스리게 하였더라."

이렇게 요셉은 고난이 축복이 되는 놀라운 체험을 하였습니다. 그렇다면 그가 겪은 고난은 도대체 무엇을 의미할까요? 그에게 있어 고난은 우연이 아니었습니다. 하나님의 치밀한 계획과 섭리 속에서 이루어진 증거적 고난이었습니다. 그렇습니다. 이 세상에 우연이란 없습니다. 하나님이 없는 평안도 없을 뿐더러 하나님 없는 고난도 없습니다. 모든 것이 다 하나님의 섭리와 간섭의 손길 속에서 이루어집니다. 그래서 선지자 이사야는 이사야서 45장 7절에서 이렇게 말했습니다.

"나는 빛도 짓고 어둠도 창조하며 나는 평안도 짓고 환난도 창조하나니 나는 여호와라 이 모든 일들을 행하는 자니라 하였노라."

우리는 이 세상에서 온갖 우여곡절을 만날 때 일희일비해서는 안 됩니다. 왜냐하면 거기에는 하나님의 뜻이 있고 하나님의 계획과 섭리가 있기 때문입니다. 선지자 이사야는 이사야서 30장 20절에서 "주께서 너희에게 환난의 떡과 고생의 물을 주시나 네 스승은 다시 숨기지 아니하시리니 네 눈이 네 스승을 볼 것이며"라고 했습니다. 고라의 자손들은 시편 49편 5절에서 "죄악이 나를 따라다니며 나를 에워싸는 환난의 날을 내가 어찌 두려워하랴"라고 했습니다. 이는 고난을 당한다고 두려워할 필요가 없다는 말씀입니다.

그렇습니다. 평안도 하나님으로부터 나오고 고난도 하나님으로부터 오는 것입니다. 그것이 개인적인 문제이든 국가의 문제이든 우연히 오는 평안도 없고 우연히 생기는 환난도 없습니다.

하나님은 세 가지 이유 때문에 우리에게 고난을 허락하십니다.
첫째, 우리의 유익을 위해 고난을 주십니다.
시편 119편 71절에 "고난당한 것이 내게 유익이라 이로 말미암아 내가 주의 율례들을 배우게 되었나이다"라고 했는데, 여기서 '유익'이란 '선하다'란 뜻으로 하나님의 성품이 깃들어 선한 것, 즉 은혜로 주신 것을 의미합니다.

둘째, 우리의 연단을 위해 고난을 주십니다.
로마서 5장 3-4절을 보면 "다만 이뿐 아니라 우리가 환난 중에도 즐거워하나니 이는 환난은 인내를, 인내는 연단을, 연단은 소망을 이루는 줄 앎이로다"라고 했습니다.

셋째, 삶의 교정을 위해 고난을 주십니다.
시편 119편 67절에 "고난당하기 전에는 내가 그릇 행하였더니 이제는 주의 말씀을 지키나이다"라고 하였습니다. 그리고 베드로전서 4장 1-2절에 "그리스도께서 이미 육체의 고난을 받으셨으니 너희도 같은 마음으로 갑옷을 삼으라 이는 육체의 고난을 받은 자는 죄를 그쳤음이니 그 후로는 다시 사람의 정욕을 따르지 않고 하나님의 뜻을 따라 육체의 남은 때를 살게 하려 함이라"고 하였습니다. 그래서 기독교를 고난의 종교라고 말합니다.

그렇습니다. 기독교는 고난을 통해 영광에 이르는 종교입니다. 바로 이 고난이 예수 그리스도의 십자가 사건입니다. 예수 그리스도는 범죄한 우리 인간을 구원하기 위해서 머리에 가시관을 쓰시고 두 손과 발에 대못이 박히시고 옆구리가 창에 찔리사 피와 물을 다 쏟으셨습니다. 그리고 "엘리 엘리 라마 사박다니, 나의 하나님 나의 하나님 어찌하여 나를 버리셨나이까?" 하시면서 죽기까지 고난을 당하셨습니다.

진주조개의 몸속에 모래알이 들어가면 심한 마찰이 생겨 고통을 느끼게 됩니다. 그래서 체액을 분비하여 계속해서 그 모래알을 감싸고 감싸다 보니 나중엔 동글동글하고 아름답고 영롱한 진주가 만들어집니다.

예수 그리스도의 고난 속에서 우리의 구원이 이루어지고 우리의 축복이 완성됩니다. 그래서 사도 베드로는 베드로전서 3장 14절 말씀에서 "그러나 의를 위하여 고난을 받으면 복 있는 자니 그들이 두려워하는 것을 두려워하지 말며 근심하지 말고"라고 했습니다. 고난은 축복입니다. 고통으로 변장하고 오는 축복입니다. 사도 바울은 고난이 축복인 이유를 로마서 8장 18절에서 이렇게 말했습니다.

"생각하건대 현재의 고난은 장차 우리에게 나타날 영광과 비교할 수 없도다."

그러면 고난을 견디며 극복하는 방법은 무엇일까요? 세 가지 방법이 있습니다.

첫째, 하나님께 다 맡기고 사는 것입니다.
베드로전서 4장 19절에 "그러므로 하나님의 뜻대로 고난을 받는 자들은 또한 선을 행하는 가운데에 그 영혼을 미쁘신 창조주께 의탁할지어다"라고 했습니다.

둘째, 기도해야 합니다.
시편 50편 15절에 "환난 날에 나를 부르라 내가 너를 건지리니 네가 나를 영화롭게 하리로다"라고 하였고, 야고보서 5장 13절에 "너희 중에 고난당하는 자가 있느냐 그는 기도할 것이요 즐거워하는 자가 있느냐 그는 찬송할지니라", 시편 18편 6절에 "내가 환난 중에서 여호와께 아뢰며 나의 하나님께 부르짖었더니 그가 그의 성전에서 내 소리를 들으심이여 그의 앞에서 나의 부르짖음이 그의 귀에 들렸도다"라고 하였습니다.

셋째, 말씀을 붙들고 살아야 합니다.
시편 119편 143절에 "환난과 우환이 내게 미쳤으나 주의 계명은 나의 즐거움이니이다"라고 하였습니다.
왜 우리는 고난 중에 하나님을 붙들어야 할까요? 이에 대해 성경은 이렇게 말하고 있습니다. 시편 46편 1절에 "하나님은 우리의 피난처시요 힘이시니 환난 중에 만날 큰 도움이시라"고 하였고, 주님은 요한복음 16장 33절에서 "이것을 너희에게 이르는 것은 너희로 내 안에서 평안을 누리게 하려 함이라 세상에서는 너희가 환난을 당하나 담대하라 내가 세상을 이기었노라"고 말씀하셨습니다. 그런가 하면 사도 바울은 에베소서 3장 13절에서 "그러므로 너희에게 구하노니 너희를 위한 나의 여러 환난에 대하여 낙심하지 말라 이는 너희의 영광이니라"고 했습니다.

환난 중에 기도와 말씀으로 살고 모든 것을 하나님께 맡기며 사는 성도에게 두 가지 역사를 맛보게 하십니다.

첫째, 위로를 주십니다.

> 고후 1:4 "우리의 모든 환난 중에서 우리를 위로하사 우리로 하여금 하나님께 받는 위로로써 모든 환난 중에 있는 자들을 능히 위로하게 하시는 이시로다."

둘째, 지켜 주십니다.

> 시 121:7 "여호와께서 너를 지켜 모든 환난을 면하게 하시며 또 네 영혼을 지키시리로다."

윌리엄 펜은 "고통이 없으면 승리도 없고, 가시관이 없으면 옥좌도 없고, 고난의 쓰디쓴 실패가 없으면 영광도 없고, 십자가가 없으면 면류관도 없다"라고 말했습니다.

고난을 바라보는 두 가지 시선이 있습니다.

첫째, 인간적인 관점에서 고난을 바라보는 사람은 원망하고 불평하게 됩니다. 이런 사람은 "난 십일조도 하고 주일 성수도 했는데, 왜 하나님은 나를 이렇게 괴롭히는가?" 하며 원망하고 불평합니다.

둘째, 신적 관점에서 고난을 바라보면 심오한 하나님의 섭리적 뜻을 발견하고 감사와 찬송을 하게 됩니다.

요셉이 당했던 고난은 하나님의 언약의 성취를 위한 고난이었습니다. 하나님은 아브라함을 갈대아 우르에서 불러내어 약속의 땅 가나안으로 들여보내셨습니다. 그러나 그곳에 살고 있는 아모리 족속과 가나안 족속들의 죄가 가득 차지 않아서 심판의 때가 차기까지 아브라함의 후손을 애굽으로 보내셨습니다. 그러다가 430년 이후 가나안 땅으로 불러올 때 신정국가를 건설하려는 하나님의 원대한 계획을 이루시려고 먼저 요셉을 노예의 몸으로 애굽에 내려보내신 것입니다.

창세기 15장 13-16절 말씀을 보면 이런 하나님의 신적 계획을 기술하고 있습니다.

"여호와께서 아브람에게 이르시되 너는 반드시 알라 네 자손이 이방에서 객이 되어 그들을 섬기겠고 그들은 사백 년 동안 네 자손을 괴롭히리니 그들이 섬기는 나라를 내가 징벌할지며 그 후에 네 자손이 큰 재물을 이끌고 나오리라 너는 장수하다가 평안히 조상에게로 돌아가 장사될 것이요 네 자손은 사대

만에 이 땅으로 돌아오리니 이는 아모리 족속의 죄악이 아직 가득 차지 아니함이니라 하시더니."

모든 것은 하나님이 섭리하신 대로 됩니다. 하나님은 아브라함과 맺은 이 언약의 성취를 위해 요셉을 선택하시고 그를 하나님의 원대한 언약의 역사를 이루는 도구로 삼으셨습니다. 요셉은 은 20냥에 노예로 팔려 애굽에 내려가서 온갖 고난을 겪은 후에 애굽의 총리대신이 됩니다. 그리하여 70명의 가족이 애굽으로 이주하게 되고 430년 만에 장정만 60만 명이 되어서 애굽에서 나와 가나안 땅에 들어가 하나님 중심의 신정국가를 건설하게 됩니다.

요셉은 자신이 당했던 고난과 시련을 이런 신적 관점에서 바라보면서 모든 고통을 신앙적으로 소화할 수 있었습니다. 그는 원망도 불평도 하지 않았습니다. 그리하여 자신을 애굽에 팔고 두려워하던 형들을 향해 "당신들이 나를 이곳에 팔았다고 해서 근심하지 마소서 한탄하지 마소서 하나님이 생명을 구원하시려고 나를 당신들보다 먼저 보내셨나이다"(창 45:5)라고 했습니다.

고난은 결코 저주와 고통으로 끝나지 않습니다. 고난은 축복으로 가는 길목입니다. 그래서 베드로 사도는 이렇게 권면하고 있습니다.

벧전 4:12-13 "사랑하는 자들아 너희를 연단하려고 오는 불 시험을 이상한 일 당하는 것같이 이상히 여기지 말고 오히려 너희가 그리스도의 고난에 참여하는 것으로 즐거워하라 이는 그의 영광을 나타내실 때에 너희로 즐거워하고 기뻐하게 하려 함이라."

에티오피아의 영웅 아베베는 맨발로 올림픽 마라톤에 출전하여 2연패를 했습니다. 급성 맹장염에 걸려 수술을 받고도 맨발로 대회에 나가 연거푸 두 번 금메달을 땄습니다. 그런 그가 어느 날 교통사고를 당하여 두 다리가 마비되었습니다. 그는 자신 앞에 닥친 고난으로 절망하지 않고 사용할 수 있는 두 팔로 양궁과 탁구와 눈썰매에 도전하여 장애인 올림픽에서 양궁으로 금메달을 땄습니다. 그리고 이렇게 말했습니다.

"나는 비록 두 다리를 잃었지만 내게는 아직도 건강한 두 팔과 언제나 나와 함께하시는 하나님이 계십니다. 저는 남들과 경쟁에 이기기보다 나 자신과의 싸움에서 고통을 이겨내는 것을 우선으로 생각합니다. 고통과 괴로움에 지지 않고 주님만 바라보고 마지막까지 달렸기 때문에 마침내 승리할 수 있었습니다."

성도 여러분, 고난에 지지 마십시오. 기도로 고난을 이김으로 오늘을 사는 작은 예수가 되십시오.

## 여호수아의 하나님

수 1:1-9 "여호와의 종 모세가 죽은 후에 여호와께서 모세의 수종자 눈의 아들 여호수아에게 말씀하여 이르시되 내 종 모세가 죽었으니 이제 너는 이 모든 백성과 더불어 일어나 이 요단을 건너 내가 그들 곧 이스라엘 자손에게 주는 그 땅으로 가라 내가 모세에게 말한 바와 같이 너희 발바닥으로 밟는 곳은 모두 내가 너희에게 주었노니 곧 광야와 이 레바논에서부터 큰 강 곧 유브라데 강까지 헷 족속의 온 땅과 또 해지는 쪽 대해까지 너희의 영토가 되리라 네 평생에 너를 능히 대적할 자가 없으리니 내가 모세와 함께 있었던 것같이 너와 함께 있을 것임이라 내가 너를 떠나지 아니하며 버리지 아니하리니 강하고 담대하라 너는 내가 그들의 조상에게 맹세하여 그들에게 주리라 한 땅을 이 백성에게 차지하게 하리라 오직 강하고 극히 담대하여 나의 종 모세가 네게 명령한 그 율법을 다 지켜 행하고 우로나 좌로나 치우치지 말라 그리하면 어디로 가든지 형통하리니 이 율법책을 네 입에서 떠나지 말게 하며 주야로 그것을 묵상하여 그 안에 기록된 대로 다 지켜 행하라 그리하면 네 길이 평탄하게 될 것이며 네가 형통하리라 내가 네게 명령한 것이 아니냐 강하고 담대하라 두려워하지 말며 놀라지 말라 네가 어디로 가든지 네 하나님 여호와가 너와 함께

하느니라 하시니라."

세상에는 사업을 해서 되는 사람이 있고 안 되는 사람이 있습니다. 이런 상반된 결과를 놓고 사람들은 운명의 장난이려니 생각합니다. 그래서 사람들은 자신에게 닥친 이런 불행과 실패를 타개해 보려는 마음보다는 그것을 운명으로 받아들이고 자포자기하는 마음을 갖게 됩니다.

그러나 세상에 운명이란 없습니다. 왜냐하면 우리가 사는 이 세상의 모든 일은 다 하나님께서 계획하시고 섭리하시는 대로 되기 때문입니다. 이런 하나님의 예지, 예정의 입장에서 볼 때, 하나님은 이 세상의 모든 사람들이 잘되기를 원하십니다. 그래서 창세기 1장 28절은 이렇게 말하고 있습니다.

"하나님이 그들에게 복을 주시며 하나님이 그들에게 이르시되 생육하고 번성하여 땅에 충만하라, 땅을 정복하라, 바다의 물고기와 하늘의 새와 땅에 움직이는 모든 생물을 다스리라 하시니라."

이 말씀처럼 모든 사람이 다 잘되는 것이 하나님의 뜻입니다. 하나님은 누구나 잘되기를 원하시고 누구나 행복하기를 원하십니다. 이렇게 이 세상에는 번영과 행복에서 제외된 사람은 아무도 없습니다. 그럼에도 불구하고 오늘날 세상에는 행복한 사람보다 불행한 사람이 많고, 성공한 사람보다 실패한 사람이 많습니다.

왜 그럴까요? 이것이 문제입니다.

그래서 사람들은 세상이 자신이 바라는 대로 되지 않을 때, 실패와 불행에 시달리게 될 때 이것이 자신의 운명이려니 생각하고 자포자기합니다. 그러나 성경은 이런 부정적 생활 태도에 동의하지 않습니다. 잠언 24장 16절에서 이같이 말하고 있습니다.

"대저 의인은 일곱 번 넘어질지라도 다시 일어나려니와 악인은 재앙으로 말미암아 엎드러지느니라."

또 시편 37편 24절에서는 "그는 넘어지나 아주 엎드러지지 아니함은 여호와께서 그의 손으로 붙드심이로다"라고 말하고 있습니다. 이상의 말씀은 우리가 세상을 살다가 넘어지고 쓰러질 때 다시 일어날 수 있는 용기를 줍니다.

그럼에도 불구하고 오늘날 사람들이 부정적인 삶의 태도를 갖게 되는 것은 사람들의 마음에 하나님이 없기 때문입니다. 운명이란 없습니다. 운명론은 신앙과 배치되는 불신앙의 산물입니다. 운명론이나 숙명론은 이 세상만사가 미리 정해진 수순을 따라 일어난다는 그릇된 사상을 우리에게 심어줍니다.

그러므로 사람이 운명론에 빠지면 자신은 미리 정해진 날에 죽도록 운명이 결정되어 있고, 불행도 정해져 있고, 망하는 것도 정해져 있어서 자신의 노력이나 힘으로 이런 운명을 바꾸기는 역부족이라는 어처구니없는 생각에 빠져 살게 됩니다. 그들은 자신들이 고통과 불행에 빠져 있어도 그것이 자신들의 운명이라며 이를 극복하기 위한 노력과 꿈을 갖지 않습니다.

고대 그리스인들은 모든 인간들은 운명을 주관하는 신들의 손안에 있으며 운명이란 각자에게 주어진 이 세상의 몫을 변경할 수 없고, 벗어날 수 없다고 생각했습니다. 문제는 사람들이 이런 그릇된 인생관을 가지고 자신에게 주어진 인생을 잘못 살아가고 있다는 데 있습니다.

역사의 주인이신 하나님께서 오늘날 모든 인생들에게 성공과 행복의 기회를 골고루 주셨음에도 불구하고 사람들이 실패와 불행에 빠지게 되는 것은 전적으로 자기 자신에게 책임이 있습니다. 그러므로 자신의 불행과 실패의 책임을 하나님께 돌리고 하나님을 원망하고 불평하며 사는 것은 올바른 삶의 태도가 아닙니다.

아리스토텔레스는 "사상의 실체는 생활"이라고 했습니다. 이는 "영혼 없는 몸이 죽은 것같이 행함이 없는 믿음은 죽은 것"이라면서 "믿음이 그의 행함과 함께 일하고 행함으로 믿음이 온전하게 되었느니라"는 야고보서 2장 26절, 22절 말씀과 궤를 같이합니다. "인생에서 가장 피곤한 것은 불성실"이라는 말이 있습니다. 과연 생활을 통해 실천하지 않는 사람은 행복의 대열에 낄 수가 없습니다.

그렇다면 어떻게 살아야 할까요? 본문 말씀은 이런 삶의 명제

앞에서 올바른 삶의 자세를 가르쳐 주고 있습니다. 하나님께서 여호수아에게 주문하신 요구를 통해서 우리는 올바른 삶의 자세가 무엇인가를 알 수 있습니다. 하나님은 모세가 죽은 후 모세의 수종자 눈의 아들 여호수아에게 성공과 행복을 위한 가장 합당한 삶의 태도를 이렇게 말해주고 있습니다.

하나님은 여호수아에게 행복을 쟁취하기 위해서는 먼저 "알고 살아야 한다"라고 말씀하십니다. 미켈란젤로는 "지성을 따르는 손이 성취를 할 수 있다"라고 했습니다. 그런가 하면 옛말에 '격물치지'(格物致知)란 말이 있습니다. 이는 "사물의 이치를 탐구하여 완전한 지식에 도달한다"라는 뜻입니다. 그런가 하면 "지식은 행복이다" 또는 "지식은 힘이다"라는 말도 있습니다. 이처럼 우리는 알 것을 알아야 합니다.

안다는 것과 모른다는 것은 단순한 언어의 차이가 아니라 인생 자체입니다. 인생을 알고 사는 사람과 모르고 사는 사람은 같은 인생을 살 수가 없습니다. 그래서 무지는 죄악입니다. 하나님의 뜻을 알면 하나님의 뜻대로 살게 됩니다. 그러나 하나님의 뜻을 모르면 하나님의 뜻대로 살 수가 없습니다. 이렇게 아는 것은 힘입니다.

다윗은 자기를 향한 하나님의 뜻을 알았습니다. 사무엘하 5장 12절을 보면 "다윗이 여호와께서 자기를 세우사 이스라엘 왕으로 삼으신 것과 그의 백성 이스라엘을 위하여 그 나라를 높이신 것을 알았더라"고 했습니다. '안다'라는 뜻의 히브리어 '나카르'는 관찰과 분석을 통해 식별하여 아는 단순 인식을 말하고, 또 다른 히브리어 '야다'는 체험적인 지식을 말합니다. 이 두 가지 중에 다윗의 앎은 체험적인 지식을 말합니다.

다윗은 하나님과 영적 교제를 통하여 많은 하나님의 은혜를 체험하면서 두 가지를 깨달았습니다. 첫 번째는 하나님이 왜 자신을 이스라엘의 왕으로 세우셨는가, 두 번째는 하나님이 왜 이스라엘을 강대국으로 삼으셨는지를 깨달아 알았습니다. 그러므로 하나님의 뜻을 바로 알게 되면 예수님처럼 "내 뜻대로 마옵시고 아버지의 뜻대로 하옵소서" 하면서 순종하는 삶을 살게 됩니다.

여호수아는 하나님께서 말씀으로 알려 주심으로써 자기를 향한 하나님의 뜻을 알게 되었습니다. 여호수아 1장 3절 말씀에 "내가 모세에게 말한 바와 같이 너희 발바닥으로 밟는 곳은 모두 내가 너희에게 주었노니"라고 했습니다. 여기서 '주었다'는 말의 히브리어는 '나탓티브'인데 "내가 그것을 주었다"라는 뜻으로 쓰입니다. 이는 완료를 나타내는 말로 얻은 것과 매한가지인 기정사실을 의미합니다. 그래서 영어 성경에서는 'have given', "내가 너희에게 주었다"라는 현재완료로 번역했습니다. 즉 이미 준 것이나 다름없는 확고한 약속을 의미합니다.

또한 히브리어에서는 시제보다 맥락이 더 중요합니다. 전체 맥락을 볼 때 "하나님께서 가나안 땅을 이미 주셨으니 걱정하지 말라"는 말을 강하게 표현하는 것이며, 이 표현은 하나님은 신실하셔서 당신의 약속을 반드시 성취하실 분임을 강조하는 것입니다. 하나님의 뜻과 말씀의 능력이 얼마나 빠르게 나타나는지, 얼마나 자주 말씀하시는지 창세기에 잘 나타나 있습니다.

창세기 1장 3절에 "하나님이 이르시되 빛이 있으라 하시니 빛이 있었고"라는 말의 히브리어는 '바예히 오르'입니다. '그리고 빛이 있었다'라는 뜻의 '하야' 동사의 미완료 형태가 결합되어 만들어진 단어로서 하나님이 "빛이 있으라"고 명령하시자마자 이미 일어난 일이 되었다는 뜻으로, 완료의 의미와 하나님이 명령하시자 그대로 바로 일어났다는 강조의 의미가 함께 담겨 있는 문장입니다.

> 창 12:7 "여호와께서 아브람에게 나타나 이르시되 내가 이 땅을 네 자손에게 주리라 하신지라."

> 창 13:17 "너는 일어나 그 땅을 종과 횡으로 두루 다녀 보라 내가 그것을 네게 주리라."

> 창 15:7 "또 그에게 이르시되 나는 이 땅을 네게 주어 소유를 삼게 하려고 너를 갈대아인의 우르에서 이끌어 낸 여호와니라"

그렇습니다. 물질, 건강, 행복, 명예, 권력, 지혜 등 모두 하나님이 내게 주실 것이라는 사실을 알아야 합니다. 이 말은 두 가지 의미를 가지고 있습니다.

첫 번째는 '이 세상의 모든 것, 내가 지금 소유하고 있는 것은 실상 내 것이 아니고 다 하나님의 것'이라는 뜻이고, 두 번째는 '우리는 지금 그것을 하나님께 빌려 쓰고 있다'는 뜻입니다. 하나님이 주셨다는 것을 알았다면 아까울 것이 없습니다.

그래서 사도행전 4장 32절에 "믿는 무리가 한 마음과 한 뜻이 되어 모든 물건을 서로 통용하고 자기 재물을 조금이라도 자기 것이라 하는 이가 하나도 없더라"고 한 것입니다. 이것이 바로 은혜 받은 성도의 태도입니다. 물질도 건강도 행복도 자녀도 모두 하나님이 내게 빌려주신 것입니다. 이러한 삶의 태도를 갖게 되면 아까울 것이 없습니다. 십일조 생활도 하게 되고 헌신도 하게 되고 봉사도 하게 됩니다. 무엇이나 하나님을 기쁘시게 하는 데 사용하게 됩니다.

창세기 22장 16-17절을 보면 "이르시되 여호와께서 이르시기를 내가 나를 가리켜 맹세하노니…내가 네게 큰 복을 주고 네 씨가 크게 번성하여 하늘의 별과 같고 바닷가의 모래와 같게 하리니 네 씨가 그 대적의 성문을 차지하리라"고 했습니다. 여호수아는 하나님께서 이렇게 가나안 땅을 이미 아브라함에게 약속하신 대로 자기들에게 주셨음을 알게 되었을 때 마음속에 확신을 가졌습니다.

오늘도 우리를 향한 하나님의 뜻을 알게 되면 마음속에 확신이 생깁니다. 하나님을 위한 일에 머뭇거리지 않습니다. 아브라함이 그랬습니다. 창세기 22장 5절에 "내가 아이와 함께 저기 가서 예배하고 우리가 너희에게로 돌아오리라"고 기록하고 있는데, "우리가 돌아오리라"는 말은 히브리어로 '나슈바'라고 합니다. 여기서 우리는 아브라함의 부활 신앙을 보게 됩니다. 부활의 확신은 하나님께

바치면 하나님이 더 많은 것을 주신다는 것을 확신하는 가운데 큰 헌신자가 되게 합니다.

욥에게도 이런 확신이 있었기에 욥기 19장 25-26절에 "내가 알기에는 나의 대속자가 살아 계시니 마침내 그가 땅 위에 서실 것이라 내 가죽이 벗김을 당한 뒤에도 내가 육체 밖에서 하나님을 보리라"고 했습니다. 사도 바울도 로마서 8장 38-39절에서 "내가 확신하노니 사망이나 생명이나 천사들이나…다른 어떤 피조물이라도 우리를 우리 주 그리스도 예수 안에 있는 하나님의 사랑에서 끊을 수 없으리라"고 했고, 디모데후서 1장 12절에서 "이로 말미암아 내가 또 이 고난을 받되 부끄러워하지 아니함은 내가 믿는 자를 내가 알고 또한 내가 의탁한 것을 그날까지 그가 능히 지키실 줄을 확신함이라"고 했습니다.

마음에 확신이 있으면 용기가 생깁니다. 당시 이스라엘의 위대한 지도자 모세는 죽었고, 여호수아 자신은 경험도 없고 미천한 존재일 뿐이었습니다. 그는 지도자를 잃어버리고 광야 한가운데 주저앉아 있는 이스라엘 백성을 바라보면서 주눅이 들어 있었습니다. 이때 하나님은 그런 여호수아의 마음속에 거듭 용기를 불어넣어 주셨습니다.

본문 6절의 말씀입니다.

"강하고 담대하라 너는 내가 그들의 조상에게 맹세하여 그들에게 주리라 한 땅을 이 백성에게 차지하게 하리라."

그리고 여호수아 1장 7, 9, 18절을 통해 이같이 말씀하셨습니다.

"오직 강하고 극히 담대하여 나의 종 모세가 네게 명령한 그 율법을 다 지켜 행하고 우로나 좌로나 치우치지 말라 그리하면 어디로 가든지 형통하리니…내가 네게 명령한 것이 아니냐 강하고 담대하라 두려워하지 말며 놀라지 말라 네가 어디로 가든지 네 하나님 여호와가 너와 함께하느니라 하시니라…누구든지 당신의 명령을 거역하며 당신의 말씀을 순종하지 아니하는 자는 죽임을 당하리니 오직 강하고 담대하소서."

창세기 33장 3절을 보면, 야곱은 얍복 강가에서 밤새도록 하나님과 씨름하는 가운데 400명의 군사를 거느리고 오는 형과 맞서는 용기가 생겼습니다. 오늘날 우리가 어떤 일을 만나도 주눅 들지 않고 용기를 가져야 할 이유는 예수님이 우리와 함께 계시기 때문입니다. 지금 우리는 이길지 질지 모르는 싸움을 하는 것이 아닙니다. 하나님이 이미 이기게 하신 싸움을 하는 것입니다.

그래서 예수님은 요한복음 16장 33절에서 "이것을 너희에게 이르는 것은 너희로 내 안에서 평안을 누리게 하려 함이라 세상에서는 너희가 환난을 당하나 담대하라 내가 세상을 이기었노라"고 하셨습니다. 또한 로마서 8장 37절에서 사도 바울은 "그러나 이 모든 일에 우리를 사랑하시는 이로 말미암아 우리가 넉넉히 이기느니라"고 말했습니다.

서양 속담에 "용감한 자는 무기가 따로 없다"라는 말이 있습니다. 다윗처럼 하나님이 주시는 용기만 있으면 어떤 어려움도 극복할 수 있습니다. 베드로도 용기의 사람이었습니다. 풍랑 속에서 주님을 향하여 바다에 뛰어들었던 베드로처럼 우리에게도 용기가 필요합니다. 용기는 현실을 이기게 합니다.

우리에게는 나아가야 할 길이 있습니다. 그것은 영원한 천국, 하늘나라입니다. 이를 위해 우리는 삶의 확신 속에서 날마다 용기를 갖고 살아가야 하겠습니다.

## 쓰러지는 데는 이유가 있다

삿 16:11-17 "삼손이 그에게 이르되 만일 쓰지 아니한 새 밧줄들로 나를 결박하면 내가 약해져서 다른 사람과 같으리라 하니라 들릴라가 새 밧줄들을 가져다가 그것들로 그를 결박하고 그에게 이르되 삼손이여 블레셋 사람이 당신에게 들이닥쳤느니라 하니 삼손이 팔 위의 줄 끊기를 실을 끊음 같이 하였고 그때에도 사람이 방 안에 매복하였더라 들릴라가 삼손에게 이르되 당신이 이때까지 나를 희롱하여 내게 거짓말을 하였도다 내가 무엇으로 당신을 결박할 수 있을는지 내게 말하라 하니 삼손이 그에게 이르되 그대가 만일 나의 머리털 일곱 가닥을 베틀의 날실에 섞어 짜면 되리라 하는지라 들릴라가 바디로 그 머리털을 단단히 짜고 그에게 이르되 삼손이여 블레셋 사람들이 당신에게 들이닥쳤느니라 하니 삼손이 잠을 깨어 베틀의 바디와 날실을 다 빼내니라 들릴라가 삼손에게 이르되 당신의 마음이 내게 있지 아니하면서 당신이 어찌 나를 사랑한다 하느냐 당신이 이로써 세 번이나 나를 희롱하고 당신의 큰 힘이 무엇으로 말미암아 생기는지를 내게 말하지 아니하였도다 하며 날마다 그 말로 그를 재촉하여 조르매 삼손의 마음이 번뇌하여 죽을 지경이라 삼손이 진심을 드러내어 그에게 이르되 내 머리 위에는 삭도를 대지 아니하였나니 이는 내가 모태에서부터 하나님의 나실인이 되었음이라 만일 내 머리가 밀리면 내 힘이 내게서 떠나고 나는 약해져서 다른 사람과 같으리라 하니라."

사사인 삼손이 한 이방의 '들릴라'라고 하는 요부에 의해 맥없이 쓰러졌습니다. 그는 모든 것을 잃었습니다. 블레셋 사람들에게 두 눈이 뽑히고 자유를 잃었습니다. 결국 가사로 끌려가 연자맷돌을 돌리는 처량한 신세가 되었습니다. 삼손이 쓰러진 것은 블레셋 사람들의 강한 힘 때문이 아니었습니다. 나약한 여성에 불과했던 들릴라의 유혹 때문이었습니다. 그 누구도 역발산 삼손이 쓰러지리라고는 생각도 하지 않았습니다. 그만큼 그는 그 누구도 대적할 수 없는 무적의 용사였습니다.

부모의 서원기도로 태어난 그는 어려서부터 하나님이 쓰시려고 구별한 나실인이었습니다. 그는 여호와의 영이 임할 때마다 그 힘으로 큰 일을 했습니다. 그 힘은 세속적인 힘이 아니었습니다. 하나님이 주신 영적인 힘이었습니다.

삼손은 하나님이 주신 힘을 가지고 딤나의 포도원에 출몰한 젊은 사자를 염소 새끼를 찢음같이 찢어 죽였습니다. 그리고 딤나에 살고 있던 아내가 블레셋 사람들의 꾐에 빠져 곤경에 처했을 때, 이스글론에 내려가서 30명의 블레셋 사람을 죽여 베옷 30벌을 취함으로 아내를 궁지에서 구했습니다. 또한 블레셋 사람들이 자신을 결박했던 밧줄을 불탄 삼실같이 끊어버리고 나귀의 턱뼈 하나로 1천 명의 블레셋 군사를 쳐 죽여 블레셋 사람들의 간담을 서늘

하게 하였습니다. 이렇게 삼손은 천하무적이었습니다. 그는 하나님이 주신 힘으로 블레셋 사람과 싸워 늘 승리했습니다.

블레셋 사람들은 그 누구도 삼손의 힘을 당해낼 수 없었습니다. 그런 삼손이 한순간에 쓰러지고 만 것입니다. 그래서 선지자 스가랴는 "이는 힘으로 되지 아니하며 능력으로 되지 아니하고 오직 나의 영으로 되느니라"(슥 4:6)고 선포하고 있습니다.

이렇게 인간의 힘은 믿을 것이 못 됩니다. 인간의 힘은 제한적이며 유한하기 때문에 사람이 자신의 힘을 믿고 사는 것처럼 어리석은 일이 없습니다. 여기서 우리는 한 가지 진실을 알게 됩니다. 인간은 환난에는 강하나 유혹에는 약하다는 것입니다. 그렇습니다. 환난은 견딜 수 있습니다. 어떻게 하든지 참고 살면 견딜 수 있습니다. 그러나 유혹은 견딜 수 없습니다. 역사상 수많은 위인들이 허망하게도 유혹의 노예가 되어 무너져 내린 것을 보면서 우리 인간들의 무기력을 다시 한 번 느끼게 됩니다.

《삼국지》에 나오는 동탁은 최고의 폭정꾼이었습니다. 신기에 가까운 무술로 천하의 명성을 얻었던 여포는 동탁과 양아버지와 양아들의 관계였습니다. 《삼국지》에는 이들이 한 여인 때문에 망하게 된 흥미진진한 이야기가 전개되고 있습니다. 동탁과 여포, 이 두 사람을 함께 죽음으로 몰아넣은 사람은 초선이라는 여인이었습니다. 그녀는 중국의 서시, 왕소군, 양귀비와 함께 4대 미인에 속할 만큼 빼어난 미모를 지녔다고 했습니다.

초선은 동탁과 여포를 동시에 유혹하고 둘 사이를 이간질해서 동탁이 여포의 손에 죽게 만들었습니다. 이후 여포가 조조의 공격으로 성이 고립되었을 때 밖에 나가 싸우려 했으나, "나를 두고 가지 말아요"라는 초선의 애원하는 말에 성을 수비하는 일에만 집중하다가 전쟁에 패하여 죽음을 맞게 됩니다.

1960년, 영국의 차기 총리로 거론되던 유능한 인물이 있었습니다. 존 프로퓨모 영국 국방장관이 바로 그 사람입니다. 그의 스펙은 참으로 화려했습니다. 귀족 가문에 명문 옥스퍼드 대학교를 졸업했으며, 46세의 젊은 나이에 탁월한 리더십과 언변 능력은 타의 추종을 불허했습니다. 그는 독보적인 총리 후보였습니다.

하루는 무도회장에서 클럽 무용수로 일하는 크리스틴 킬러라는 여인을 보고 첫눈에 반했습니다. 그날 밤 두 사람은 타락의 늪으로 빠졌습니다. 그 후 크리스틴 킬러가 주영 소련 대사관 참모와 연인 사이라는 것이 밝혀지면서 세 사람의 삼각관계는 일파만파로 퍼져나갔습니다. 그는 영국 정부의 조사기관에서 조사를 받게 되었습니다. 이 한 사건으로 인해 그는 선거에서 패배하였고 역사 속으로 사라졌습니다.

삼손 역시 그랬습니다. 그는 싸움에는 강했으나 유혹에는 약했습니다. 이것은 유혹의 힘이 환난의 힘보다 얼마나 강한가를 여실히 보여줍니다. 그래서 오스카 와일드는 "나는 유혹 이외의 모든 것에 대항할 수 있다"라고 했습니다. 불이 쇠를 녹이듯 유혹은 사람을 녹입니다. 유혹은 그 사람의 인격과 공적과 모든 것을 한순간에 불태웁니다.

우리는 지금도 수많은 사람들이 술과 쾌락과 물질의 유혹에 빠져 몰락하는 것을 수없이 보고 있습니다. 그래서 잠언 31장 3절에 "네 힘을 여자들에게 쓰지 말며"라고 했습니다.

어느 날 솔로몬이 창 너머로 내다보다 한 장면을 목격합니다. 어리석은 한 청년이 황혼 때에 음녀의 골목 모퉁이로 가까이 하여 그녀의 집으로 들어갑니다. 기생의 옷을 입은 한 여인이 자기 남편이 멀리 떠났다면서 그를 맞아들입니다. 그 남자는 그렇게 유혹으로 빠져듭니다. 솔로몬은 이 청년의 어리석은 모습을 두고 잠언 7장 22-23절에서 이렇게 말합니다.

"소가 도수장으로 가는 것 같고 미련한 자가 벌을 받으려고 쇠사슬에 매이러 가는 것과 같도다 필경은 화살이 그 간을 뚫게 되리라 새가 빨리 그물로 들어가되 그의 생명을 잃어버릴 줄을 알지 못함과 같으니라."

그리고는 잠언 7장 1-5절을 통해 이렇게 권고합니다.

"내 아들아 내 말을 지키며 내 계명을 간직하라 내 계명을 지켜 살며 내 법을 네 눈동자처럼 지키라 이것을 네 손가락에 매며 이것을 네 마음판에 새기라 지혜에게 너는 내 누이라 하며 명철에게 너는 내 친족이라 하라 그리하면 이것이 너를 지켜서 음녀에게, 말로 호리는 이방 여인에게 빠지지 않게 하리라."

아담의 원죄는 우리 인간이 스스로의 힘으로 유혹을 이길 수 없는 존재로 전락하게 만들었습니다. 여호와 하나님이 지으신 들짐승 중에 가장 간교한 뱀의 유혹에 빠져 선악과를 먹은 후 우리 인간을 파멸의 구렁텅이로 몰아넣었습니다.

다윗의 타락은 그의 생애 절정기에 나타납니다. 사무엘하 11장 2-4절입니다.

"저녁 때에 다윗이 그의 침상에서 일어나 왕궁 옥상에서 거닐다가 그곳에서 보니 한 여인이 목욕을 하는데 심히 아름다워 보이는지라 다윗이 사람을 보내 그 여인을 알아보게 하였더니 그가 아뢰되 그는 엘리암의 딸이요 헷 사람 우리아의 아내 밧세바가 아니니이까 하니 다윗이 전령을 보내어 그 여자를 자기에게로 데려오게 하고 그 여자가 그 부정함을 깨끗하게 하였으므로 더불어 동침하매 그 여자가 자기 집으로 돌아가니라."

당시는 요압과 그 부하들이 목숨을 걸고 적국 암몬과 싸우던 때였기에 다윗이 밧세바의 유혹에 빠질 한가한 시기가 아니었습니다. '죽느냐 사느냐, 승리하냐 패배하냐'의 절박한 때에 한 나라의 왕 다윗은 밧세바의 나신에 유혹되어 타락하게 되었습니다. 이렇게 유혹은 인간으로 하여금 파멸을 자초하게 만듭니다.

사도 바울은 디모데후서 2장 22절에서 "또한 너는 청년의 정욕을 피하고 주를 깨끗한 마음으로 부르는 자들과 함께 의와 믿음과 사랑과 화평을 따르라"고 했습니다. 사람마다 누구나 약한 것이 있습니다. 어떤 사람들은 물질에 약하고 어떤 사람은 이성에 약하고 어떤 사람은 세상 부귀 영화에 약합니다.

삼손이 여자의 유혹에 빠진 것은 한 번이 아니었습니다. 과거에도 반복해서 있었던 사실입니다. 딤나의 한 블레셋 여인으로부터 가사의 기생과 소렉 골짜기의 들릴라에 이르기까지 만나서는 안 될 여자들과 사랑하고 그들의 유혹에 빠져 인생을 망친 것입니다.

사사기 16장 5절에서 블레셋의 방백들로부터 은 5천5백 냥을 제안 받은 들릴라는 그날부터 삼손을 유혹하기 시작했습니다. 결국 삼손은 블레셋 사람에게 붙들려 두 눈이 뽑히고 가사로 끌려가 감옥에서 연자맷돌을 돌리는 신세로 전락하고 말았습니다. 힘을 잃어버린 삼손은 아무것도 아니었습니다. 그러나 삼손이 쓰러진 것은 그의 인생의 마지막이 아니었습니다. 삼손은 쓰러지고도 다시 일어났습니다. 그것은 하나님이 그에게 다시금 힘을 주셨기 때문입니다.

하나님의 구속 역사는 인간의 범죄에 의해 멈추지 않았습니다. 사탄이 우리를 유혹하여 죄에 빠뜨려도 하나님의 구속 역사는 중단되지 않습니다. 하나님 안에서는 쓰러진 자도 다시 일어설 수 있습니다. 왜냐하면 하나님이 붙들어 주시기 때문입니다. 이처럼 하나님께서는 유혹에 빠진 우리들을 다시 세워주십니다. 인간의 연약함을 아시기 때문에 긍휼함을 끊임없이 베풀어 주시는 좋으신 하나님이십니다.

## 사람은 은혜로 산다

시 57:1-11 "하나님이여 내게 은혜를 베푸소서 내게 은혜를 베푸소서 내 영혼이 주께로 피하되 주의 날개 그늘 아래에서 이 재앙들이 지나기까지 피하리이다 내가 지존하신 하나님께 부르짖음이여 곧 나를 위하여 모든 것을 이루시는 하나님께로다 그가 하늘에서 보내사 나를 삼키려는 자의 비방에서 나를 구원하실지라 (셀라) 하나님이 그의 인자와 진리를 보내시리로다 내 영혼이 사자들 가운데에서 살며 내가 불사르는 자들 중에 누웠으니 곧 사람의 아들들 중에라 그들의 이는 창과 화살이요 그들의 혀는 날카로운 칼 같도다 하나님이여 주는 하늘 위에 높이 들리시며 주의 영광이 온 세계 위에 높아지기를 원하나이다 그들이 내 걸음을 막으려고 그물을 준비하였으니 내 영혼이 억울하도다 그들이 내 앞에 웅덩이를 팠으나 자기들이 그 중에 빠졌도다 (셀라) 하나님이여 내 마음이 확정되었고 내 마음이 확정되었사오니 내가 노래하고 내가 찬송하리이다 내 영광아 깰지어다 비파야, 수금아, 깰지어다 내가 새벽을 깨우리로다 주여 내가 만민 중에서 주께 감사하오며 뭇 나라 중에서 주를 찬송하리이다 무릇 주의 인자는 커서 하늘에 미치고 주의 진리는 궁창에 이르나이다 하나님이여 주는 하늘 위에 높이 들리시며 주의 영광이 온 세계 위에 높아지기를 원하나이다."

세상에는 모든 것이 뜻대로 될 것처럼 생각하고 사는 사람들이 있습니다. 이런 그릇된 자만감은 배운 사람일수록 더욱 심합니다. 그러나 살다 보면 세상이 그렇게 호락호락하지 않다는 것을, 다시 말하면 세상이 자기 뜻대로 되지 않는다는 것을 알게 됩니다.

왜 세상은 우리의 뜻대로 되지 않을까요? 그것은 이 세상의 '룰'과 우리 자신이 세운 '룰'이 전혀 다르기 때문입니다. 이 세상은 사람이 만든 생각과 '룰'에 의해서 움직여지지 않습니다. 그 이유는 세상은 하나님이 세워 놓으신 하나님의 '룰'에 의해 움직이고 있기 때문입니다. 그러므로 우리가 만약 계획대로 어떤 일을 시도한다면 그것은 벌써 실패하기로 작정한 것입니다. 하나님이 주인이신 세상에서 내 생각과 내 뜻과 내 룰대로 세상을 산다면 그것은 망하기로 작정한 것이나 다름이 없습니다.

이사야 선지자는 이사야 45장 7절 말씀에서 하나님이 세우신 '룰'을 이렇게 소개합니다.

"나는 빛도 짓고 어둠도 창조하며 나는 평안도 짓고 환난도 창조하나니 나는 여호와라 이 모든 일들을 행하는 자니라 하였노라."

이 말씀에서와 같이 하나님은 환난과 평안을 골고루 섞어서 이 세상 룰을 만드셨습니다. 이것을 잘 보여주고 있는 것이 바로 출애굽기에 나오는 이스라엘 백성들의 삶의 모습입니다. 이스라엘 백성은 애굽에서 나올 때에 가나안에 곧 들어갈 줄 알았습니다. 그러나 보름 정도면 들어갈 수 있는 가나안 땅을 40년 후에야 들어가게 된 것은 그것이 이스라엘 백성들을 향한 하나님의 룰이었기 때문입니다.

과연 우리 인간에 대한 하나님의 룰은 우리가 현세의 고난을 통과한 후에 영원한 내세 천국으로 들어가도록 하셨습니다. 하나님은 영원한 내세 천국의 삶을 이 세상의 유한한 삶에 의해 결정되도록 하였습니다. 그래서 현세의 삶은 우리에게 있어서 매우 중요합니다.

이렇게 중요한 현세의 삶을 보다 가치 있게 살도록 추구하는 것이 철학이라면, 철학은 우리 인생에 대해 두 가지를 말해주고 있습니다. 첫째, "인간이란 어떤 존재인가?"라는 명제이고, 둘째, "인간은 어떻게 살아야 할 것인가?" 하는 삶의 명제입니다. 이 첫 번째 질문에 대하여 철학은 인간을 '호모 사피엔스적 존재'라고 말합니다. 즉 인간은 이성을 가지고 스스로 판단하고 결정할 수 있는 독립적 존재라는 말입니다. 이렇게 우리 인간은 이성적 존재이므로 자기 이외의 어떤 절대자인 신이 필요하지 않은 자율적 존재라고 주장합니다. 이런 사람 중에 철학자 니체가 있습니다. 그는 "신이 없을 때 도리어 인간은 자유로울 수 있다"라고 하면서 "하나님 없이 사는 것이야말로 우리 인간들에게 더없는 행복이다"라고 했습니다.

그러나 문제는 성경이 이에 동의하지 않는다는 데 있습니다. 성경은 우리 인간을 두고, 하나님의 대리자로 세상에 보내져서 세상을 살아가는 존재라고 말하고 있습니다. 그러므로 성경은 우리 인간들을 두고 창세기 1장 26-27절에서 이렇게 선언합니다.

> "하나님이 이르시되 우리의 형상을 따라 우리의 모양대로 우리가 사람을 만들고 그들로 바다의 물고기와 하늘의 새와 가축과 온 땅과 땅에 기는 모든 것을 다스리게 하자 하시고 하나님이 자기 형상 곧 하나님의 형상대로 사람을 창조하시되 남자와 여자를 창조하시고."

과연 하나님의 형상대로 창조된 인간은 하나님 없이 스스로 존재할 수 없으며, 자기의 생각만으로 스스로 일을 계획하고 결정하며 살 수 없습니다. 하나님이 없는 인생은 불행을 자초하게 마련입니다. 인간은 그 누구를 막론하고 하나님이 세상에 세워 놓으신 하나님의 룰에 따라 살아야 합니다. 이것이 하나님이 기뻐하시는 삶의 방법입니다. 그래서 히브리서 11장 6절은 이렇게 말합니다.

> "믿음이 없이는 하나님을 기쁘시게 하지 못하나니 하나님께 나아가는 자는 반드시 그가 계신 것과 또한 그가 자기를 찾는 자들에게 상 주시는 이심을 믿어야 할지니라."

그러면 인생은 무엇으로 사는 것입니까? 이 질문에 사람들은 저마다 다른 반응을 보입니다. 어떤 이들은 사람은 물질로 산다고 생각합니다. 어떤 사람은 자기의 재능과 지식과 권력과 노력으로 산다고 합니다. 그러면 과연 인생은 무엇으로 살아야 할까요? 인생은 하나님의 은혜로 살아야 합니다. 하나님의 은혜로 구원받고, 하나님의 은혜로 환난과 시련을 극복하며, 하나님의 은혜로 영원한 내세 천국으로 들어가는 존재이기 때문입니다. 그러므로 어떤 경우를 막론하고 인생은 하나님의 은혜로 살아가야 합니다.

이런 은혜의 삶의 원리를 잘 보여주고 있는 것이 바로 본문 말씀입니다. 이 본문은 다윗이 사울에게 쫓기며 13년 동안 이 산 골짜기, 저 산 골짜기를 유리하며 방황할 때의 상황을 잘 보여주고 있습니다. 당시 사울은 3천 명의 군사를 거느리고 날마다 다윗을 추격하고 있었습니다.

도피 생활에 지쳐버린 다윗이 어느 날 엔게디 동굴에 숨어 들었습니다. 시시각각 조여 오는 숨막히는 현실 앞에서 그는 하나님께 매달려 간절히 기도했습니다. 그런 일이 있은 후 훗날 이스라엘의 왕위에 오른 다윗은 엔게디 동굴 속에서 기도했던 자신의 기도문을 당대 최고의 음악가이며 성가대 지휘자인 알다스헷 곡에 맞추어 믹담시로 찬양을 부르게 하였습니다. 바로 오늘 본문인 시편입니다.

본문 말씀은 다윗이 지금 사느냐 죽느냐의 절박한 상황 속에서 하나님의 은혜로 위기의 순간을 벗어나게 된 긴박한 상황을 잘 보여주고 있습니다. 인생은 누구나 환난도 겪고 곤고에 처하기도 합니다. 그리하여 낭패와 좌절 속에 빠지기도 합니다. 이러한 고달픈 위기의 순간에 어떻게 이 위기를 극복할 수 있는가 하는 것이야말로 오늘날 우리 삶에 있어서 최대의 관건이 됩니다.

선지자 스가랴는 스가랴서 4장 6절 말씀에서 이렇게 말합니다.

"이는 힘으로 되지 아니하며 능력으로 되지 아니하고 오직 나의 영으로 되느니라."

그렇습니다. 어려운 인생의 문제는 돈이나 힘으로 해결되지 않습니다. 오직 하나님의 은혜로만 해결됩니다. 그래서 본문 1절에도 "하나님이여 내게 은혜를 베푸소서 내게 은혜를 베푸소서"라고 말하고 있습니다.

일반적으로 히브리 사람들은 '은혜'란 말을 사용할 때 '헤세드'라는 단어를 가장 많이 사용하는데, 이는 하나님의 '호의적인 자비'를 뜻합니다. 그러나 다윗은 본문 말씀에서 '헤세드'란 말 대신 '카난'이란 단어를 사용합니다. 이 말은 하나님의 사랑의 감정을 강조합니다. 여기서 우리는 다윗이 얼마나 하나님의 따뜻한 감성적 사랑에 목말라 있었는가를 알게 됩니다. 다윗은 사울에게 쫓기는 가운데서 하나님이 뜻한 은혜와 사랑을 갈망하고 또 갈망했습니다. 영어 성경에는 "Have mercy on me"로 되어 있습니다. 즉 "나에게 자비를 베푸소서"라고 번역하고 있습니다. 여기서 주목해야 할 것은 '지금 내게 은혜를 베풀어 달라'는 말을 반복하고 있다는 것입니다. 이렇게 반복하는 것을 '중언체'라고 하는데 이는 강조법입니다. 여기서 우리는 다윗이 얼마나 하나님의 은혜에 절박하게 목말라하는지를 알 수 있습니다.

다윗은 용사였습니다. 그는 젊었습니다. 이런 다윗이 자신이 지금 처한 궁지에서 벗어날 수 있는 길은 하나님의 은혜밖에 없다는 것을 깨닫고 하나님께 은혜를 간구하고 있는 것입니다. 다윗은 사울 왕의 군사에게 쫓기는 절박한 상황 속에서 자신이 살 수 있는 길은 인간의 노력이나 힘이 아니라 오직 하나님의 은혜임을 깨달았기에 "하나님이여, 내게 은혜를 베푸소서. 내게 은혜를 베푸소서"라고 간절히 간구하는 것입니다. 이렇게 다윗은 보잘것없는 존재이지만, 하나님의 은혜를 받으면 살 수 있다고 판단했습니다.

"하나님, 지금 내가 직면하고 있는 절박한 상황은 인간의 어떠한 힘이나 능으로 벗어날 수 없습니다. 오직 하나님의 은혜로써만 해결할 수 있음을 믿습니다. 그러므로 하나님, 내게 은혜를 베풀어 주셔서 이 환난 속에서 벗어날 수 있도록 도와주시옵소서."

여기서 우리는 다윗의 믿음을 보게 됩니다. 다윗은 그렇게 용맹스럽고 힘이 있고 경륜이 있었음에도 13년 동안 사울의 군사들에게 쫓기며, 삶의 한계에 부딪치면서 비로소 그는 하나님의 은혜를 의지하게 된 것입니다. 선지자 스가랴의 말처럼 위기는 힘으로 극복되지 않습니다. 능으로도 되지 않습니다. 오직 하나님의 은혜로만 헤쳐 나갈 수 있습니다.

존 레츠라는 사람이 있었습니다. 15세기 종교개혁자 마틴 루터의 친구였던 그는 종교개혁에 반대하여 수많은 성직자들을 죽인 스페인 왕실 찰스 5세에게 쫓기는 몸이 되었습니다. 어느 날 스페인 왕실 기병들이 그를 체포하기 위하여 오고 있다는 소식을 듣자, 그는 하나님께 간절히 기도했습니다. 이때 하나님의 음성이 들려왔습니다.

"존, 빨리 빵 한 조각을 가지고 아랫마을로 내려가라. 거기에 대문이 열린 집이 있으니 그 집 다락방에 숨어라."

존은 하나님이 지시한 대로 마을로 내려가 문이 열린 집을 발견하고 그 집 다락에 몸을 숨겼습니다. 존은 그렇게 다락방에 숨어 지내는 동안 놀라운 일을 경험하였습니다. 날마다 암탉 한 마리가 다락방 계단에 올라와 달걀 하나를 낳고 내려가곤 하는 것입니다. 이런 가운데 그는 14년을 버틸 수 있었습니다.

어느 날 닭이 더 이상 올라오지 않았습니다. 기이하게 여긴 그는 바깥 동정을 살피다가 전쟁이 끝나고 해방이 된 것을 알게 되었습니다. 이렇게 하나님의 은혜의 기적은 오늘도 우리 생활 주변에서 쉬지 않고 일어나고 있습니다.

스코틀랜드의 유명한 독립운동가였던 로버트 브루스가 적을 피해 달아나고 있었습니다. 허겁지겁 도망을 치는 가운데 한 동굴을 발견하고 그 안으로 숨어 들어갔습니다. 그러자 바로 거미 한 마리가 나타나서 동굴 입구에 거미줄을 치는 것이었습니다. 이로 인해 추적자들은 동굴 입구에 거미줄이 쳐진 것을 보고는 그 안에 사람이 없을 것이라 생각하고 그냥 지나쳐 갔습니다. 그는 "오, 하나님! 자그마한 거미의 뱃속에 나를 위한 피난처를 마련해 주시고 또 적절한 때에 그 거미를 보내사 나를 보호하시려고 줄을 치게 하시니 감사합니다"라고 기도했습니다. 이렇게 하나님은 시마다 때마다 비상한 방법으로 우리를 돕습니다.

그러면 도대체 하나님의 은혜란 무엇입니까? 그것은 하나님의 긍휼이며 나아가 불쌍히 여기는 마음입니다.

그래서 개역한글은 본문 1절을 "하나님이여 나를 긍휼히 여기시고 나를 긍휼히 여기소서"라고 번역하고 있습니다. 은혜란 하나님의 긍휼이자 불쌍히 여기는 마음으로 하나님의 사랑을 나타냅니다. 그래서 본문 3절은 하나님의 사랑을 뜻하는 '인자'란 말로 표현하고 있습니다. 또 본문 10절에서는 "무릇 주의 인자는 커서 하늘에 미치고"라고 한 것입니다. 과연 하나님의 사랑은 원대하고 커서 하늘에 미칩니다.

하늘이 지구를 싸고 있듯이 하나님의 은혜는 우리를 싸고 있고 하나님의 긍휼은 우리를 덮고 있습니다. 그러므로 어떤 일을 만나도 두려워할 필요가 없는 이유는 모든 문제는 하나님의 긍휼, 하나님의 사랑, 하나님의 은혜 안에 해결책이 있기 때문입니다.

예수님은 굶주리고 병든 이스라엘 백성들이 벳새다 광야로 예수님을 찾아 나온 것을 보시고 불쌍히 여기시고 굶주린 그들을 위해 오병이어의 기적을 행하셨습니다(마 14:14). 둘째 아들이 아버지의 재산을 탕진하고 돌아왔을 때에도 아버지는 그를 보고 측은히 여겨 달려가 목을 안고 입을 맞추며 집으로 영접하여 들였습니다(눅 15:20).

이렇게 우리 인생 문제의 해결책은 하나님이 우리를 긍휼히 여기고 불쌍히 여기는 데 있습니다. 우리의 문제가 제아무리 크고 어려워도 하나님의 은혜로 해결되지 않는 문제는 없습니다. 얼마나 크고 복잡한 문제이냐가 아니라 과연 하나님의 은혜를 받느냐 못 받느냐가 문제입니다.

그러면 이 하나님의 은혜를 받으려면 어떻게 해야 할까요? 본문 1절을 보면 "하나님이여 내게 은혜를 베푸소서 내게 은혜를 베푸소서"라고 한 뒤에 "내 영혼이 주께로 피하되"라고 했습니다. 이처럼 은혜를 받으려면 주님 앞에 찾아 나와야 합니다. 우리 주변에는 교회에 출석은 하지만 형식적으로 예수를 믿는 사람들이 많습니다. 그러나 인격적으로 주님을 만나고, 예수 앞에 나아와 은혜를 받아야 문제가 해결됩니다.

본문 6절에 "그들이 내 걸음을 막으려고 그물을 준비하였으니 내 영혼이 억울하도다 그들이 내 앞에 웅덩이를 팠으나 자기들이 그중에 빠졌도다"(셀라)라고 했습니다.

여기서 말하는 그들은 사울 왕의 군사들입니다. 바로 그들이 다윗을 잡으려고 했을 때 이에서 벗어나게 한 것은 하나님의 은혜의 손길이었다는 말씀입니다. 위기의 순간에 그 누구도 다윗을 구원할 수 없었지만, 하나님은 다윗을 당신의 은혜의 날개 아래 지켜 주시고 보호해 주시며 살려주신 것입니다.

과연 인생의 끝은 하나님의 시작입니다. 요나를 보십시오. 물고기 뱃속에서 도저히 살아나올 수 없었는데 하나님은 물고기의 입을 열어서 다시 살아나게 하셨습니다. 하나님의 은혜는 이렇게 놀랍습니다.

그러면 하나님은 이 놀라운 은혜를 어떤 사람에게 주십니까? 하나님은 기도하는 사람에게 은혜를 주십니다. 그래서 다윗은 본문 2절에서 "내가 지존하신 하나님께 부르짖음이여"라고 고백하고 있습니다.

다윗의 기도는 첫째로 부르짖는 기도였습니다. "내가 지존하신 하나님께 부르짖음이여 곧 나를 위하여 모든 것을 이루시는 하나님께로다", 힘을 다해 부르짖어 기도했다는 것입니다.

둘째, 감사의 기도를 드렸습니다. 본문 9절을 보면 "감사하오며"라고 했습니다.

셋째, 새벽에 드린 기도였습니다. 8절에 "새벽을 깨우리로다"라고 하였습니다. 선지자 이사야는 이사야서 30장 18절에서 "그러나 여호와께서 기다리시나니 이는 너희에게 은혜를 베풀려 하심이요"라고 했습니다. 이 말씀처럼 하나님은 우리에게 은혜를 주시려고 우리를 기다리고 계십니다. 그리고 그 하나님은 다 이루신다는 것입니다.

본문 2절에 "내가 지존하신 하나님께 부르짖음이여 곧 나를 위하여 모든 것을 이루시는 하나님께로다"라고 했습니다. 하나님께서는 창조 사역과 구원 역사를 다 이루셨습니다. 그러므로 우리의 모든 것도 다 이루시는 하나님이십니다.

### 기도의 힘

삼하 2:1-4 "그 후에 다윗이 여호와께 여쭈어 아뢰되 내가 유다 한 성읍으로 올라가리이까 여호와께서 이르시되 올라가라 다윗이 아뢰되 어디로 가리이까 이르시되 헤브론으로 갈지니라 다윗이 그의 두 아내 이스르엘 여인 아히노암과 갈멜 사람 나발의 아내였던 아비가일을 데리고 그리로 올라갈 때에 또 자기와 함께한 추종자들과 그들의 가족들을 다윗이 다 데리고 올라가서 헤브론 각 성읍에 살게 하니라 유다 사람들이 와서 거기서 다윗에게 기름을 부어 유다 족속의 왕으로 삼았더라 어떤 사람이 다윗에게 말하여 이르되 사울을 장사한 사람은 길르앗 야베스 사람들이니이다 하매."

사도행전 13장 22절 말씀을 보면 "내가 이새의 아들 다윗을 만나니 내 마음에 맞는 사람이라 내 뜻을 다 이루리라 하시더니"라고 했습니다. 이 말씀 속에서 우리는 다윗이 얼마나 하나님의 수준에 걸맞는 격조 높은 신앙인이었는가 하는 사실을 알게 됩니다. 다윗은 과연 훌륭하고 위대한 신앙인이었습니다. 다윗의 위대함은 물맷돌로 골리앗을 죽인 그의 용맹성에 있다기보다, 또 하나님의 성전을 지으려고 전 재산을 드린 헌신에 있다기보다는 그가 기도의 사람이었다는 데 있습니다.

과연 다윗은 기도의 사람이었습니다. 그는 매사에 기도로 난국을 타개해 나갔습니다. 사무엘상 17장 26절과 36절을 보면 두 번씩이나 살아 계신 하나님을 믿는 다윗의 믿음이 기록되어 있습니다. 이렇게 다윗이 살아 계신 하나님을 믿게 된 것은 다른 데 있지 않습니다. 그의 믿음의 기도에 있었습니다.

그가 물맷돌 하나로 골리앗을 대적했던 용기도 기도의 힘에 있었고, 13년 동안이나 자기를 죽이려고 뒤쫓는 사울 왕의 추격 속에서도 절망하지 않고 살아남을 수 있었던 것도 그의 기도의 힘에 있었습니다. 사울을 죽일 절호의 기회가 두 번씩이나 찾아왔는데도 불구하고 자신의 감정을 절제하고 참을 수 있었던 것도 모두 기도의 힘이었습니다.

이렇게 기도는 다윗의 힘이었고 생의 전부였습니다. 다윗은 기도로 자신의 인생을 바꾼 사람이었습니다. 이런 의미에서 볼 때 기도는 하나님과의 단순한 커뮤니케이션 수단이 아닙니다.

히브리인들에게 있어서 기도는 삶의 전부였습니다. 히브리 사람들은 신명기 6장 4-9절에 있는 쉐마의 기도를 드렸습니다.

"이스라엘아 들으라 우리 하나님 여호와는 오직 유일한 여호와이시니 너는 마음을 다하고 뜻을 다하고 힘을 다하여 네 하나님 여호와를 사랑하라."

그들은 이 쉐마 기도를 아침과 저녁으로 드리면서 하루 일과를 시작하고 마무리했습니다. 그러면서 그들의 귀에 들리는 자신의 쉐마 기도 소리를 하나님이 주시는 응답으로 받아들였습니다.

히브리인들은 또 아침에 '솨하리트' 기도를 드리고 오후 시간에는 '민하', 저녁 시간에는 '아르비트'의 기도를 드리고, 안식일에는 '무사프'의 기도를 드리고, 대속죄일에는 하루에 다섯 차례 기도를 드렸습니다. 이렇게 히브리인들은 하루 일과를 기도로 시작해서 기도로 마쳤습니다. 이런 히브리적 기도의 관점에서 볼 때, 다윗은 히브리인 중의 히브리인이었습니다.

과연 다윗은 기도를 통해 하나님과의 영적 관계에 충실했던 사람입니다. 이처럼 기도는 우리로 하여금 하나님과의 친밀한 영적 관계에 이르게 합니다. 기도가 깊어지면 신앙이 깊어지고 기도가 약해지면 신앙이 약해지는 것입니다. 기도하는 사람은 생각하고 말하고 행동하는 것이 신령해지는가 하면, 기도가 없는 사람은 영적으로 건조해지고 말과 생각과 행동이 저속해지고 세속적이 됩니다. 그만큼 기도는 하나님과의 관계를 이어주는 영적 파이프 라인입니다.

다윗은 자신의 모든 문제를 기도로 해결해 나갔습니다. 기도가 과연 무엇입니까? 기도는 하나님께 묻는 것입니다. "하나님! 이것은 무엇인가요?", "왜 이런 일이 제게 생깁니까?", "어떻게 해야 합니까?" 하고 하나님께 묻는 것입니다. 이런 기도의 모범 답안이 바로 다윗의 기도입니다. 우리가 본문 말씀에서 다윗의 기도를 주목하는 이유는 우리 인생의 여러 가지 의문에 대하여 다윗의 기도가 그 답을 주고 있기 때문입니다. 그렇습니다. 기도는 하나님께 묻는 것입니다.

다윗은 길을 물었습니다. 1절을 보면 "그 후에 다윗이 여호와께 여쭈어 아뢰되 내가 유다 한 성읍으로 올라가리이까 여호와께서 이르시되 올라가라 다윗이 아뢰되 어디로 가리이까 이르시되 헤브론으로 갈지니라"고 하였습니다. 사무엘하 5장 19절과 23절을 보면, "다윗이 여호와께 여쭈어 이르되", "다윗이 여호와께 여쭈니"라는 말이 반복적으로 나옵니다. 여기서 '여쭈다'란 말은 히브리어로 '차알'이라는 미완료 시상을 사용하고 있습니다. 그만큼 다윗은 하나님께 묻고 또 물었습니다.

기도를 통한 이 물음은 단순한 물음이 아니었습니다. 물질적인 것에서부터 영적인 것에 이르는 모든 문제를 하나님께 묻는 질문이었습니다. 이 물음은 자신의 궁금증을 풀기 위한 단순한 물음이 아니라, 하나님이 뜻을 알려 주시면 그 뜻에 따라 살겠으니 알려 달라는 신적 질문이었습니다.

그렇습니다. 기도는 길을 묻는 것입니다. "내가 유다의 한 성읍으로 올라가리이까?", "내가 어디로 가리이까?" 이렇게 다윗은 하나님께 물었습니다. 자신이 어디로 가야 하는지를 알기 위해 기도로 길을 물었습니다.

그때는 자신의 숙적 사울이 길보아 산 전투에서 죽으면서 모든 상황이 다윗에게 유리하게 전개되고 있었습니다. 그러므로 블레셋 망명 생활을 청산하고 이스라엘의 수도 예루살렘으로 올라가기만 하면 이스라엘의 왕이 될 수 있는 절호의 기회가 찾아온 것입니다. 아무도 그의 뜻을 가로막을 자가 없었고, 아무도 그를 해칠 자가 없었습니다.

그러나 다윗은 길이 열렸다고 선뜻 나서지 않았습니다. 도리어 자신이 걸어가야 할 길이 어디에 있는지, 자신에게 열린 길이 과연 하나님께서 열어 주신 길인지를 물었습니다.

우리는 왜 하나님께 기도로 인생길을 물으며 살아야 할까요? 성경은 이렇게 말하고 있습니다.

> 잠 16:1 "마음의 경영은 사람에게 있어도 말의 응답은 여호와께로부터 나오느니라."

> 잠 16:9 "사람이 마음으로 자기의 길을 계획할지라도 그의 걸음을 인도하시는 이는 여호와시니라."

모든 인생길이 사람들의 뜻대로 열리지 않습니다. 하나님께서 정하신 대로 열리는 것입니다. 그래서 우리는 기도로 하나님의 뜻을 물어야 합니다. 우리 주변에는 길이 열렸다고 선뜻 나서는 사람들이 있습니다. 모든 것이 자기 생각대로 되어 간다고 좌우도 살피지 않고 나서는 사람들이 있습니다. 이것은 대단한 실수입니다.

요한계시록 3장 7-8절에 "빌라델비아 교회의 사자에게 편지하라

거룩하고 진실하사 다윗의 열쇠를 가지신 이 곧 열면 닫을 사람이 없고 닫으면 열 사람이 없는 그가 이르시되 볼지어다 내가 네 앞에 열린 문을 두었으되 능히 닫을 사람이 없으리라"고 하신 말씀처럼 우리의 인생길을 열고 닫는 분은 하나님이십니다.

하나님이 길을 여시면 우리 인생길이 열리고 하나님이 길을 막으시면 어떤 수단과 방법을 써도 열리지 않습니다. 그래서 솔로몬은 잠언 16장 9절에 "사람이 마음으로 자기의 길을 계획할지라도 그의 걸음을 인도하시는 이는 여호와시니라"고 한 것입니다.

우리는 매사에 하나님께 길을 물으며 살아야 합니다. 길이 열린 것처럼 보여도 선뜻 나서지 말아야 합니다. 왜냐하면 길이 열린 것처럼 보여도 열린 것이 아니기 때문입니다. 그래서 우리는 다윗처럼 하나님께 길을 물어야 합니다.

복음성가 중에 "인생길 험하고 마음 지쳐"라는 곡이 있습니다. 다윗은 숙적 사울이 죽었기 때문에 자신이 마음만 먹으면 이스라엘의 왕이 될 수 있는 환경이 찾아왔습니다. 그래도 선뜻 나서지 않고 자신이 블레셋을 떠나 유다 땅으로 들어가는 것이 하나님 뜻인지, 간다면 어디로 가야 할지를 하나님께 묻고 또 물었습니다.

그리고 그는 기도 중에 주어진 응답에 대하여 아무런 이의도 제기하지 않습니다. 예루살렘으로 가고 싶은 자기 생각과 달리 하나님께서 예루살렘 남쪽 40km에 위치한 소도시 헤브론으로 가라고 하셨을 때, 불평 한 마디 없이 하나님께서 가라고 하시는 대로 순종하면서 갔습니다. 왜냐하면 헤브론으로 가는 길이 하나님께서 열어 놓으신 가장 합당한 길이라고 믿었기 때문입니다.

헤브론은 인생의 한지처럼 보였습니다. 그러나 헤브론은 다윗에게 있어서 인생의 한지가 아니었습니다. 유다 지파가 살고 있던 군사적 요충지인 헤브론은 다윗이 장차 이스라엘 왕이 되도록 그를 도울 모든 것이 다 갖추어져 있는 철옹성이었기 때문에 하나님은 다윗에게 헤브론으로 가라고 하신 것입니다. 하나님은 나보다 나를 더 잘 아십니다. 우리는 여기서 기도 없이 열린 길은 열린 것이 아니며, 매사에 기도로 길을 물어야 한다는 사실을 알게 됩니다.

다윗은 하나님께 길만 물은 것이 아니었습니다. 다윗은 기도로 자신이 해야 할 일도 물었습니다. 다윗은 헤브론에 정착한 지 7년 6개월 만에 이스라엘 장로들에 의해서 온 이스라엘의 왕으로 추대되었습니다. 원수 다윗이 이스라엘의 왕이 되었다는 소식에 수많은 블레셋 군사들이 르비딤 골짜기에 몰려들어 진을 쳤습니다. 이스라엘은 또다시 위기에 봉착하게 되었습니다.

사무엘하 5장 19절을 보면 위기에 봉착한 다윗이 하나님께 이렇게 간구하고 있습니다.

"다윗이 여호와께 여쭈어 이르되 내가 블레셋 사람에게로 올라가리이까 여호와께서 그들을 내 손에 넘기시겠나이까 하니 여호와께서 다윗에게 말씀하시되 올라가라 내가 반드시 블레셋 사람을 네 손에 넘기리라 하신지라."

그리하여 다윗은 하나님의 말씀대로 블레셋을 쳐서 대승을 거두게 됩니다. 그런데 블레셋 사람들이 다시 올라와 르바임 골짜기에 진을 쳤습니다. 사력을 다하여 이스라엘과 전쟁하려는 블레셋 군사들을 바라보면서 다윗은 또다시 하나님께 자신이 어떻게 해야 할지를 묻습니다.

> 삼하 5:23-25 "다윗이 여호와께 여쭈니 이르시되 올라가지 말고 그들 뒤로 돌아서 뽕나무 수풀 맞은편에서 그들을 기습하되 뽕나무 꼭대기에서 걸음 걷는 소리가 들리거든 곧 공격하라 그때에 여호와가 너보다 앞서 나아가서 블레셋 군대를 치리라 하신지라 이에 다윗이 여호와의 명령대로 행하여 블레셋 사람을 쳐서 게바에서 게셀까지 이르니라."

이렇게 다윗은 하나님께 기도로 자신의 할 일을 묻고 하나님의 응답에 따라 행동했습니다. 다윗은 단 한 번도 자의대로 행동하지 않았습니다. 항상 자신이 무엇을 해야 하는지 기도로 하나님께 물었고, 하나님의 응답에 따라 행동했습니다.

자의로 사는 것은 현명한 일이 아닙니다. 기도 없이 말하고 행동하는 것은 멸망을 자초하는 것입니다. 참 성도라면 기도로 자기의 길을 하나님께 물어야 합니다. 또 자신의 할 일을 물어야 합니다. "하나님, 어디로 가야 합니까? 무엇을 해야 합니까?"

하나님은 성도의 기도를 외면하지 않으십니다. 다윗이 기도로 길을 묻고 기도로 할 일을 물은 것은 결코 우연한 행동이 아니었습니다. 그것은 그가 과거에 체험했던 기도 응답 받은 은혜의 체험 때문이었습니다.

과거에도 다윗은 기도로 간구했습니다. 블레셋 사람들이 그일라를 침공하여 타작마당에서 수확물을 탈취해 갔을 때에도, 6백 명의 자신의 부하들이 블레셋과의 전쟁을 만류할 때에도, 사울 왕이 그일라를 침공하여 다윗을 에워싸려는 위기 속에서도, 그일라 사람들의 배신을 목전에 두고서도 기도했습니다. 다윗은 자신의 생각과 힘으로 얼마든지 할 수 있었음에도 항상 하나님께 기도로 물으면서 살았습니다.

중국 선교사 허드슨 테일러는 "연주자가 음악회가 시작되기 전에 악기를 조율하듯이 나도 아침에 일어나면 하나님의 뜻에 나를 맞추는 일부터 한다"라고 했습니다.

미국의 명배우 토머스 에드워드 머독은 한밤중에 "하나님, 이 나라가 바른길로 갈 수 있도록 지켜 주소서" 하고 무릎을 꿇고 간절히 기도하는 링컨 대통령의 모습을 보고 남북전쟁에서 링컨의 북군이 승리할 것을 알았다고 했습니다.

남북전쟁에서 링컨의 북군이 연전연패를 할 때 북군이 "하나님 아버지! 우리 편이 되셔서 남군을 물리쳐 주옵소서"라고 기도하자 링컨은 그들에게 "하나님이 북군 편에 서서 승리하게 해 달라고 기도하지 말고, 북군이 하나님 편에 서게 해 달라고 기도하라"고 말했습니다.

하나님은 우리의 기도를 듣고 결코 지루해하시지 않습니다. 우리는 막힌 길을 열어 달라고 기도해야 합니다. 예수님께서 우리에게 기도에 대해 가르쳐 주신 바가 있습니다.

> 마 7:7-8 "구하라 그리하면 너희에게 주실 것이요 찾으라 그리하면 찾아낼 것이요 문을 두드리라 그리하면 너희에게 열릴 것이니 구하는 이마다 받을 것이요 찾는 이는 찾아 낼 것이요 두드리는 이에게는 열릴 것이니라."

기도를 들으시는 하나님은 우리가 구하기 전에 우리에게 있어야 할 것을 아십니다.

그러면 어떤 자세로 기도해야 할까요? 마태복음 6장 6절을 보면 "너는 기도할 때에 네 골방에 들어가 문을 닫고 은밀한 중에 계신 네 아버지께 기도하라 은밀한 중에 보시는 네 아버지께서 갚으시리라"고 하였습니다. 이 말씀은 긴밀한 관계 속에서 이루어지는 직관적 인식을 뜻합니다. 하나님은 간구자의 삶에 깊이 개입하셔서 그 필요를 익히 아신다는 뜻입니다. 기도는 하나님의 뜻을 따르는 것이고 하나님 편에 서게 하는 것으로, 그 이후는 하나님께서 가장 좋으신 것으로 채워주시고 선하게 역사하십니다.

● 나의 목회 현장에서 발견한 한 줄 목회보감 8
말씀이 있는 곳에 하나님의 창조와 부흥이 있다.

**part 3**

## 한국교회를 향한 원로의 제언

:

# 한국교회의 역할은 그 어느 때보다 막중하다

# 9장

# 뉴노멀 시대, 본질로 돌아가야 한다

### 오로지 기도와 말씀 사역에 힘쓰다

- 이양우 목사: 길 목사님께서 현역으로 사역할 당시 왕성교회의 '부흥 성장'을 위해 특별히 집중하셨던 중요한 몇 가지 역점 사역을 구체적으로 말씀해 주십시오.
- 길자연 목사: 1973년 2월말 총신대학교 신학대학원을 졸업하고 부임한 왕성교회는 성도들이 다 흩어지고 40여 명 남은 병든 교회였습니다. 목회자의 사례도, 성미도, 사택도 주지 않았습니다. 게다가 사찰이 교회와 붙어 있었는데, 그 절간에서는 매일 밤 교회가 망하도록 목탁을 두드리고 있었습니다.

  왕성교회가 첫 부임지였던 저는 가만히 있을 수 없었습니다. 부임 첫날 저녁부터 밤을 새워 절간이 무너지게 해달라고, 교회가 부흥하게 해달라고 간절하고 뜨겁게 기도했습니다. 이렇게 철야기도를 시작한 지 6년 2개월 만에 그렇게 괴롭히던 절간은 무너지고, 그 자리에 지금의 교회를 세워 큰 부흥의 기틀을 마련할 수 있게 되었습니다.

왕성교회의 성장 비결은 기도였습니다. 교회 안에 다양한 기도 프로그램을 만들었습니다. 절간이 무너지기까지 매일 밤 철야기도, 5인조 릴레이 금식기도, 목회자를 위한 중보기도, 금요철야 기도, 릴레이 조별 기도 등을 40년 동안 날마다 계속함으로써 오늘날 왕성교회 부흥의 단초가 되었고, 이때 시작했던 기도운동은 리더십이 교체된 지금까지 계속하고 있습니다.

- 이 목사: 길 목사님께서 현역으로 사역할 당시 왕성교회의 '건강성'을 유지하기 위해 특별히 집중하셨던 중요한 몇 가지 역점 사역을 구체적으로 말씀해 주십시오.
- 길 목사: 왕성교회가 지금의 교회가 될 수 있었던 것은 오로지 기도와 말씀이었습니다. "우리는 오로지 기도하는 일과 말씀 사역에 힘쓰리라"는 사도행전 6장 4절의 말씀처럼 교회가 부흥 발전할 수 있었던 것은 '기도와 말씀운동'의 덕이었습니다. 제자 훈련과 찬양 사역과 대형교회 따라하기 식 목회가 요원의 불길처럼 번지고 있을 당시, 우리 왕성교회는 이에 휩쓸리지 않고 세 가지 영적 사역에 목회의 역량을 집중하였습니다.

첫째는 전교인 기도운동입니다. 앞서 말했듯이 온 교회의 역량을 기도운동에 집중했습니다. 그 결과 지금도 계속되는 기도운동으로 교회는 건강하게 부흥 성장하고 있습니다.

둘째는 말씀운동입니다. 저의 50년 시무기간 동안 주일 낮 예배 시간에는 강해설교를, 주일 오후 찬양예배는 시리즈 강해설교를 했고, 매년 여름과 겨울에는 각각 2회에 걸친 2박 3일간의 전교인 산상성경공부와 매년 6회의 부흥회, 그리고 매년 전교인 성경쓰기운동은 교회 부흥의 기초였습니다.

셋째는 태신자 전도운동입니다. 1989년 기도 중에 개발하여 매년 진행하고 있습니다. 이 운동들이 교회의 양적, 질적 성장의 기초가 되고 있습니다.

― 이 목사: 1990년대부터 시작된 한국교회의 정체와 마이너스 성장의 중요한 요인 몇 가지를 구체적으로 말씀해 주십시오.

― 길 목사: 저는 목회자들이 목회의 본질에서 벗어났기 때문에 지금의 문제가 생겼다고 생각합니다.

첫째는 대형교회 흉내내기 식 목회입니다. 목회의 본질은 말씀과 기도인데도 외형적으로 성장한 교회들의 목회 방법만을 따라하는 흉내내기 식 목회로 일관하는 데 그 원인이 있다고 봅니다.

둘째는 물량주의와 교권주의입니다. 목회자들이 영적 생활과 경건생활에 집중해야 함에도 불구하고 경건 생활보다는 대교회주의, 물량주의, 교권주의에 매달려 영적 생활과 경건생활에서 멀어진 것이 그 원인이라 생각합니다.

셋째는 신학교육의 부재에 있다고 사료됩니다. 신학교들이 장래의 목회자 양성에 힘을 기울이기보다는 신학적 이론 교육에만 치중함으로써 목회자들이 목회 현장에 대한 준비 없이 목회 현장에 뛰어들어 지금의 결과가 나타났다고 봅니다.

– 이 목사: 오늘의 한국교회가 긴급하게 회개할 중요한 몇 가지 이슈를 구체적으로 말씀해 주십시오.
– 길 목사: 오늘의 한국교회가 안고 있는 모든 문제는 목회자들의 몫입니다. 그러므로 우리 목회자들은 오늘날 일그러진 한국교회의 자화상이 목회자 자신의 허물과 죄에서 비롯된 것임을 알고 철저히 회개해야 합니다.
첫째는 우리 목회자들 자신이 경건생활과 올바른 윤리생활에서 일탈하고 말씀과 기도생활에 집중하지 못한 죄를 회개해야 합니다.
둘째는 교회의 물량주의 목회를 회개해야 합니다.
셋째는 교회의 외형화와 세속주의 목회에 대한 목회자 자신의 책임을 통감하고 회개해야 합니다.

– 이 목사: GNP 3만 불 시대를 맞이한 한국교회가 새로운 부흥 성장을 위해 집중해야 할 중요한 몇 가지 사역을 말씀해 주십시오.
– 길 목사: 풍요가 곧 삶의 만족은 아닙니다. 풍요 속에서도 마음에 공허함이 있습니다. 그러나 교회 부흥의 길은 있

습니다. 그것은 사람의 마음속 공허함을 복음으로 채워주는 것입니다. 이를 위해서는 목회의 본질이 먼저 회복되어야 합니다.

첫째는 목회자들의 경건성이 회복되어야 합니다.

둘째는 말씀과 기도로 받은 은혜를 성도들에게 전해야 합니다.

셋째는 목회방법의 패턴을 바꾸어야 합니다. 목회의 본질인 말씀과 기도 목회를 기반으로 고령화 시대에 맞는 노인 복지 목회와 어린이 및 청소년에 대한 맞춤별 프로그램을 개발해야 합니다.

넷째는 도시교회와 농어촌교회와의 목회 연대를 통하여 농어촌교회의 회복을 도와야 합니다.

- 이 목사: 포스트모더니즘 시대를 극복하기 위한 예수 복음의 유일성을 어떻게 이 시대의 사람들에게 적용할 것인지 그 대안을 말씀해 주십시오.
- 길 목사: 엘리야 선지자가 갈멜산상에서 바알 선지자들과의 대결을 통해 불로 응답하시는 하나님을 증거했을 때, 이스라엘 백성들은 유일하신 하나님이 참 하나님임을 깨달았습니다. 우리도 이처럼 엘리야의 심정으로 목회를 해야 합니다.

목회는 만인을 대상으로 하지만 세상 만인이 다 구원의 백성은 아닙니다. 우리는 세상 속에 있는 하나님의 택한 백성, 곧 구원받기로 예정된 백성들을 구원의 자리로 인도하기 위하여 예수 사랑의 정신으로 그들을 대해야 하며 그들의 구령을 위하여 진력해야겠습니다.

- 이 목사: 오늘의 한국교회가 대한민국 사회와 대한민국 국민들에게 새로운 희망이 되기 위해 집중해야 할 몇 가지 이미지 관리 지침을 말씀해 주십시오.
- 길 목사: 물량주의와 세속화로 인해 실추되었던 교회의 이미지를 회복하고 다시금 부흥 발전하기 위해서는 목회의 본질로 돌아가야 합니다.

 첫째는 적극적인 '사랑의 실천목회 프로그램'을 개발, 실행함으로써 교회의 진정성을 세상에 알려야 합니다.

 둘째는 '말씀과 기도 프로그램'을 개발, 적용하여 성도들의 영성을 강화함으로써 강한 하나님의 군대로서의 교회의 면모를 일신해 나가야 합니다.

 셋째는 '세대별 목회 프로그램'을 개발, 실행함으로써 누구나 교회로 나와 정착할 수 있도록 도와야 합니다.

 넷째는 '교단을 초월하여 공통적 목회 프로그램'을 개발, 적용함으로 교회의 역량을 일신해 나가야 합니다. 그리하여 세상이 교회를 걱정하는 현 상황이 일신되어 교회가 세상을 걱정하며 복음전도로 세상과 거리감을 좁혀 나가야 합니다.

- 이 목사: 21세기 한국교회가 위기에 처한 대한민국을 구원할 하나님께서 찾고 계신 '의인 10명'이 되기 위한 중요한 영

적 전략을 말씀해 주십시오.

- 길 목사: 오늘날 많은 한국 사람들은 최근에 일어나고 있는 한반도와 동북아의 정세를 바라보면서 남과 북의 정세에 따라 남북의 통일이 곧 문 앞에 다다른 것처럼 생각하기도 합니다. 그리고 남북관계가 소원해지면 통일에 대한 열망도 식어지곤 하는 분위기가 지금까지 반복되어 왔습니다. 그러나 통일은 하나님의 손에 달려 있습니다.

첫째는 우리 한국교회가 시대적, 민족적 소명의식을 가져야 합니다. 먼저 우리는 한국사회와 교회의 죄와 불의에 대해 심각한 문제의식을 갖고 영적인 각성과 회개의 기도가 선행되어야 한다고 봅니다.

둘째는 아브라함이 소돔성의 심판을 막기 위해 처절하게 기도했던 것같이 나라와 민족과 교회를 위한 10명의 기도 용사가 되어야 합니다. 소돔성은 10명의 의인이 없었기에 심판을 피할 수 없었습니다.

셋째는 생명력 있는 말씀의 선포를 쉬지 말아야 합니다. 아직도 이 한반도를 향한 주 하나님의 섭리의 손길을 깨닫지 못한 자들을 말씀으로 깨워 바른 길을 알려 주어야 합니다.

- 이 목사: 목사님께서 목회 현장에서 경험하고 깨달은 개척교회 자립 전략을 말씀해 주십시오.
- 길 목사: 지금 농어촌교회는 주일학교가 없어진 지 오래되었습니다. 그뿐만 아니라 청년들은 모두 도시로 떠나고, 소

수의 노인들만 교회를 지키는 교회의 공동화 현상이 심화된 상태 속에서 교회는 고사상태에 이르렀습니다. 반면에 도시 또는 위성도시의 개발로 인해 개척교회들이 많이 생겨나고 있습니다. 그러나 이 역시 수평이동이 대부분이고 명멸하는 별들처럼 있던 교회가 없어지는 경우가 다반사입니다.

현재의 개척교회는 두 가지 유형이 있습니다. 어려운 여건 속에서 목회자 자신이 개척하는 경우와 대형교회들의 도시 신도시 진출로 인해 생긴 교회입니다. 전자의 경우 대개 장년 출석이 50-70명 정도면 자립이 가능한 바, 이를 위해 총회 차원의 지원책이 필요합니다. 후자인 대형교회의 개척교회는 설립 후 부목사의 파송, 그리고 개척교회의 부흥을 위한 말씀과 기도운동을 통한 영성 함양이 뒷받침되어야 합니다.

- **이 목사**: 북한선교와 한국교회의 새로운 부흥 성장 및 한국 경제의 재도약의 돌파구는 '남북통일'이라고 생각되는데, 남북통일을 위해 한국교회가 집중해야 할 중요한 사역에 대하여 구체적으로 말씀해 주십시오.
- **길 목사**: 해방 후 70여 년 동안 남북이 서로 분단된 상황 속에서 북한 동포들은 우리와 같은 민족이라고는 하나 전혀 다른 문화와 언어, 전제적 정치 성향 속에서 살아왔기 때문에 어찌 보면 해외선교에 못지않은 많은 난관이 있을 것으로 예측됩니다. 그러므로 한국교회는 북한선교와 북

한교회 재건을 위해 다음과 같은 전략이 필요하다고 사료됩니다.

첫째는 범교단적인 북한선교 재건과 선교전략이 필요합니다.

둘째는 교단별 또는 교회별 북한교회 설립 로드맵과 파송 목회자를 선별하고 훈련해야 합니다.

셋째는 한국 초대교회 시절 선교사들이 사용했던 네비우스 전도방법의 재연을 통한 북한교회의 부흥을 도모해야 합니다.

넷째는 교단 또는 교회들의 북한교회 설립 또는 재건을 위한 지원을 마련해야 합니다.

다섯째는 이를 위해 교회의 관심을 고조시키면서 북한교회 재건을 위한 집중적인 기도가 필요합니다.

- 이 목사: 한국교회의 '세계선교 전략과 실천'에 있어서 긴급하게 개선되어야 할 중요한 몇 가지를 말씀해 주십시오.
- 길 목사: 주님은 우리에게 "너희는 가서 모든 민족을 제자로 삼아 아버지와 아들과 성령의 이름으로 세례를 베풀고 내가 너희에게 분부한 모든 것을 가르쳐 지키게 하라"(마 28:19-20)고 명령하셨습니다. 그러나 문제는 주님의 선교 지상명령이 오늘날 정말로 효과적으로 되어가고 있는지 의문입니다. 이런 우려를 불식시키고 개선하기 위하여 다음과 같은 선교적 노력이 필요합니다.

첫째, 선교사들의 사명감을 고취시킬 것, 둘째, 선교사들의 도시집중화를 막고 분산시킬 것, 셋째, 철저한 현지 언어 교육을 실행하도록 할 것, 넷째, 후원교회의 지속적인 지원, 다섯째, 선교 현지의 철저한 자산관리입니다.

- 이 목사: 길 목사님께서 기도하며 생각하시던 중에 섬광처럼 떠오르는 한국교회의 새로운 부흥 성장을 위한 X-파일과 같은 아이디어가 있다면 구체적으로 말씀해 주십시오.
- 길 목사: 목회는 하나님의 사역입니다. 하나님은 당신이 쓰시는 목회자를 통하여 구령사역을 이루어 가십니다. 그러므로 우리 목회자에게는 내 교회, 내 양은 없고, 오로지 주님의 교회, 주님의 양만이 있을 뿐입니다. 오늘날 교회들 속에 일어나고 있는 시험과 목회의 사고 원인은 거의 대부분 목회자들에게 있습니다. 교회의 부흥과 성장을 원한다면 목회자들이 정도에서 벗어나지 않아야 합니다. 목회의 정도는 오직 보혜사 성령 안에서 말씀과 기도입니다.

※자료 출처: 〈월간목회〉 2018년 7월호 게재, 이양우 목사와의 인터뷰

## 골방을 찾아가는 설교자의 삶을 살아오다

### Q. 설교란 무엇이라고 생각하십니까?

개인적으로 설교는 증언과 선포라고 생각합니다. 증언은 하나님을 말하는 것입니다. 왜냐하면 하나님 자신이 말씀이기 때문입니다. 설교는 하나님이 설교자에게 주신 모든 것을 증언하는 것입니다. 또한

설교는 선포입니다. 성경을 단순히 해석해서 전달하는 일이 아닙니다. 성령의 감동 속에서 목회자를 통해 들려주시는 하나님의 말씀을 전하는 것입니다. 증언과 선포는 중요합니다. 어느 것 하나 소홀히 여길 수 없습니다.

결국 설교는 목회자의 이야기가 아닙니다. 불안전한 죄인 인간을 불러 목회자로 삼아 완전한 하나님의 말씀을 이 시대에 증언하고 선포하는 것이 설교라고 할 수 있습니다.

### Q. 목사님의 설교의 특징과 장점은 무엇입니까?

저는 설교를 즐깁니다. 준비할 때부터 선포하는 순간까지 즐깁니다. 설교를 선포한 후, 성도들이 감동하여 삶 가운데 적용하려고 노력하는 모습을 볼 때 감격하며 그 순간을 즐깁니다. 이렇게 즐기는 이유는 단순합니다. 하나님의 말씀이기 때문입니다. 부족한 제가 하나님께서 주신 그 시대를 파악해서 설교할 수 있도록 은혜 주신 것에 감사드릴 뿐입니다.

저의 설교의 특징은 설교학을 전문적으로 연구하지 않았기 때문에 구체적으로 말하기는 어렵습니다. 다만, 바른 설교를 하기 위해 지난 40여 년간 많은 고민과 노력을 기울였습니다. 설교의 대가라고 알려진 곽선희, 박조준 목사님의 설교를 많이 들었습니다. 이렇게 들으면서 내린 결론이 있습니다. 설교는 하나님께서 설교자 자신에게 주신 고유 방식으로 증거해야 한다는 것입니다.

타인의 설교 스타일을 모방하는 것은 설교자 자신의 기질과 다르기 때문에 큰 영향력을 발휘할 수 없다는 것을 발견하였습니다. 그 이후 저는 성경을 열심히 읽었습니다. 신구약이 하나의 도안으로 보이고 꿰뚫어지도록 읽었습니다. 그 결과 하나님께서 저에게 남들이 보지 못하는 것을 볼 수 있는 눈을 열어 주셨습니다.

또한 전체적인 안목으로 성경을 보게 되었을 뿐 아니라 수천 년 전, 히브리적 사고로 표현하면 남들이 일반적으로 표현하는 것이 아닌 독특한 변론적 표현법을 사용할 수 있기 때문에 이것이 제 설교의 장점이라고 할 수 있습니다.

더불어 저는 신본주의 설교에 주력하고 있습니다. 예를 들어 아브라함의 믿음을 강조하는 것이 아니고 불의한 죄인이었던 그를 세우신 하나님을 강조합니다. 아브라함에게 믿음을 주신 분인 하나님을 소개합니다. 이렇게 하나님께서 주인공이 되는 신본주의적 관점에서 성경을 볼 수 있도록 설교를 합니다.

**Q. 설교의 주제와 관심은 어디에 두고 계십니까?**

주제와 관심이 있기보다는 일용할 양식인 성경을 읽으면서 세 가지 기도를 합니다.

첫째로 "내 눈을 열어서 주의 율법에서 놀라운 것을 보게 하소서" (시 119:18), 둘째는 "옛것과 새것을 내어다 주는 이 시대의 서기관이 되게 하여 주시옵소서"라고 기도하는데, 옛것은 구약성경이고 새것은 신약성경을 말합니다. 곧 신구약성경을 자유롭게 설교할 수 있는 설교자가 되게 해달라고 기도하는 것입니다.

셋째는 설교가 선포될 때 변화되는 능력의 역사가 일어나도록 기도

합니다. 하나님 나라는 말에 있지 않고 능력에 있기 때문입니다. 병도 치료받고 마음의 상처도 낫고 인생의 방황도 멈추고 구원의 확신도 있는 메시지가 되게 해달라고 기도합니다.

**Q. 설교 준비는 어떻게 하시는지 말씀해 주십시오.**

저는 설교를 주로 골방에서 준비합니다. 골방에서 성경을 읽고 묵상하고 그 말씀을 음미합니다. 그렇게 하면서 주신 말씀의 테마를 발견하고 차곡차곡 쌓아 갑니다. 그런 것이 수백 편이 됩니다.

주일날 말씀을 선포한 후, 월요일에 주신 말씀들을 정리하면서 기도합니다. 주신 수백 편의 말씀 중에서 다음 주 예배에 주께서 하실 말씀을 선택해 달라고 간구합니다. 주님이 선택자이고 저는 선포자일 뿐입니다. 그렇게 해서 말씀이 두세 편 정도 나옵니다. 그리고 가장 감동되는 것을 가지고 설교를 준비합니다.

저는 설교하기 위한 설교 준비를 하지 않습니다. 제가 살기 위해 성경을 보는 것입니다. 때마다 말씀을 통해 감동이 올 때 적어 놓은 메모를 월요일에 보면서 그때 주신 영감을 가지고 설교를 준비하는 거죠. 사실 저는 다른 목회자들의 설교 준비량에 4분의 1도 안 됩니다. 그럼에도 불구하고 매 시간 설교가 나오는 이유는 어려서부터 독서로 인해 길러진 표현 능력 때문이라고 생각합니다. 어렸을 때에 앓았던 귓병이 저에게는 책을 가까이 하는 계기가 되었습니다. 수업을 잘 듣지 못해 학교 도서관에서 책을 읽으면서 지식을 쌓았던 것이 설교자인 지금의 저를 만든 것입니다.

또한 저는 성경을 상당히 많이 읽었습니다. 4년간 신학공부를 하면서 집에서 한 번도 누워서 자 본 적이 없습니다. 저는 학교 수업과 한의원 일을 함께 했습니다. 오후 5시에 학교에서 돌아오면 오후 6시부터 11시까지 병원 진료를 하고, 11시부터 12시 반까지 교회에 가서 기도를 했습니다. 그리고 집에 와서 라면을 끓여 먹고 새벽 1시부터 3시 반까지 성경을 읽었습니다. 새벽기도 이후에 길을 가면서도 성경을 읽었습니다. 방학 동안에는 양평군 골짜기에 있는 산에 가서 한 달 동안 오전 6시부터 오후 6시까지 12시간을 읽었습니다. 이렇게 1년에 두 번씩 성경을 읽었습니다. 거의 이런 식으로 20년을 했습니다. 그러니 조금씩 성경을 관통하게 되더군요.

설교에 있어 가장 중요한 것은 기도와 함께 가는 것입니다. 설교와 기도는 동질적인 관계입니다. 기도를 하지 않으면 마른 설교가 되는 것입니다. 기도해서 영적인 사람으로 변하면 아무리 바빠도 영적인 설교가 됩니다. 마땅히 설교자는 하나님과 교감하는 영성을 유지하는 것이 중요합니다.

**Q. 평소 목사님의 설교 취약점은 무엇이며 극복을 위해 어떤 노력을 하십니까?**

한마디로 말하자면 설교가 깁니다. 혹자는 저의 설교를 듣고 설교 한 편에 세 편의 설교가 들어 있다고 말합니다. 교역자나 평신도 입장에서는 길다고 합니다. 하지만 대외적인 곳에서는 정해진 시간만 설교를 합니다. 개인적으로 저는 그렇게 설교가 길다고 생각하지 않습니다. 우리 교회를 대상으로 하는 설교가 긴 이유는 아낌없이 전하고 싶기 때문입니다.

사실 타락한 인간이 예수의 보혈로 구속함을 받았다고 해도 원죄를 가지고 있기 때문에 죄 없으신 하나님의 말씀을 인간의 언어로 표현하기가 어렵습니다. 그렇기 때문에 기록된 성경 본문을 그 시대의 언어로 표현하기 위해 길어질 수밖에 없다고 봅니다. 타락한 제가 완전하신 말씀을 충분히 전달할 수 있는 능력이 약하기 때문에 길어지는 것입니다. 또한 저는 본문을 통해 문제 해결을 하려는, 의사로 말하면 진찰과 처방을 하고 투약까지 하려는 욕심이 있어 길어지기도 합니다.

긴 설교를 극복하기 위해서 원고 설교를 합니다. 제가 부흥사 출신이기 때문에 원고 설교를 하지 않으면 많이 길어집니다. 지금도 어떻게 하면 효과적으로 단시간에 말씀을 전할 수 있을지 고민하고 있습니다. 어쩌면 설교자의 영원한 고민일 것입니다.

**Q. 목사님의 설교의 발전을 위한 앞으로의 구상을 말씀해 주십시오.**

제가 지금 설교를 준비하면서 가장 부딪히는 문제는 언어입니다. 쉽게 말하면 히브리어와 헬라어의 어원에 대한 고민을 가장 많이 합니다. 예를 들어서 '사랑'이란 단어가 왜 생겼는지에 대해 연구를 하기 위해 노력합니다. 헬라어는 사랑에 대해 네 가지 단어로 표현합니다. 이것을 통해 일반적으로 사랑이 네 가지로 분리된다는 것을 누구나 이해할 수 있습니다. 그러나 왜 그 단어로 표현되었는지에 대한 해답은 그 옛날 3천, 4천 년 전의 시대에서 이해할 수 있습니다. 그 단어의 본래적 의미를 파악하는 것은 어려운 것입니다.

단어의 어원까지 올라가는 것은 제가 신학자가 아니기 때문에 언어학자들의 도움을 가끔 받습니다. 그런 도움을 받지 않을 만큼 실력을 가지려면 지금은 너무 늦은 것 같습니다. 이런 본래의 원어의 의미를 찾는 것은 숙제로 남아 있습니다.

목회자라면 하나님이 주신 말씀을 하나님의 입장에서 성도들에게 전달하고자 하는 욕심이 있지 않습니까. 제가 가장 하고 싶은 것은 3천, 4천 년 전 신구약의 말씀을 주실 때에 하나님의 마음을 정확하게 히브리적 사고로 설교하는 것입니다. 지금도 이 부분을 극복하고 싶은 마음이 있습니다.

**Q. 오늘날 한국교회 설교강단의 장점과 단점은 무엇이라고 보십니까?**

지난 10여 년 전부터 한국교회의 강단이 많이 변화되었습니다. 원로목회자들이 자리에서 물러나고 젊은 세대가 강단의 주인공으로 등장하는 시대가 진행되고 있습니다. 강단이 젊어지고 있는 것이죠. 힘이 넘치고 화려해졌습니다. 덕분에 저같이 나이 많은 목회자들은 강단에 설 기회가 줄어들고 있습니다. 방송설교를 보면 젊은 목회자들이 대부분 포진하고 있는 것이 최근의 실정입니다. 그리고 대부분 젊은 세대에게 포커스가 맞추어져 있습니다.

그러나 오래된 경륜은 무시하지 못합니다. 신세대의 설교는 아무래도 젊기 때문에 역동적입니다. 그런데 깊이가 약합니다. 결과적으로 준비되지 못한 설교자가 너무 많아졌습니다. 톨스토이는 "준비된 자는 세상이 기다린다"라고 말했습니다. 설교자도 마찬가지입니다.

준비 없이 대중 앞에 서면 몇 년을 못 버티고 무너지게 됩니다. 불행을 자처하지 않도록 많은 준비를 해야 할 것 같습니다.

**Q. 한국교회 설교의 문제점은 무엇이며, 극복 방법은 무엇입니까?**

한국교회 설교의 문제점은 성경 본문에 충실하지 않다는 데 있습니다. 또한 원문 성경에도 충실하지 않습니다. 설교를 하기 전에 하나님께서 신구약 성경을 통해 말씀하고자 하시는 본문 뜻을 정확히 파악해서 전달하려는 노력과 능력을 길러야 합니다.

계속 적용하는 말씀으로만 받아 현시대의 입장에서 설교를 하다 보니까 원래의 뜻과 다른 엉뚱한 설교가 나오게 됩니다. 우리 시대의 목회자들은 성경 말씀을 주신 그 당시의 본 의미를 먼저 파악하는 것이 중요합니다. 그다음으로 말씀을 받아서 내 생활에 변화가 일어나는 체험을 해야 합니다. 그리고 깨달은 말씀과 그 본래의 말씀을 이 시대에 적용하도록 하는 세 가지 노력이 있어야 합니다. 그것을 위해서는 꾸준히 기도하고 성경을 보고 설교를 위한 준비를 해야 할 것으로 봅니다.

**Q. 한국교회 설교자들을 위한 제언을 부탁드립니다.**

설교를 걱정하면서 목회한다면 불행할 것 같습니다. 참 목회의 행복을 모르지 않겠습니까. 교회가 개척할 때, 보통 목회자들은 일주일에 새벽기도회 7번, 수요예배 설교, 주일 오후예배와 저녁예배 설교 등 10번은 설교를 합니다. 대형교회 목회자들은 주일이면 최소 2번 이상 설교를 해야 합니다.

이렇게 많은 설교는 무릎에서 나옵니다. 하나님 앞에 무릎을 얼마나 많이 꿇고 매달리냐에 따라 전하는 말씀에 힘이 있습니다. 그러기 위해서는 목회자는 하루 세 시간 이상 기도해야 합니다. 기도를 통해 성경을 깨닫게 해달라고 해야 합니다. 하나님께서 성령을 통해서 말씀의 문을 열어 주셔야 합니다. 자꾸 기도가 줄어들고 성경을 의식적으로 보면서 설교를 준비한다면 당연히 인터넷을 통해서 자료 수집만 하게 되는 것입니다.

설교는 골방에서 나오지 연구해서 나오는 것이 아닙니다. 말씀이 모유처럼 나가려면 설교할 때마다 하나님 앞에 무릎을 꿇고 하나님과 얍복 강가에서 씨름을 해야 합니다. 확실한 본문 말씀에 적합한 감동적인 뜻을 선별하면 교인들은 은혜를 받게 됩니다.

한국교회 설교자들이 설교를 위한 설교를 준비하려고 고생하지 말고 기도와 말씀을 위해 골방에 들어가서 하나님께 무릎을 꿇고 성경 보고 기도하면 설교는 하나님께서 주신다는 기본적인 진리에 충실해졌으면 합니다.

※자료 출처: 〈월간목회〉 2009년 2월호

## 불꽃처럼 섬광처럼

### 왕성교회의 과거, 현재, 미래

행 6:7 "하나님의 말씀이 점점 왕성하여 예루살렘에 있는 제자의 수가 더 심히 많아지고 허다한 제사장의 무리도 이 도에 복종하니라"

■ ■ ■

서울시 관악구 신림본동에 위치한 왕성교회는 사도행전의 말씀에 근거하여 이름한 교회이다. 왕성교회는 하나님 나라의 지상 확장을 보다 강력하고 효율적으로 추진함을 중요한 목적으로 하는 교회이다. 왕성교회 길자연 목사의 목회론을 듣는다. _소강석

### 미국 유학의 길을 접고 고통받는 자들을 위해 낮은 곳으로

1973년 미국 유학을 보내 주는 데가 있어서 준비를 하며 6개월 동안 산에서 기도하는데 마음 깊은 곳에서부터 가난하고 못 배운 사람들을 위해 개척을 해야겠다는 생각이 들었습니다. 편안하고 안정된 유학의 길보다는 성경을 품고 낮은 곳으로 내려가 젊음을 바쳐야겠다고 각오하고 있던 중에 왕성교회 청빙을 받게 되었죠. 그 당시는 지금과 같은 상황이 아니고 청계천에서 쫓겨난 철거민들이 대부분이었던 열악하고 가난한 동네였습니다. 40여 명의 성도들이 있었는데 고통받는 사람들과 함께하겠다던 나의 중심을 보시고 보내주신 분들이라 여기며 목회의 포커스를 기도목회로 잡고 열정을 쏟아 부었습니다.

지금도 왕성교회는 목회자뿐 아니라 전 교인이 매일 철야, 매일 금식 중보기도, 금요일 연합철야기도, 매일 산상기도 등 다양한 기도 프로그램을 활용하고 있고 잘 정착되어 있습니다.

## 태신자 전도운동과 청년목회

둘째로, 태신자 전도운동을 활성화하였습니다. 지역 자체가 열악하고 가난한 동네이기에 오직 발로 뛰는 전도를 통해 한 영혼이라도 더 구원하고자 하는 전도운동을 펼쳤습니다.

또한 왕성교회 하면 빼놓을 수 없는 특징이 바로 청년목회입니다. 교회 주변에 서울대학교, 숭실대학교 등이 있었기에 청년목회에 사활을 걸고 온갖 열정을 쏟아 부었습니다. 1990년도에 장년은 2천 명 정도였는데, 청년은 한 70여 명밖에 안 되는 것에 충격을 받고 청년목회에 더 열심을 쏟은 것이 오늘날 청년이 2천5백여 명 정도 출석하는 교회를 이루게 된 것입니다. 현재로는 하나님의 은혜로 거의 6만 5천여 명의 교회로 부흥하였습니다.

왕성교회는 처음부터 아파트 지역으로 사람들이 정착하는 곳도 아니고 그렇다고 부유층이 사는 고급 지역도 아닌, 대부분의 가난한 사람들이 잠시 있다가 거쳐가는 곳이었습니다. 그러므로 40여 명의 성도를 놓고 여기서 큰 교회를 이룬다는 것은 처음부터 힘든 일이었는지도 모릅니다. 오직 하나님의 은혜로 대전, 동두천, 인천, 강남, 분당, 천호동 등 곳곳에 흩어져 있는 사람들이 모여들어 교회가 부흥하기 시작했습니다. 제가 왕성교회에서 목회를 시작한 지 이제 33년째입니다. 왕성교회에서의 33년 동안 한결같이 기도, 전도, 청년목회를 강조하면서 성도들을 잘 훈련시켜 나갔습니다.

## 국제학교 건립을 꿈꾸며

■ ■ ■

왕성교회가 지교회로 설립한 '과천 왕성교회'는 21세기 목회 비전을 이루기 위해 전초기지의 역할과 인덕원의 1만 2천 평 대지 위에 세워질 국제학교를 위한 파수꾼의 역할을 담당하도록 하였다. 왕성교회의 목표처럼 그야말로 불꽃처럼, 섬광처럼 열정적으로 사역하는 길자연 목사의 한 단면을 보는 듯하다.

목사가 나이가 들어가면 안일해지고 현실에 안주하기 쉬운데 결코 그래서는 안 됩니다. 그래서 2005년 표어도 '불꽃처럼, 섬광처럼'으로 정하고 모든 부서가 열정을 다해서 섬기고 있습니다. 또 하나 이제 7년 후면 사역을 마무리해야 하므로 교육목회를 준비하고 있습니다. 그 준비는 두 가지가 있습니다. 첫째는 우리 교회 자체 양육 프로그램의 재검토와 새로운 프로그램 개발이고, 둘째는 과천에 영어로 가르치는 국제학교를 건립하려고 합니다. 유치원과 초등부는 과천에 세우고 중·고등학교는 양평에 건립하려고 준비 중에 있습니다.

마지막으로 제가 목회를 시작하던 초심의 마음처럼 사회에 버림받은 소외된 노인들을 위한 실버목회를 기도원 쪽에 준비하고 있습니다. 우리나라는 2050년이면 세계 제일의 노령화 국가가 됩니다. 그분들을 위한 복음 시설을 준비 중에 있습니다.

## 🏛 목회철학, 기교가 아닌 본질

저는 목회는 기교가 아니라 본질이라고 생각합니다. 현대 한국교회 현실을 보면 목회자들이 너무 기교에 치우치는 면이 있습니다. 교회가 부흥을 안 하니까 대형교회의 목회 방법을 모방하려고 하고, 그것이 본질인 줄 착각하는 경우가 많습니다. 그러나 목회의 본질은 오직 하나 예수입니다.

결국 목회는 예수에 충실해야 부흥이 되지, 방법론이나 기교에 충실한다고 되는 것이 아닙니다. 아파트 지역으로 들어가면 다수가 일시에 많이 모이는 장점은 있으나 꼭 부흥하는 것은 아닙니다. 아파트 지역이라도 서민들의 지역만이 가지고 있는 독특한 정취를 잘 이해하고 본질에 충실하면 목회를 잘할 수 있습니다.

## 🏛 신본주의 목회철학

목회를 인간적인 측면에서 분석하지 말고 하나님께 부름받은 목회자로서 하나님께서 나를 어떻게 쓰시고 내게 바라는 것이 무엇인가를 점검하는 것이 무엇보다 중요합니다. 한마디로 말하면 신본주의 목회철학이라 할 수 있지요. 오늘날은 너무도 영적으로 약한 상태의 목회자들이 많고, 자신도 모르는 사이에 인본주의적 목회를 신본주의처럼 여과 없이 사용하는 경우를 보게 됩니다. 그렇게 되면 부흥은 부흥대로 안 되고 자신의 영적 상태는 더 고갈되어 힘들어집니다.

미국의 목회 방법이 꼭 좋은 것은 아닌데 한국교회는 미국의 방법이 좋은 것처럼 여과 없이 수용하는 경향이 있습니다. 그러나 제 목회 방법은 하나님 중심, 성경 중심입니다. 예수님이 제 목회 자체를 리드하고 저는 그 뒤에서 끌려가는 목회를 지향합니다. 21세기 새 목회 패러다임이라는 것은 이것의 반복이지 새로운 것이 아닙니다.

지금 미국도 보수주의 교회가 부흥을 하지 않습니까? 미국의 보수 교회들이 부시 정부와 맞아떨어져서 미국 대선에서 막강한 영향력을 주었는데 이것이 하루아침에 이루어진 것이 아니고 미국 사회에 면면히 흐르는 미국교회의 보수성 집약이 이번에 폭발적으로 나타난 것뿐입니다. 그만큼 본질에 충실하는 것이 중요하지요.

### 목회자가 먼저 말씀과 기도에 힘쓰고 성령 충만해야

목회를 준비하고 있는 신학생들이나 목회자들에게 한 가지 말하고 싶은 것은 21세기 새로운 목회 패러다임에 대한 본질을 알아야 합니다. 어떤 기교적인 새로운 것이나 방법론에서 본질을 찾지 말고 그동안 한국교회에 뿌리내린 말씀 중심, 기도 중심의 목회에 충실하면 교회 부흥은 반드시 이루어진다는 사실을 알아야 합니다.

인간은 다 영적인 존재이기에 아무리 문화가 발달하고 쾌락주의로 기울어져 간다고 하여도 그 안에는 생명이 없기에 영적으로 고갈되고 목말라하게 됩니다. 이런 사람들에게 말씀의 은혜를 주려면 목회자가 먼저 말씀과 기도의 신령한 은혜로 충만해야 합니다.

## 🏛 한국교회 진단

・・・

한국교회는 지금 역사의 중요한 기로에 들어서고 있다. 유럽의 교회들처럼 공동화되어 갈 것인가, 또한 미국교회들처럼 자유화되어 퇴락의 길을 걸을 것인가?

1970년, 1980년대는 보수주의 신학과 자유주의 신학의 싸움이었다고 볼 수 있습니다. 그러나 1990년대부터 2000년대에 들어서 한국교회는 자유주의 신학이 참패를 합니다. 그래서 지금은 자유주의 신학을 바탕으로 한 목회는 되지도 않고 현실적으로 자유주의 목회는 몰락한 것이 사실입니다. 문제는 이런 좋은 목회의 토양을 선배들이 잘 가꾸어 주었는데, 성경 중심의 목회를 버리고 하나둘씩 떠나고 있다는 것입니다.

오늘날 한국교회의 위기는 교회가 사회에 너무 기여를 하지 않는다는 것입니다. 이런 문제는 대교회주의, 세습화문제, 물량주의 등이 표출되면서 더욱 거세지고 있습니다. 그러나 이번 비판에 한국교회가 너무 움츠리지 말고 어떤 면에서는 담대함을 가져야 합니다. 세상 윤리의 잣대를 가지고 한국교회를 비판하는 데 신경 쓰지 말고 한국교회는 말씀으로 돌아가서 말씀 안에서 회개운동과 부흥운동에 몰입해야 합니다.

한국교회가 정체되고 성장이 마이너스가 된 근본 이유는 말씀과 기도가 빈약해서 그런 것입니다. 1970년대 이후에 부흥을 힘입어서 교회는 커졌는데 그것을 뒷받침해주는 성경말씀과 기도의 강력한 힘이 소실되어 버렸다는 점이 큰 문제입니다. 결국 교회 스스로 약화되니까 사회로부터 기능이 약해지고 있다는 비판을 받는 것이죠.

1970년부터 빌리 그레이엄 목사도 오고 한국교회가 부흥하였을 때 말씀과 기도운동에 정진하고 거기서 생기는 파워를 사회봉사와 전도와 선교로 활용하고 크리스천들이 비기독교인들에게 강력한 복음의 권면을 하였다면 한국교회는 사회 비판을 받지 않고 오히려 영향력을 키워 나갔을 것입니다. 그런데 한국교회는 약해지고 과거에 부흥한 껍데기만 가진 채 속이 비어 있으니까 결국 무기력해지고, 영적으로 무기력증에 빠진 것이 한국교회의 정체 원인인 동시에 위기의 원인입니다.

## 청년문화, 어떻게 코드를 맞출 것인가?

지금 한국 사회의 문화코드가 둘로 양분되어 있습니다.
첫 번째는 기성세대 문화코드로서 전통적인 면에서 변화를 싫어하는 세대입니다. 그러다 보니 변화가 급진한 젊은 세대에게는 소외계층으로 남아 있는 것이죠.
두 번째는 젊은 사람들의 문화코드입니다. 예를 들어 청바지에 구멍을 뚫어 입는 세대는 젊은 세대이고 구멍 뚫린 옷을 기워입는 세대는 구세대라고 하는데, 한 가지 문제는 청바지에 구멍을 뚫느냐, 깁느냐의 차이일 뿐이지 청바지에 대한 감각이나 본질은 같다는 것입니다.

목회자와 청년 사이에도 많은 문화 차이가 있죠. 어느 목사님이 예배 중에 모자를 쓴 채로 예배드리는 청년을 발견하고 예배가 끝난 다음에 그 청년을 불러서 "너는 왜 예배 중에 모자를 썼느냐?"라고 묻자, 그 청년이 목사님에게 "목사님은 왜 안경을 쓰고 설교를 하셨어요?"라고 물었다는 것입니다. 그 청년이 보기에는 모자를 쓴 거나 안경 쓴 거나 동일하다는 것입니다.

이는 청년의 문화 의식이고 기성세대와는 다른 의식을 갖고 있는 것입니다. 이런 차이가 교회 내에서 충돌하는 것이죠. 이는 '틀리다'가 아니라 '다르다'는 점에서 인식해야 합니다. 그리고 이해의 폭을 넓히고 본질에 대해 피차 공감해야 하는 것이죠.

청년들의 교회가 아니라 기성세대 중심의 교회를 운영하다 보니까 관심도 부족하고 예산도 부족하고 청년들이 소외계층으로 남게 되는 것입니다. 청년들이 교회 안에 있기는 하는데 소외 계층이에요. 그러니 청년들이 떠나게 되는 것이죠. 과거에 청년문화가 없을 때는 이것이 보이지 않았는데 청년들이 활발하게 되면서 하나둘씩 없어지니까 교회 안에 청년들이 희귀해지고 큰 문제가 되는 것입니다.

한국교회가 양적으로 더 부흥하느냐 안 하느냐, 이런 문제나 정체에 신경을 쓰지 말고 한국교회의 미래를 책임질 청년들에 대한 관심과 사랑으로 그들이 돌아오게 해야 합니다.

우리 왕성교회도 청년들의 수가 70명에서 2천5백 명이 될 때까지 16년이 걸렸습니다. 이것은 청년문화에 대해서 이해를 하지 못하면 교회가 부흥하지 못한다는 사실을 보여줍니다. 청년들이 부흥하는 교회를 보면 사랑의교회나 온누리교회 등이 있는데, 왕성교회도 5번째 청년교회이기도 합니다.

청년들이 부흥하는 교회들의 공통점을 살펴보면 하나는 학생운동에 투신하였던 분들이 청년들에 대한 열정을 가지고 사역하는 교회입니다. 또 하나는 저처럼 전통적인 교회이지만 청년들에게 관심을 가지고 인도하는 교회입니다.

청년 사역은 한마디로 관심입니다. 청년의 시기에는 관심과 사랑을 먹고 사는데 교회가 먼저 그들을 향해 마음 문을 열고 관심을 보여 청년들이 교회로 돌아오도록 해주어야 합니다. 돌아오게 하려면 관심을 가져야 하는데 이것은 청년부를 맡은 부목사의 관심이 아니라 당회장이 관심을 갖고 몰입하고 예산과 자금을 주고 메시지를 주고 프로그램에 동참하게 해 주어야 합니다.

청년이 부흥하였을 때 21세기 한국교회가 결코 쇠퇴하지 않는 것입니다. 그러나 청년들이 떠난 교회는 미래가 없습니다. 이 문제는 한국교회가 심각하게 받아들이고 문제를 해결하려고 노력해야 합니다.

## 한국교회에 보내는 메시지

학생이 본분을 떠나면 불량학생이 되는 것처럼 목회자가 목회자의 본분을 이탈하면 나도 모르게 삯꾼 목자가 됩니다. 목회자의 본분은 예수님께 붙들린 사람, 하나님께 붙들린 사람이지요. 예수님께 붙들린 사람의 특징은 말씀과 기도에 전념하는 사람입니다. 젊은 목회자들이 목회 방법론에 새로운 무언가가 나왔다고 하면 세미나를 찾아서 그렇게 많이 다니는데 '오죽 답답하면 저러겠는가?' 하는 생각이 들기도 합니다. 그러나 본질로 돌아가 성경과 기도에 깊은 목사가 되면 목회에 있어서 수의 차이는 조금 있을 수 있지만 본질적으로는 목회가 잘되고 형통하게 될 것이라 생각됩니다. 그때부터 행복한 목회가 되는 것입니다.

예를 들면 목회의 성공을 꿈꾸는 것보다는 본질을 추구해야 합니다. 깊은 말씀과 기도로 무장하면 어느 정도 일정한 기간이 지나면 반드시 교회가 부흥하고 튼튼해지는 것을 체험하게 될 것입니다.

제 경험으로 볼 때 하나님이 목회자에게 주신 소명이 다 다르다는 것을 느낍니다. 어떤 목사님은 나보다 목회에 열중을 덜 하는데도 더 많은 성도들이 모이는 경우도 있어요.

또 어떤 이는 아파트 지역에 그물을 쳐놓고 수평이동하는 교인들만 거둬들이는 목회자들도 있어요. 그것은 과거의 잣대로 보면 목회가 아닙니다. 그러나 오늘의 잣대로 보면 문화와 사회 변동에 따른 사회 이동 현상 속에서 수평이동하는 교인들에게는 안식처가 되는 것입니다. 현재의 사회 상황을 볼 때 그것을 나쁘다고만 평가할 수는 없는 문제입니다.

힘을 내야 합니다. 좌절하거나 패배의식에 젖어 있지 말고 본질로 돌아가 말씀을 많이 읽고 기도에 전념하는 준비가 있으면 반드시 교회는 부흥할 것입니다.

## 🏛 결언과 정리

■ ■ ■

길자연 목사의 이야기를 들으면 들을수록 어두운 터널을 지나 한 줄기 빛이 내일의 태양과 함께 떠오르는 듯한 느낌이 들었다. 65세의 나이로 아직도 내일의 비전을 꿈꾸고 도전하고 불꽃처럼 섬광처럼, 목회열정을 불태우고 있는 그 앞에서 어찌 좌절과 절망을 이야기할 수 있겠는가. 이제 한국교회는 패배의식이나 영적 무기력증에서 하루빨리 깨어나야 한다.

저 황야의 야수처럼 맹렬하게 포효하는 영적 야성을 회복해야만 한다. 주께서 힘을 주시는 목회자라면 어찌 안 된다고 말할 수 있겠는가? 미국 유학을 준비하던 한 청년이 고통받고 소외당하는 가난한 이웃들과 함께하겠다고 결심하며 목회에 뛰어들어 오늘날 한국교회를 대표하는 상징적인 교계 지도자로 자리매김하였다. 그런데도 그는 아직도 꿈꾸고 있다. 청년의 심장으로 미래를 설계하며 가슴이 두근거리고 있다.

돌아오는 길에 마음속으로 혼자 고백하였다. '그는 저 봄날의 초록빛 녹음처럼 왜 그리도 푸르른 청춘을 소유하였는가.'

한국교회는 희망이 있다. 새로운 도전들은 계속되고 있다. 내일을 꿈꾸지 못하는 자는 먹구름만 바라본다. 먹구름 사이로 가느다랗게 보이는 가장 찬란한 빛을 보지 못한다. 어쩌면 한국교회는 가장 찬란한 희망의 바로 앞에 서 있는지 모른다. 가장 어둡고 추운 새벽이 지나고서야 아침이 오지 않는가. 작은 새들은 태풍이나 폭풍우를 두려워하지만 야수성을 가진 독수리는 오히려 돌풍이 일면 바람을 타고 더 높이 날아오른다고 한다. 준비된 자에게 위기는 오히려 하나님이 주신 부흥의 기회이다.

우리가 일하면 우리가 일하지만 우리가 기도하면 하나님이 일하십니다. 목회는 하나님이 하시도록 해야지, 목회자 자신이 하려고 하면 안 됩니다.
하나님으로 목회를 하려는 사람이 되려면 하나님이 기뻐하시는 목회자가 되어야 합니다. 다윗처럼 하나님의 마음에 합한 사람이 될 때, 정도(正道)를 걷는 목회자가 되는 것이죠.
목회자의 정도(正道)는 말씀과 기도입니다. 그런 의미에서 사도행전 6장 4절 말씀은 가장 중요한 목회의 결론입니다.

행 6:4 "우리는 오로지 기도하는 일과 말씀 사역에 힘쓰리라."

※ 자료출처: 〈월간목회〉 2005년 7월호. 소강석 목사와의 인터뷰

## 뉴노멀 시대, 본질로 돌아가야 한다

코로나19는 우리의 삶을 송두리째 바꾼 폭풍이다. 코로나바이러스 감염증19가 2019년 12월 중국 우한에서 처음 발생한 뒤 6월 30일 현재 전 세계적으로 확진자 10,409,121명, 사망자 508,046명이 발생한 상황이다. 사망률이 4.88%다. 2000년대 들어 생겨난 감염병 중에 전파력이나 사망률에 있어 인류에게 끼치는 해악이 가장 치명적이다.

과학자들과 의학자들은 이 괴질을 제1차 세계대전 직후 5000만 명의 목숨을 앗아간 스페인 독감에 비견하기를 주저하지 않고 있다.

전 세계는 현재 우왕좌왕하는 가운데 코로나19와 두 가지 전선에서 힘겨운 전쟁을 계속 벌이고 있다. 하나는 치료제와 백신 개발을 통해 상황을 반전시켜 보려고 애쓰고 있지만, 불행하게도 아직 약제 개발은 성공하지 못했다. 또 하나는 감염 확산 방지를 위해 애쓰고 있다. 그래서 여러 차원의 '사회적 거리두기'를 실시하고 있다. 이동 제한과 국경 봉쇄, 외국인 입국 금지, 일시 업무 중지와 재택근무, 휴교령, 자가격리 등 그동안 경험해 보지 못한 관계적 단절 현실에 직면했다.

하나님은 태초부터 아담이 돕는 배필 없이 혼자 지내는 것을 좋지 않게 여기시고 여자를 지어 가족공동체를 형성시켜 주셨다(창 2:20-25 참조). 근본적으로 인간은 사회적 관계를 지향하는 본성을 가진 존재이다. 그런데 지금은 온 인류가 생존을 위해 타인과 어울리기를 중단하고, 기존에 형성되었던 친밀한 관계와 따뜻한 공동체 활동을 접어두고 보이지 않는 권력이 된 코로나19 바이러스의 겁박 앞에 가장 근본적인 본성마저 억눌러야 하는 기가 막힌 상황에 처해 있다.

그러므로 전 세계는 코로나19라는 미증유의 폭풍 앞에 모든 것이 송두리째 뒤바뀐 상황 속에 코로나 이후 시대의 존재 방식과 삶의 철학을 새롭게 구성해야 하는 큰 과제를 짊어지게 되었다. 생명의 안전이 보장되지 않으니 불안, 불신, 불만이 팽배할 수밖에 없다.

이런 상황 속에서 과연 주님의 교회는 계속해서 거시적으로는 온 인류를 향해, 미시적으로는 교회가 서 있는 지역사회를 향해 희망을 보여주고 경험하게 하는 소망의 그루터기로 오롯이 서 있을 수 있을까? 이 질문 앞에서 한국교회의 미래를 위해 중요하게 여겨야 할 몇 가지 중요한 분석을 해 본다.

코로나19 이후의 한국교회 내일을 준비해야 한다.
"이 폭풍은 지나갈 것입니다. 하지만 우리가 지금 내리는 선택이 앞으로 오랜 시간 우리의 인생을 결정할 수도 있습니다"라는 유발 하라리(Yubal N. Harari)의 말은 코로나19가 발생한 이후 시간이 지날수록 계속 복기할 수밖에 없는 명구가 되고 있다. 도대체 한 번도 경험해 보지 못한 상황 속에서 어떤 선택을 하고 어떤 방향으로 나아가야 할 것인가?

코로나19가 시작되고 대한민국 사회가 혼돈의 소용돌이 속으로 들어가기 시작하면서 한국교회 역시 위기상황 대처를 위한 한국교회의 컨트롤 타워 및 위기관리 매뉴얼 부재 현실 속에서 허둥지둥했다. 신천지 이단 사이비의 집단발병으로 2월 마지막 주일에 대구 지역 교회들이 일제히 온라인 예배와 가정 예배로 예배 전환을 하면서 한국교회 전체는 갈팡질팡했다. 교회 지도자들은 주일 예배 진행과 관련해서 어떤 방향 선택과 결정을 해도 교회 내외적으로 비난을 받을 수밖에 없는 상황에 직면했다. 그렇다면 이러한 상황 속에서 어떻게 새로운 표준을 만들어 갈 것인가?

첫째, 교회 내적 과제로 온라인 예배가 일상이 된 현 시대에 맞는 신학의 재정립이 필요하다.

코로나19가 계속 진행되면서 지금은 '스튜디오 예배당'의 개념까지 나온 상황이다. 결국 예배 신학 재정립의 현실적 요청은 재난의 신학적 정립과 함께 교회론에 대한 신학적 이해와 교회와 국가의 관계, 재난 속에서의 선교론, 생태와 환경 등 신학적 제반 영역을 다시 논의할 수밖에 없는 상황을 초래했다.

둘째, 신학교 교육의 새로운 접근이다.

코로나19 이후 목회 현장의 급격한 변화는 결국 신학교육의 새로운 접근과 교과과정의 변화를 모색할 수밖에 없도록 만드는 것을 여실하게 보여 주는 대목이다.

셋째, 비대면(Untact)과 초연결 일상 속에서 모바일 이용의 폭발적 증가는 기존 교회사역의 새로운 방향성 재고를 요청하고 있다.

공중위생과 안전을 위한 '사회적 거리두기'라는 낯선 말이 코로나19를 대표하는 말이 되면서 동시에 떠오른 말은 접촉하지 않는다는 의미를 가진 '비대면'(Untact)이라는 용어다. 지금 비대면은 사회 전반(종교, 문화, 교육, 비즈니스, 직장생활, 여행, 의료 등)에 완전히 새로운 상황을 몰고 왔다.

'언택트' 즉 비대면은 4차 산업혁명 시대가 도래하면서 기술혁명으로 발전해온 '사람과 사람, 사람과 사물, 사물과 사물'을 연결하는 '초연결'의 상황을 동시에 견인했다. 비대면 속의 초연결은 하나의 트

랜드로 이미 은행이나 음식점에 설치된 키오스크나 VR(가상현실) 쇼핑, 무인 택배함 '스마일박스' 등을 통해서 실시되고 있었다. 결국 코로나19가 가져온 불가피한 비대면 상황은 4차 산업혁명으로 발전된 초연결과 모바일 산업에 기초한 유튜브라는 새로운 플랫폼의 급신장을 가져왔다.

이런 상황에서 한국교회는 이 새로운 문명 속에서 그동안 교회가 진행해 왔던 사역의 미래 방향성을 전면 재정립해야 할 필요성을 요청받고 있다.

이를 위한 과제로는 공동체성 유지와 강화를 위한 소공동체 사역의 강화, 미래세대를 위한 새로운 신앙교육 방향 모색이 필요하다. 즉 비대면 상황 속에서 교회학교는 전통적으로 실시해온 분반 목회와 공과 교육의 한계에 직면했다. 이런 상황에서 교회학교 교사의 역할과 사역의 방향 역시 목회자의 역할만큼이나 재조정될 필요가 있다. 결국 현장에 모이는 것에 주안점을 두고 세워졌던 모든 신앙교육의 틀걸이는 공교육의 현장조차 '교실 없는 교육'을 말하고 있는 상황에서 새로운 방향을 모색해야만 할 당위성을 갖게 되었다.

가족과 가정의 재발견 속에서 가정 예배 및 관계전도 사역 강화, 복음 전도의 영역 및 전략의 재설정이 필요하다. 이를 통해 지금까지 한국교회가 애써 왔던 물리적인 땅 끝 복음 전도의 전략은 재수정이 불가피하다. 어떻게 하면 이 새로운 복음 전도의 영역에서 비그리스도인조차 감동과 재미와 구체적인 정보를 얻을 수 있는 양질의 콘텐츠를 생산할 것인가에 대한 전략적 지혜가 필요한 시점이다.

넷째, 교회 운영과 사역의 우선순위에 대한 모색이 필요하다.

코로나19 재난이 가져온 경기침체는 모든 상황을 어렵게 만들고 있다. 그러므로 그동안 지나치게 키운 하드웨어 운용은 어떻게 할 것인가에 대한 방향모색이 필요하다. 즉 '긴급하고 중요한 일'과 '긴급하지 않지만 중요한 일'에 대한 사역적 선택과 집중을 결정해야 할 시간이 점점 다가오고 있다.

다섯째, 이단 및 사이비와 다름을 보여주고, 돌아오는 신앙적 난민들의 돌봄 모색이 필요하다.

상식과 균형과 감히 범접할 수 없는 도덕성과 이웃사랑의 모범, 합리적이고도 따뜻한 기준이 공(公)교회적으로 시급하게 필요한 상황이다.

여섯째, 공동체 사이 양극화 현상의 극복이 필요하다.

코로나 이후 생존 자체를 염려해야 하는 작은 공동체가 대다수인 한국교회의 형편을 고려할 때 적어도 각 교단이 물적, 인적 자원들이 효과적으로 나누어질 수 있는 시스템을 만드는 것은 대단히 중요한 사역으로 대두되었다.

일곱째, 전 사회적 위기와 재난에 대비한 한국교회의 위기관리 매뉴얼과 매뉴얼 적용을 위한 시스템이 필요하다.

전 사회적 위기상황 속에서 세상은 교회라면 어떤 교회이든지 '한국교회'는 하나의 틀걸이 속에서 바라보고 이해한다는 점을 인식해야 한다. '한국교회'라는 전체성 속에 있는 교회라면 이 정도의 기준은 지켜야 한다는 매뉴얼을 제시할 만한 연합기관의 활동 시스템과 교계 언론의 동시적 움직임은 반드시 모색되어야 할 요소이다.

이와 함께 교회 외적 과제도 생각해 보아야 한다.

첫째, 교회는 정부 행정당국과 소통할 수 있는 소통 창구 마련이 필요하다.

전 사회가 당면한 위기상황 속에서 정부의 정책 방향과 교회가 움직여 가고자 하는 방향을 초기부터 소통하며 협력을 기할 수 있는 창구가 필요하다. 한국교회만큼 각 분야의 전문가들이 많이 포진된 공동체는 사실상 없다.

새롭게 출범한 21대 국회 총 300명 의원들 가운데 기독 국회의원은 그 수가 125명에 달한다고 한국교회총연합회(한교총)는 전언하고 있다. 장기화하고 있는 코로나19 재난 속에서 한국교회는 그 어떤 공동체보다 많은 전문가와 힘을 가진 인적 자원을 가지고 있다는 점에서 제대로 힘을 모으고 집중력을 발휘하기만 한다면 당면한 위기를 선제적으로 돌파하는 공동체로 충분히 자리매김할 수 있다.

둘째, 지역사회의 대응 체계 구축이 필요하다.

코로나19 재난은 한 사람의 힘으로 막아낼 수 있는 것이 아니라 지역 내 상호 협력을 통한 면역체계 형성이 중요한 특징을 가지고 있다. 그래서 공동체와 개인 간 서로 협력해야 하며, 나아가 민과 관이 협력해야 한다.

셋째, 사회적 공감 감수성이 풍부한 사랑을 실천하는 크리스첸 시민을 양육하는 것이 필요하다.

하나님 나라 백성 공동체인 교회는 존재 자체가 공공성을 띤다. 그러므로 교회는 사회적 위기와 아픔에 그 어느 공동체보다도 공감대를 움직여야 한다. 재난과 위기가 닥쳤을 때 대부분의 사람은 자신의 안전을 도모하는 것이 상식이다. 그리스도인도 예외가 아니다.

그리스도인들은 하나님의 말씀을 따라 이웃을 자기 몸처럼 사랑하되 특별히 어려운 상황에 봉착한 사람들에게 특별한 사랑을 나누어야 할 정체성을 가지고 있다. 그러므로 고난의 현장에 필요한 의료봉사나 물질적 필요를 사랑으로 채우는 일에 적극 참여하거나 그런 사람들을 격려하고 응원해야 한다.

교회는 이런 사회적 공감 감수성이 풍부하고 실천적으로 사랑의 수고를 감당하는 크리스첸 시민을 양성하고 실제적인 길을 보여 주어야 할 사명이 있다. 전 사회적 위기 앞에서 공공선을 가지고 움직일 수 있는 균형과 교양을 갖춘 시민으로 성도들을 훈련해야 한다. 또한 성도들이 더욱더 전략적이고 지속해서 주님의 손과 발이 되어 사랑을 실천하도록 하는 것은 한국교회 전체가 시급하게 시행해야 할 과제이다.

넷째, 일반 언론과의 소통창구 마련이 필요하다.

교회와 관련한 사안이 언론에 보도될 때 한 언론에 최초로 보도되는 용어가 이후 모든 언론에 그대로 채용되어 보도된다는 것은 주지의 사실이다. 그러므로 교회 관련 기사가 작성될 때 불필요한 오해와 시간 낭비를 막기 위해서 선제적으로 한국교회의 전반적인 상황에 대해 인지하여 정확한 용어와 맥락 설명을 가지고 언론과 소통할 수 있는 전문적인 창구 마련은 시급하고도 절실한 과제가 되었다.

다섯째, 국가 권력의 확대로 개인의 삶이 사라져 버린 상황에 대한 대비가 필요하다.

코로나19 이후 사적인 공간은 더 이상 없는 사회가 되어 버렸다. 개개인과 관련된 모든 정보를 행정당국과 국가가 파악하고 있다. 전 사회적인 어려움이 생길 때마다 사회학자들은 국가 권력의 지나친 확대를 늘 염려한다.

교회는 성경과 신학, 그리고 독특한 신앙의 문법을 사용하는 특별한 영성 공동체다. 국가 역시 자신만의 문법과 해석학적 틀이 있다. 각 공동체가 자신의 문법만을 고집할 때 의사소통은 불가능하고 권력을 가진 국가는 자신의 언어로 이해되지 않는 교회의 여러 사역과 활동에 간섭과 제재를 가할 가능성이 훨씬 커진다. 코로나19 상황 속에서 예배의 신앙적, 신학적, 역사적 의미를 이해하지 못한 채 생명의 위험을 무릅쓴 채 집합 예배를 무모하게 강행하는 집단으로 매도된 것은 좋은 예이다.

생명의 안전이 걸려 있는 상황에서 개인의 프라이버시보다 공공의 이익이 앞서야 한다는 것은 백번 양보할 수 있고 인정할 수 있지만, 영적 공동체의 모든 움직임에 대해 몰이해한 국가 권력은 말 그대로 안타까운 결과를 초래할 수밖에 없다. 그러므로 한국교회는 국가 권력이 점점 강화되고 있는 상황에서 어떻게 움직여야 할지 빠르게 중지를 모아야 할 상황이다.

물질이 우상이 되어 버린 세상 속에서 위로와 격려로 성숙한 이 세상의 유일한 소망 공동체는 주님의 교회다. 질곡 많은 한국의 역사 속에서도 위기와 한계를 새로운 기회로 삼고 더욱 강해지고 돌파력을 가지고 이 땅의 백성들에게 희망을 준 공동체는 주님의 교회였다. 코로나19 재난을 통해 한국교회가 더욱 연대하고 긴밀하게 소통해서 한국 사회와 세계 교회에 새로운 위기관리 매뉴얼을 제공하는 공동체가 될 것을 기도한다.

### 한국교회 영성 모델을 만들다

나에게는 장점이라고는 거의 없다. 열등의식이나 자기비하의 발로에서 하는 말은 결코 아니다. 외모만 해도 그렇다. 사람들은 내가 강한 카리스마가 느껴지는 얼굴을 하고 있다고 말하는데, 농경사회나 과거 산업사회에서는 이런 용모가 신뢰감의 한 요소가 되었는지는 모르지만 4차 산업혁명이라는 최첨단 시대의 기준에는 전혀 아닌 것 같다.

공부도 그렇다. 미국의 풀러신학교(Fuller Theological Seminary)에서 목회학 박사학위를 받았지만, 젊은 시절 체계적인 공부를 하지는 않았다. 과거 한국 교계의 가장 전통적인 교회인 영락교회와 충현교회 같은 곳을 거쳐 목회 능력을 인정받는 정통 목회자 코스를 밟지 않았다. 목사 안수를 받고 최초로 개척한 신림동에서 시행착오를 거쳐서 경험한 것이 모두이다.

다만 나는 신령한 것이 무엇인지 알고 그것을 추구한다. 그리고 영성이 목회의 생명임을 마음속에 새기고 항상 영적 생활의 충전을 위해 애를 썼다. 교단의 부총회장과 총회장 시절에 담백하고 투명하게 그리고 스케일 크게 생각하고 추진해 왔다. 그런 관계로 주변에 많은 사람들이 모여들었다. 나는 출신 지역에 관계없이 고르게 많은 목회자들과 교류하고 해야 할 일들을 결정하고 저돌적으로 밀어붙여 성사시키는 근성도 보여 주었다. 그 결과 전국에서 나를 좋아하는 선후배 목사들이 많이 생겼다.

교단 부총회장을 거쳐 총회장을 지낼 때 주변의 많은 목회자들이 "길 목사님, 우리 교단을 위해서 영적인 목회의 틀을 좀 마련합시다" 하는 권유를 많이 받았다. 그래서 "영성에 기반을 둔 목회가 무엇인지 연구하고 피차 기도하며 신령한 생활을 하도록 돕는 모임을 만들자" 하고 뜻을 모아서 '영성목회연구회'를 발족시켰다.

한국교회 목회자들이 목회에 대한 일념이 강해서, 세미나도 많이 다니고 유명한 외국 교회들도 자주 탐방하지만 별다른 소득이 없었다. 또한 교회 성장의 교과서라고 하는 책들도 매우 이론적이며 이상적인 것 같았으나 한국교회 현실에는 걸맞지 않았으며 그러한 운동이 장기적으로 지속되지는 않았다.

가장 한국교회적인 영성의 기준은 우리 스스로가 연구해서 창안해 내야 하는 것이었다. 일부 교회들은 미국 어느 교회의 인기를 끌고 있는 프로그램을 그대로 한국교회에 적용하며 성장의 동력으로 사용하려 했지만 그 효과는 별로 없었다. 가장 한국적이며 가장 성경적인 영성의 모델을 연구하고 결과물을 만들기 위해 '영성목회연구회'가 태동한 것이다.

영성목회연구회는 3비(非)를 원칙으로 삼는다. 비영리(non-profit), 비정치(politic-free), 비교단(multi-denominational)이다. 그중에서도 비정치에 관해서는 누누이 강조해왔다.

"정치는 안 하는 것이 정치입니다. 정치는 목회를 잘하면 저절로 됩니다. 정치는 변칙입니다. 그저 목사는 신령하고 경건하며, 영적 세계를 볼 줄 아는 힘으로 사는 것입니다."

나는 영성목회연구회의 발기인과 임원들이 모일 때마다 이 점을 강조했다. 처음에는 정치적인 발언을 하고 정치 집단화를 원하는 사람들의 움직임이 있었으나 곧 가라앉았고 지금까지 그 3가지 원칙을 지켜오고 있다.

영성목회연구회는 태신자 운동, 목회자들을 위한 기도회, 영성 개발과 목회 적용을 위한 여름수련회를 해오고 있다. 기타 여러 가지 프로그램을 개발 중이나 미숙한 점이 많다. 더욱이 "길자연 목사가 정치 단체를 만들어서 세력을 과시하며 으스대는구나" 하고 곱지 않은 시선으로 보기 때문에 여간 조심스럽지 않다. 영성목회연구회는 목회자들의 영성 개발을 위한 단체이다. "깊은 기도에 몰입하자!" "말씀연구에 박차를 가하자!" 이것이 본 연구회의 큰 축이다.

사실 영성운동의 기원과 뿌리는 예수님이시다. 주님은 기도의 삶, 능력으로 입증되는 경건한 삶, 보이지 않는 영적 세계와 가치를 현실화하는 삶을 사셨다. 그 이후에 주후 2, 3세기의 초대교회와 교부들의 영성 연구와 쿰란공동체(Qumran Community)가 모두 이런 역사적 발자취를 따른다. 주후 2, 3세기의 소아시아 지역 교회들은 영적 생활을 위해서 카파토기아의 동굴에서 살기도 하였다. 초대교회 이후 교회의 가장 큰 현안과 당면 과제는 영성의 유지였다. 영성이 확보된 시대의 교회는 부흥했고 영성운동이 약화된 시대에는 교회가 하강 곡선을 달렸고 세속화되기 시작했다.

한국교회는 어설프게 사회를 변혁하지 말고 자신의 내면생활을 영성이 가득하도록 가꿔야 한다. 성도를 변화시키려고 설교해서는 안 된다. 성도를 변화시키려는 의도를 갖고 설교를 하면 책망으로 일관하는 설교를 하는 셈이다. 이런 설교로는 절대로 변화가 일어나지 않는다. 변화된 목회자의 변화된 설교여야 성도들이 감동을 받아 변화하게 되는 것이다.

이런 측면에서도 목회자의 영성운동은 이 시대의 필수과목이다. 일관성 목회 프로그램이 아니라 목회의 근본과 목회 자체라고 생각해야 한다. 기도를 많이 하면 성경을 보는 시야가 달라지고 새롭게 열린다. 이 말은 내가 몸소 많은 시행착오를 통해 얻어진 결과물이기도 하다. 많은 신학책과 인문학책은 성경의 부교재일 뿐이다. 현재 한국교회는 지식설교가 아닌 영적인 설교가 필요하다.

사실 '영성'이라는 말은 철학적인 개념과도 상통한다. 영성이란 어떤 사상과 경향성을 가지는 것이다. 내가 철학적으로 아리스토텔레스주의자(Aristotelian) 혹은 데카르트적 사고를 하면 그들의 영성을 가지고 있는 것이다. 초기 기독교는 주변 세계의 철학으로부터 이 용어를 빌려와서 사용하기 시작했다. 그렇다면 기독교 영성이란 무엇인가? 한 마디로 "성령의 인격적 지배를 받는 상태", "성령의 능력에 이끌리는 삶"이다.

한국교회 성도들은 예배 때 찬송하고 박수치며 열심히 기도하는 데에는 매우 열성적이고 민감하다. 그러나 헌신과 헌금에 대해 강조하면 아예 교회를 나오지 않거나 다른 교회로 옮겨가기도 한다. 이것은 신앙과 생활이 별개의 것으로 구분되어 있다는 것이다. 종교심은 풍부하지만 생활의 일부분에서만 자기 필요에 따라서 헌신하고 전체적인 삶의 모든 영역에서는 태도가 달라진다. 즉 이원론적이다.

참된 성령 충만은 곧 삶으로 나타나야 한다. 기도원에서 금식하고, 수도사처럼 세상과 결별하고 산으로 들어가서 사는 것이 아니다. 이것은 오도된 영성의 개념이다. 예수님은 산에서 기도하시고 내려와 대중들을 만나시고 그들과 대화하며 가르치셨다. 이처럼 사랑을 베푸는 일체화된 영성을 공생애를 통해 끝까지 보여 주셨다.

사람에게는 영만 중요한 것이 아니라 육신도 중요하다. 하나님은 당신의 영을 우리 코에 불어넣어 주셨다. 따라서 사람이라는 것은 영적 차원과 육적 차원의 결합이고 이 전체성이 중요한 것이다. 따라서 바른 영성을 소유한 사람은 육신도 함부로 굴리지 않는다. 성령께서 기뻐하시는 대로 살기 위해 육체의 즐거움을 추구하는 것도 온당한 범위 내에서 절제하고 즐기는 것이다.

이러한 영성은 옛날 수도사들처럼 동굴 속과 수도원에서 살면서 수도한다고 생기는 것이 아니다. 성령은 산과 광야에만 계시지 않고 우리의 생활공간인 직장, 학교, 가정 등 모든 삶의 영역에서 역사하신다. 그러므로 내가 성령과 함께하는 생활, 성령과의 교류와 소통이 가득 차게 되는 상태를 위한 훈련이 영성 훈련이다. 이 훈련의 양대 축이 기도와 성경 묵상이다.

◉ 나의 목회 현장에서 발견한 한 줄 목회보감 9
　한국교회의 바른 정도(正道)는 기도와 성경 묵상이다.

## 10장

# 세상을 향한 빛과 소금의 사명을 위하여

### 한국교회는 예배당교인가?

현재 한국교회는 '세상의 빛과 소금'이라는 사회적 인식보다는 매우 비판적인 시선을 받고 있으며 이로 인해 교회의 위기의식을 갖고 있다. 많이 비난받는 사안 중의 하나가 예배당 건축이 자리 잡고 있다. 나는 이러한 비난들이 한마디로 영적이어야 할 교회를 윤리적인 시각으로 판단하기 때문에 생기는 오류라고 단정한다.

기독교에 뿌리를 둔 유사 시민운동 단체들조차 교회를 공격한다. 예배당을 짓지 말든지 축소하라고 한다. 그 돈으로 가난한 사람들, 소외된 사람들을 도와주어야 한다고 주장한다. 이것은 한마디로 윤리적 시각에서 교회를 보기 때문에 나오는 편협한 비판이다. 교회의 영성, 신령성을 배제한 채 윤리라는 일차원적인 시각에서 교회를 보기 때문에 나오는 생각이다. 칼빈이 말했듯이 "구속받은 성도가 세상에 사는 동안 성도를 양육하기 위한 단체로서 하나님이 세우신 교회"라면 교회에 공간이 필요한 것은 정당한 이치가 아닌가. 양육과 교육의 공간을 확보하는 시도를 윤리적 시각에서 규탄하는 것은 현실적으로 당위성이 없다.

그러나 일단 한국교회도 비난받을 만한 일을 한 것은 부인할 수 없다. 사람이 많이 나와서 예배당을 지어야 한다면 그게 무슨 잘못이 있겠는가. 그런데 한국교회는 예배당 짓는 일만 잘했지 그동안 사회에 기여하는 바가 적었다. 대사회적인 사역에 눈을 돌리지 못한 채 교회 안에만 머물려고 하다 보니 비판을 받는 것이다. 교세는 아직 미약한데 '예배당을 크게, 화려하게 지어 놓으면 사람들이 모이겠지' 하는 의도로 크게 건축하거나 경쟁적으로 주변의 교회보다 더 크게, 더 화려하게 건축하는 것은 비난받아 마땅하다.

교회 건축에 대해서는 성경적으로 접근해야 한다. 사실 성전 건축은 하나님의 지상명령이기도 하다. 왜냐하면 성도들이 모여 예배하고 교육하며 성도의 교제가 성사되려면 그에 맞는 건축 공간이 필요한 것이다. 이를 통해 교회의 역할을 하면서 그 교회의 힘이 교회 내적으로 또 교회 외적으로 에너지를 발산하며 사회에 영향력을 미쳐야 한다. 그것이 예수님께서 마태복음 5장 13-14절을 통해 말씀하신 대로 교회가 비로소 '빛과 소금'의 역할을 하는 것이다.

큰 교회는 큰 대로, 작은 교회는 작은 대로 각자의 교회가 자신들의 규모에 맞게 사회를 향하여 선한 영향력을 주어야 한다. 그러기 위해서는 건물이라는 그릇이 성도들을 품고 기도하며 교육하여 그들을 세상을 향해 내보내는 발원지가 되는 것이며, 신앙의 모체가 되어 영적인 용광로처럼 철물을 부어내어 각양의 철제품을 만들어 내는 것같이 필요한 일꾼들을 양성하는 곳이기도 하다.

요즘은 예배당을 성전이라는 용어로 많이 사용한다. 그러나 교회사적으로 보면 정확한 것은 아니다. 성전은 구약의 제사를 드리기 위한 공간이었지만 예수님께서 십자가에서 구속의 역사를 이루신 후에는 제사제도가 폐해졌기에 성전이라는 개념은 성경적으로 맞지 않다.

물론 예배당을 폭넓은 의미에서 경건성을 갖기 위해 성전이라는 용어를 사용하는 것은 문제될 것이 없다. 초대교회 사도들은 성전에 모였어도 제사를 지내지 않았고 기도와 말씀 선포와 교육과 구제에 힘썼다. 그 당시 예수를 따르는 수천 명의 무리들이 모인 곳은 성전 바깥 뜰이었다. 그 후 저들은 각처의 회당이나 개인 집에서 모여 예배를 드렸다. 큰 예배당을 건축하게 된 것은 그 후 300여 년이 지나서였다. 기독교가 국교화된 후에 많은 기독교인들이 형성되고 그 세력이 커지면서 콘스탄틴 대제와 각 나라의 왕실에서 큰 예배당을 건축하기 시작하였다.

이 시대에도 교회 규모에 맞게 건물을 짓고 시설을 구축하면 결코 세상이 비난하더라도 괘념치 말아야 한다. 분명한 것은 예배당은 성도들이 하나님을 만나는 장소이자 영적인 안식처이고 교육 공간이며 교제의 공간이다. 미국에서도 근래에 와서는 1백여 년 전처럼 십자가 종탑을 높이 세우고 성당 같은 호화로운 예배당 건물을 건축하지 않고 매우 실용적으로 사용하기 위해 건축을 단순화하고 효율적인 면을 극대화하고 있다. 예배당 건축은 그 교회의 규모와 필요에 따라 대형이든 중형이든 소형이든 적합한 공간이라면 그것이 최선이 되는 것이다.

지금 한국교회가 유지되고 발전할 수 있었던 중요한 요인은 예배당을 건축하고 거기서 기도하고 말씀을 듣고 배우며 성도 간의 교제가 있었기 때문이다.

### 개교회주의를 극복하라

한국교회가 민족 앞에, 역사 앞에 해야 하는 시대적 과업이 있다. 수없이 분파되어 있는 교회들을 모아 주 안에서 하나로 연합과 일치를 이루어야 한다.

예를 들어서 장로교의 경우 해방 전에는 '대한예수교 장로회'가 1907년 평양에서 최초의 독노회가 구성되고 그 이후 많은 노회가 형성되어 왔다. 1945년 해방이 되면서 갈라지기 시작하였고, 남과 북으로 분단되면서 남으로 내려온 교회들이 여러 사유로 인해 분파되어 이제는 갈라진 교단이 몇 개인지 파악이 안 될 정도가 되었다. 특히 교리적인 차이로 인해 갈라진 경우가 많다. 성경도 하나, 예수도 하나인데 신학적 견해의 차이로 장로교는 만신창이가 되었고 대외적 신뢰도 많이 추락하였다.

그러나 한국교회의 앞날은 결코 어둡지 않다. 왜냐하면 복음적인 신앙 토양은 다른 나라보다 매우 우수하다. 이 잠재된 가능성을 하나로 묶을 수 있는 결집력과 지도력만 있으면 한국교회는 앞으로 크게 쓰임 받을 수 있다. 그러기 위해서는 교회 지상주의, 목회자 일인 성공주의 사고를 버려야 한다. 이런 패러다임으로는 성공과 성공 관리에 분주해서 역사적 관점으로 새로운 지평을 열 수 없다. 목회자들은 복음과 소명의 순수성을 잃지 말아야 한다.

흔히 교회의 일각에서 '생활이 없는 신앙'을 공격하는 말을 많이 듣는데, 목회자는 이에 대해서 말을 할 자격이 없다. 목회자들이 생활을 안 가르치고 공허한 복음과 건조한 교리만을 전달한 자업자득을 누구에게 돌리겠는가? 개교회만의 약진과 도약은 많은 경우를 보면 선교와 구제 등의 대외적 봉사 활동에서 연합하지 않고 독자적으로 한다. 그러나 장기적으로 보면 서로 크고 작은 교회들이 교회의 역량을 결집할 때에 놀라운 시너지 효과를 교회 안팎으로 미치게 된다.

과거 한국에 선교사들을 수천 명씩이나 보내준 곳은 개교회가 아니라 미국의 북장로교와 남장로교와 캐나다 장로교와 호주 장로교, 감리교와 침례교의 해외선교부였다. 그곳에서 선교사를 파송하여 저들이 선교에 전념할 수 있게 하였다. 선교 재원은 그 교파에 속한 모든 교회들이 의무적으로 교회 예산에서 선교비 항목으로 선교본부에 보내어 이를 선교부에서 다시 선교사들에게 선교비로 보낸 것이다.

어느 개인들의 선교헌금도 선교회 본부에 헌금한 것을 총체적으로 모아서 선교 예산을 집행했다. 그 선교비로 조선 땅에 교회와 학교와 병원을 건축하여 균형 있는 선교를 일관성 있게 진행하였다. 그 예로서 평양신학교와 광혜원 병원과 배재학당 등이 있다.

한국의 대형교회들은 자신을 과시하는 공명심에서 벗어나 온 교회들이 함께 참여하여 시대적 사명을 감당하는 데에 힘을 모아야 한다. 그럴 때 그 결과는 크게 나타날 것이고 대외적으로도 유익과 신뢰를 더 받게 될 것이다.

### 교회를 향한 사회의 질타에 대한 우리의 자세

한국교회는 피상적인 인간관계를 중시하는 윤리체계인 유교가 사회적 기능을 하지 못하게 되었을 때에 새로운 사회지도 이념으로 서야 했다. 그런데 1960년대부터 1990년대 초까지 교회의 성장세가 가파르게 상승세를 이어 오는 과정에서 교회는 양적 성장에만 힘을 기울여왔다. 감성적인 부흥사들에 의해 외면적인 성장과 물질의 축복 같은 덕목들만 강조되었다.

한번 핸들을 잘못 조정해 잘못된 길로 들어선 경우 차를 다시 되돌리기가 어렵듯이, 우리는 기독교의 가치 내면화를 제대로 시도하지 못한 상황에서 굉장한 사회적 부담과 고민을 떠안게 되었다. 예를 들면, 공중파 방송의 대형교회에 대한 비난과 교회가 사회에 재산을 환원해야 한다는 주장 등, 또 왜 사치스런 예배당 건축과 대형 예배당이 저렇게 필요하냐는 등의 비난성 이슈를 온 국민들과 교회의 기성 기독교인들에게 쏟아낸다.

우리는 이제 기독교를 향한 공격과 매도에 직면해서 분노하거나 무시할 것이 아니라, 이것도 하나님의 음성이라고 생각하고 겸허하게 받아들여야 한다. 우리 자신을 개혁하고 하나님 앞에 회개하며 우리의 위치를 역사적으로 바로 정의하는 경건운동이 일어나야 한다.

교회에 경건운동이 일어나면 그 교회에 소속된 성도들의 가정도 경건하게 되고, 그들이 적을 둔 학교와 직장 역시 그만큼 정화되는 것이다. 한국교회의 교세가 적어도 약 1천만 명이 된다고 하는데, 그들이 자신을 정화하려는 노력과 의지로 나선다면, 외부에서 교회에 정화를 강요하는 어불성설을 면하게 될 것이다.

그러나 교회의 갱신과 정화는 물리적으로 되지 않는다. 남을 꿇어 엎드리게 하려는 사고로는 가능하지 않다. 나 자신이 진정으로 하나님 앞에 엎드려서 통회자복하면서 의식과 생활을 새롭게 하는 일이 우선되어야 한다. 1907년 길선주 목사에 의해서 일어난 평양 장대현교회의 회개운동은 길선주 개인의 회개에서 비롯되었지 부흥사가 회개하라고 해서 된 것이 아니었다. 결국 자기 변화가 곧 가정, 교회, 직장, 국가의 변화로 이어진다.

이 시대에 우리 민족에게 희망을 줄 수 있는 유일한 곳은 교회이다. "효행합시다", "산은 산이고 물은 물이다"라는 말로는 인간이 변화되지 않는다. 지금은 물질혁명이 필요한 것이 아니라 정신의 혁명이 필요함을 누구나 인정하고 있다. 그런데 왜 정신혁명이 일어나지 않는가. 정신은 영의 지배를 받기 때문에 영적 혁명이 일어나지 않으면 정신혁명은 요원한 것이다.

요즘 길거리에 나가서 "예수 믿으세요!"라고 하면 사람들이 거들떠보지도 않는다. 그러나 예수의 향기를 삶으로 증거하면 거기에 감동이 되어 예수를 믿게 된다. 이렇게 하려면 사회적인 봉사에 우리 교회의 힘과 역량을 결집시켜야 한다. 그래야만 앞으로 기독교가 침체되지 않고 부흥할 것이다.

멀리 갈 것 없이 우리나라 청소년 문제를 보면, 이미 다 알듯이 부모가 자녀를 컨트롤 할 수 없는 현실이 되었다. 요즘 비행 청소년, 가출 청소년이 폭력 조직과 매춘 조직에 연루된 범죄 행태는 기성세대들에게 큰 충격을 주고 있다. 공교육에서는 이미 손을 떼고 자기 학교에서 그런 학생이 문제를 일으키면 퇴학시켜 잘라버리는 것으로 정리한다. 그 학생들은 갈 곳이 없기에 더욱 타락하고 인생을 포기해 버린다.

그러나 교회는 달라야 한다. 근래에 와서 이런 문제 청소년들을 구제하고 회생시키기 위해 교회에서 자체적으로 학교를 만들어서 기독교 가정 자녀들이나 이런 학생들을 모아서 소위 '대안학교' 교육을 통해 이들을 정상적인 사회인으로 교육시켜 나가고 있다. 미국에는 그리 크지도 않은 교회에서 자체적으로 학교를 만들어서 교회 교육 시설을 통해 신앙 교육과 학과 교육을 시키고 있다. 이들을 가르치는 교사도 그 교회 출석하는 성도들이 담당함으로써 교회와 학교를 일체화한 전인교육을 시켜 나가고 있다.

한국교회에서 가장 모범적으로 이런 교육 시스템을 만들어 실행하고 있는 교회가 김장환 목사가 설립한 수원중앙침례교회로서 '예닮학교'를 설립 운영하고 있다. 교회는 사회 밖의 수도원 같은 신앙 공동체가 아니다. 사회 안으로 들어와 그 사회를 복음으로 변화시키는 것이 교회의 사명임을 잊지 말아야 한다.

## 가망성 없는 총회장 후보를 하나님이 세워주시다

일반 정치나 교단 정치를 하려면 재정 상태가 튼튼해야 한다. 적어도 내가 총회장에 출마할 때까지는 이것이 현실이었다. 나도 많이 고심했다. '내가 돈도 없지만 총대들에게 밥까지 사줘가면서까지 총회장을 해야 하나?' 하는 고심에 더 고통을 느꼈다.

그러면서도 그때까지 총대들에게 밥을 사주고 교통비를 주면서 선거하는 교계 풍토를 더럽다고 욕만 하고 있으면 교계의 앞날이 어떻게 될 것인가를 놓고 더 집중해서 기도했다. 어줍지 않게 하나님의 일을 빙자하고 뛰어들었다가 내 인생 말년을 망치는 거 아닌가 하는 두려움이 엄습하기도 했다. 그러나 아무리 기도하면서 생각해 봐도 교단이 그리로 가서는 안 되겠다는 결론에 이르렀다.

그래서 우리 교계에서 양심 있는 선후배 목사로 알려진 목회자 열분을 모시고 어느 날 함께 아침 식사를 하자고 했다. 그리고 그 자리에서 "내가 나가겠습니다" 하고 총회장 출마 의사를 밝혔다. 그러자 모두들 만류하는 분위기였다. 기도한 내용과 결심을 밝히니까, 그들은 다 웃었다. 그때 참석한 목사 한 분이 내게 물었다.

"목사님, 참모진과 조직이 있습니까?"

"아무것도 없습니다. 그래서 여러분을 부른 게 아니겠습니까? 도와주십시오."

이때부터 선거 전략이 나오고 조직이 만들어졌다.

희한한 것은, 이런 불리한 상황 속에서도 '아! 내가 되겠구나!' 하는 확신이 하루가 지날수록 더 명료해졌다. 총회장 선거에 큰 영향을 줄 수 있는 한 중진 목회자 한 분까지도 "당신은 안 돼요. 그거 괜한 욕심이오. 교단 개혁은 지금이 때가 아니오" 하고 얼마나 만류했는지 모른다. 그만큼 나는 가망성 없는 후보였다.

이런 소용돌이 속에서 선거 날짜가 하루하루 다가오고 있던 어느 날이었다. 갑자기 앞에서 말한 개혁 성향의 한 모임에서 연락이 왔다. 중요한 현안이 있으니 나와 달라는 것이었다. 내심 이상하다는 느낌이 들었다. 아니나 다를까, 나는 교단 정치에 뛰어들어 모임의 이미지를 실추시키고 모임의 정신을 훼손했다는 명목으로 제명 통보를 받았다. 마음속으로 이런 생각이 들었다.

'이 모임이 처음 결성될 때는 부패한 교회 현실을 바로잡고 교권을 정화하여 한국교회가 복음과 역사에 부끄럽지 않은 존재가 되자는 것이었다. 그런데 현실 정치를 개혁하겠다고 뛰어드는 사람을 돕지는 못할망정 제명을 하다니, 이게 말이 되나? 이러면서도 개혁이라는 허울 좋은 단어를 선점할 수 있다는 것인가?'

하지만 이내 마음은 가라앉았다. 애초부터 감투가 탐나서 나가는 선거가 아니었기 때문이다. 내가 총회의 현실을 걱정하며 기도하던 중에 내면적 확신을 가지고 나가는 선거라면, 그리고 최선을 택할 수 있는 상황이 아니라는 신념을 가지고 나가는 선거라면 사람들이 나를 섭섭하게 대하는 것 따위는 아무 문제가 되지 않았다.

'그래, 지금은 차선, 차악이라도 택해야 하는 상황이다. 하나님께서 나를 총회 개혁과 발전에 조금이나마 기여하게 하시면 그때 가서는 나에 대한 평가가 달라질 것이다. 사람의 대우에 너무 신경 쓰지 말자.'

나는 다시 한 번 마음을 틀어잡았다.

드디어 총회장 선거가 열렸다. 그 선거장에서조차 그 모임의 대표자는 나를 공개적으로 공격했다. 나의 정견이나 개혁 비전에 의문을 표한 정도가 아니라, 명예훼손 수준의 인신공격을 가하였다. 심한 인간적 배신감마저 들었지만, 막상 투표함을 열어 보고 일말의 위안을 얻을 수 있었다. 500대 330의 압도적인 표차로 내가 당선됐다.

총회장을 지내면서 보니, 교단의 운영 상태와 모든 행정 시스템이 부실덩어리였다. 나는 '이대로는 안 된다'라는 판단을 하고 굵직하고 시급한 문제들과 이대로 가다간 교회의 미래가 없겠다 싶은 문제들을 신속히, 그러면서도 신중하게 처리했다. 하지만 현실적인 개혁과 이상이나 구호만으로 그치지 않는 개혁에는 언제나 반작용도 따른다는 것을 알게 됐다.

사실 나는 총회장 임기를 마친 다음에도 당시의 개혁적 프로젝트와 프로그램에 관련해서 많은 고초를 겪고 있다. 전국여전도회의 부지 매입 사건이 한 예이다. 총회에서 여전도회 사업을 활성화하기 위한 목적의 한 고리로서 서초구에 회관 부지를 매입했다. 그 계약은 나의 전전 총회장이 계약하고 그 계약금을 내서 전대 총회장이 지불 완료했다. 따라서 나와는 전혀 무관한 프로젝트였다.

그런데 나의 전대 총회장 재임 시절, 이 부지 매입을 둘러싸고 일종의 의혹이 제기됐다. 부지 매입에 부정이 있다는 제소가 들어온 것이다. 나의 전대 총회장은 '여전도회부지 조사처리위원회'를 구성해서

이 건을 조사하라고 나에게 지시했다. 나는 두 번이나 고사했다. 그럼에도 불구하고 조사처리위원장을 맡아서 엄정하게 조사해 달라고 사정해서 할 수 없이 그 자리를 맡았다. 이것도 다 하나님께서 시키시는 일이겠지 하는 마음으로 그 일을 맡았다.

나는 우리 교단이 복음의 충실성과 더불어 사회적 봉사에도 앞장서야겠다는 긴 안목으로 이 문제를 공정하게 그리고 전향적으로 처리했다. 그 결과 11명의 조사특위원들은 '부지 매입이 합법적으로 이루어졌다'는 결론을 내렸고 이를 총회에 보고했다. 총회는 이 조사를 믿고 받아 주었다. 이렇게 특위가 엄정하게 조사하고 통과시킨 사안이었는데도 어떤 사람은 이 문제를 가지고 지난 2년 동안 나를 여러 번이나 고소했다. 하지만 그 고소들은 모두 무혐의 처리됐다.

### 복음적인 교회연합 사역

한국교회가 안고 있는 구조적인 문제, 그중에서도 신구 갈등 문제를 심각하게 생각하지 않을 수 없다. 또한 복음주의적인 교회연합운동(evangelical ecumenical movement)에도 신경을 써야 하는 긴박함을 여러 모로 느꼈다. 교단 신학교의 난맥상, 내용도 모르고 교회 비판부터 일삼은 사회와 언론의 속성, 교회의 물량화와 세속화를 염려하는 일부 사회와 분위기에 편승하여 윤리주의 관점에서 교회적 삶의 모든 부분을 재단하는 기독교의 아웃사이더들이 교회 비판에 앞장을 선다.

과거 한국교회에서 청년대학생 선교단체가 활발하게 일어났던 것은 교회 현실에 대한 불만이 많았기 때문이다. 젊은이들이 보기에는 교회가 너무 권위주의적이고 고루하며 경직되어 있음에 대해 반발한 것이다. 교회 지도자들이 젊은 세대의 좌절과 변혁 의지를 포용하여 새롭고 자생적인 교회 내 젊은이 사역을 생산할 능력이 없기 때문에 한국교회의 선교단체들이 급격한 성장을 해왔다.

C.C.C.를 위시한 청년대학생 선교단체는 기성교회를 파괴하려는 단체들이 결코 아니었다. 제도권 교회의 힘만으로 안 되는 전도, 양육, 선교의 짐을 나눠 지겠다는 데 반대할 이유가 조금도 없었다. 기성교회에 대해 비난하는 성향은 애초부터 젊은이들의 특권인 만큼 그 진심을 받아들이고 감쌀 수 있는 도량을 가져야 할 것이다.

이런 맥락에서 한기총과 같은 공인된 연합운동체의 역할이 중요하다. 나의 바람은 선교단체 출신의 젊은 세대를 포용해서 교회 개혁에 박차를 가하는 것이다. 이러한 방법이 바람직하고 대안이 된다고 판단된다. 한기총은 수십 개의 교단으로 이루어진 기구이기에 그 영향력이 있다. 그래서 대학생선교회 등을 끌어들여 그들의 사역을 인정하며 특히 대학교 캠퍼스 사역을 그들의 의욕과 전문성을 살려 이뤄가도록 협력하는 사역을 실행한 바가 있다.

사실 한국교회는 전체 기독교인 수는 많지만 정부에 대한 영향력이 천주교보다 약하고 대표성이 미약한 것이 현실이다. 이는 기독교 단체들이 너무 군웅할거식이고 복잡하게 나눠져 있어 영향력을 구사하지 못하고 있는 것이다.

한기총에 대해 일반인들이나 교회에서는 매우 고루하고 매우 보수적이며 변화를 시도하지 않는 정체된 기독교 조직으로 인식하고 있다. 또한 교권 싸움이나 하고 청년들에게는 무관심한 조직이라는 비판의 시선이 많다.

우리는 다원화된 사회와 급변하는 세태 속에 살아가고 있다. 우리 기독교는 이 땅에 들어온 지 겨우 1세기가 조금 지났다. 그러나 불교는 1천여 년의 역사를 갖고 있고, 유교는 5백여 년 이상의 전통을 갖고 우리의 의식과 삶 속에 깊이 뿌리 내리고 있다. 종교의 후발주자인 기독교는 겨우 1백여 년의 역사를 갖고 있기에 불교와 유교의 문화 중에 반기독교적인 정신과 문화를 다 청산하지 못한 상태이다. 이를 극복하는 데에는 많은 시간이 필요하고 교회 나름대로 많은 노력이 따라야 한다.

많은 기독교인들과 목회자들도 그런 문화를 충분히 극복하지 못하고 있다. 그만큼 종교의 힘은 강한 것이고 뿌리가 깊은 것이다. 현재 기독교인이 전체 인구 중에 차지하는 비중이 약 20% 정도이다. 그러나 그에 걸맞는 영향을 한국 전체에 주지는 못하고 있다. 교회사적으로 보면 한국의 기독교 역사의 연륜은 아직 미성년 수준이다.

한국교회가 이 나라에 많은 영향을 주려면 걸출한 기독교 지도자가 배출되어야 한다. 과거 조만식 장로, 김구, 안창호, 이승만 대통령 등과 같은 지도자가 각 분야에서 나와야 한다. 물론 기독교 평신도와 목회자들도 그 영역에서 그에 걸맞는 영향력을 준다면 자유, 평등, 평화가 넘치는 나라가 될 것이다.

이스라엘의 경우, 애초에 여호와 하나님을 4천 년 이상 믿어온 신앙 공동체적 민족이기에 설득이 필요 없다. 그러나 한국은 너무도 다르다. 다양한 종교와 종파가 공존하는 사회에서 세상을 향한 설득과 홍보가 필요하다. 이런 면에서 단일화된 창구가 있어야 한다.

한국교회에 쏟아지는 비난 가운데 교회가 너무 폐쇄적이고 배타적이며 대화와 타협에 매우 부정적이라는 인식이 팽배해 있다. 그러나 사실상 교회가 이 사회에서 교육과 구제, 봉사활동 등 다양한 많은 사역으로 기여하고 있는데 홍보가 부족하였다. 예를 들어서 북한에 보내는 구호물자 가운데 거의 70% 이상이 기독교 단체이고 천주교가 약 20%, 불교가 약 10% 정도이다. 이처럼 한국교회는 평화통일, 복음통일에도 앞장서면서 선도하고 있다.

특히 개교회들이 지역사회의 가난하고 소외된 이웃들을 향한 다양한 사역으로 구제와 봉사 활동을 하고 있다. 이는 통계에도 나타나지 않는 은밀한 많은 사역으로 이 사회에 공헌하고 있다. 한국교회가 어느 종교단체나 일반 사회단체보다 양적으로나 질적으로 이 사회를 아름답고 살기 좋은 환경을 만드는 데 이바지하고 있음을 대외적으로 알릴 필요가 있다.

### 한기총 사역의 역할

'한국기독교총연합회'라고 하면 많은 이들이 마치 교회의 정치꾼들이 모인 집합체인 것같이 약간은 정치적인 고정관념을 갖고 보기도 한다. 애초의 설립 취지는 기독교계가 뭉쳐서 자기 이익을 대변하자는 것이 아니었다. 보수교단과 그 사역자들의 집합체가 아닌, 새 시대에 새로운 일들을 범교파와 범교단적으로 함께 도모하자는 것이었다. 내가 2년 동안 한기총 회장으로서 그 사명을 감당하는 동안 수없이 많은 어려움을 겪었다.

한기총 내에 직능별로 단체를 많이 만들어서 활발하게 움직일 계획을 만들었다. 예를 들어서 차세대 목회자 100인(대표: 연동교회 이성희 목사)을 선정하여 전문 영역을 분배하여 중장기 연구 프로젝트를 수행하고 세미나도 여는 등 많은 행사를 하였다. 한편 사회 부문의 여성 지도자들을 교수, 법조인, 기업인, 의료인, 교사 등으로 모임을 만들어서 활동하도록 하였다. 3·1운동이 기독교 지도자 주도로 일어난 것처럼 미래 한국 사회에서 기독교가 기여할 수 있는 조직을 엮어놓은 셈이다. 이 일을 하는 데 꼬박 1년 반이 걸렸다.

나는 한기총 역사상 제일 나이가 어린 대표가 되었다. 함께 일하는 임원들도 대부분 나보다 나이가 많았다. 사실 임직 초기에는 경직화된 조직을 활성화하는 데에 힘도 들고 시간도 많이 걸렸다. 하지만 한국 사회에서 기독교가 균형 잡힌 시각을 가지고 건전하게 기여할 길을 모색하자는 원래의 좋은 취지와 경륜을 자랑하는 임원진들의 노력 덕분에 한국 사회에서 무시할 수 없는 선한 영향력을 행사했다.

내가 부임한 이후 한기총에 대한 인식이 많이 달라졌다. 교계와 심지어는 사회 일각에서도 "한기총밖에 기댈 곳이 없다", "침묵하고 있는 다수의 목소리를 균형감각을 갖고 전하고 있다" 등의 칭찬을 하였다. 감사한 것은 그 당시 한기총에 대한 평가가 점점 좋아졌고, 이데올로기의 강한 소용돌이 속에 빠져 있던 한기총이 균형 잡힌 시각으로 일정한 목소리를 소신껏 내자, 비신자들도 우호적인 태도를 보이기 시작했다. 또한 언론도 비판적인 몇 개의 신문사를 빼놓고는 대체적으로 좋은 평가를 해주었다.

2003년 대통령 선거 이후, 마치 해방 직후처럼 이념의 충돌, 세대 간의 갈등, 진보와 보수의 노선 문제, 첨예한 노사 갈등 등 사회 전반에 걸쳐서 많은 문제들이 불거져 나왔다. 기존의 질서가 모두 무너지는 듯하였다. 그 혼란 속에서 경제가 침체되고 민심도 흉흉해졌다.

나아가서 미션스쿨에도 큰 위기가 닥쳤다. 우리나라의 전체 사립학교 400여 개 가운데 350개가 교회에 의해 설립된 기독교 사학들이었다. 그런데 전교조가 나서서 학교의 설립 정신을 무시하고 학생과 교사가 학교 운영 전반을 좌지우지하겠다고 나서서 교계로서의 큰 우려 사안이 아닐 수 없었다.

새로운 대통령 등장 이후 사상과 이념의 혼란이 급진적으로 찾아오고 미군 철수까지 들고 나오는 등 나라의 장래가 흔들릴 정도의 큰 갈등과 대립이 난무하였다. 사회 전체가 사상과 이념의 아레나(로마시대의 검투장)가 된 것은 아닌지 몹시 우려되었다.

바로 이러한 대혼란기에 한기총은 그리스도인들의 회개운동을 골자로 하고 여기에 북한 반대와 김정일 독재 반대, 자유경제의 보호 등을 사회적인 이슈로 제기하는 길거리 집회를 열었다. 이 집회에 수십만 명이 참가하여 국민들로부터 많은 호응과 지지를 받았다.

2004년 3월 4일 대학로 마로니에공원에서 약 12만 명이 모여 집회를 인도할 때도 진보, 보수를 모두 대상으로 행하였다. 엄밀히 말하면 한기총은 보수도 진보도 아닌 예수 편인 것이다.

분명한 나의 이념은 반공주의이다. 나는 이북에서 태어나 어린 시절인 주일학교 때에 핍박을 받았다. 성탄절이 되기 며칠 전에 교회 아이들을 트럭에 태워서 시골로 강제 이동시키고 감금해서 성탄절을 지내지 못하도록 하였다. 그때 추운 방에서 며칠을 보낸 두려움과 배고픔의 고통은 지금도 잊지 못한다. 결국 우리 가정과 친족들은 신앙의 자유를 찾아 1·4후퇴 때 남으로 내려왔다. 그래서 공산주의에 대해서는 누구보다도 배척하였다.

언론과 기업, 그리고 여러 사회단체들의 평가에 의하면 이 집회를 통해 사회적인 동요가 진정되고, 실제로 경제지표가 안정되는 등 실제적인 효과가 있었다. 한기총이 이념 단체는 아니지만 우리 사회의 일방 편향적인 이념화를 막자고 했을 때, 중산층, 기업인들, 보수적인 가치관을 지닌 사람들이 조금은 안도하게 되었다. 이로써 사회적으로 건강한 다양성을 확보하는 데 기여했다고 자평하고 있다.

이로 인해 한국교회가 교회 안의 문제만이 아닌 범사회적, 범국가적 중대 사안에 대해서 기독교의 가치관과 역사의식을 갖고 이 나라와 민족을 향하여 선지자적인 교회의 목소리를 냈던 것이다. 이는 거저 되는 것이 아니라 한기총이 그만한 용기와 결단과 진리와 정의에 편에 서겠다는 시대적 소명감으로 감당했던 것이다.

## 칼빈대학교와 총신대학교 총장을 지내면서 배운 점

칼빈대학교 총장으로 부임할 당시에 학교 재정이 열악하였다. 교수들을 보강하고, 학교를 일신하였다. 칼빈대학교 출신들을 군목으로도 많이 진출시켰다. 칼빈대학교 총장을 하면서 신학생들의 영성과 지성을 한 단계 끌어올릴 스파르타식 경건훈련인 '1440 운동'을 발표했다. 1440 운동은 '하루에 1회, 4시간씩 기도하고, 40장씩 성경을 묵상한다'는 내용이다. 칼빈대학교 제5대 총장에 취임하면서 한국교회를 부흥시킬 원동력은 영적 경건운동이라고 강조했다.

한국교회 정체 현상을 염려하는 이들은 많으나 대안을 제시하는 이는 거의 없다. 경건을 회복하면 교회는 자연스럽게 부흥한다. 칼빈대학교 신학생들에게 1년 동안 의무적으로 수도원적 기도·금식·묵상 훈련을 받게 하였다. 교회가 살면 국가가 살아난다. 교회가 쇠락하면 국가도 쇠락한다.

예장합동 총회장, 한국기독교총연합회 대표회장 등을 역임하면서도 강조했지만, 칼빈대학교 총장을 하면서도 말씀 중심, 기도 중심의 목회와 특유의 친화력을 바탕으로 '목회와 연합운동에 성공한 목사'라는 평을 받았다. 한기총 대표회장 때는 일곱 번이나 옥외집회를 했다.

칼빈대학교 발전에 기여한 분이 참 많다. 김규당, 김윤찬, 최훈, 이주영, 김의환 여러 목사의 헌신을 잊을 수 없다. 칼빈대학교 개혁주의 신앙과 신학의 두 기둥 위에서 삶의 전 영역에 그리스도의 향기를 발하는 인재를 양성하는 믿음의 전당이다. 2010년부터는 모든 과목의 영어 수업을 활성화하였다. 히브리어, 헬라어, 라틴어 등 언어 훈련도 강화했다.

좋은 스승을 만나는 것이 최고의 복이다. 교수들의 연구활동을 지원하고 학생들에게 장학금을 마련해 주었다. 3,000평의 교사를 신축하고 해외의 우수한 대학들과 교류의 폭을 넓혔다. 학교의 경쟁력을 키워나갔다. 칼빈대학교의 성장과 발전을 위해 8,700여 명의 동문이 힘을 모아가는 것이 중요하다.

총신대학교 총장을 지내면서 가장 마음에 남는 일은 영어 M.div. 과정을 신설한 것이다. 그러나 실력자들이 너무 적었다. 미국의 7, 8곳을 다니면서 MOU를 맺기도 하고, 부족한 부분들은 인격적, 영적으로 영향을 주려고 하였다.

2013년 12월 17일, 총신대학교 제5대 총장으로 선출되면서 재정 확충에 힘썼다. 신학대학원 과정을 전액 장학금으로 만들기 위해 예장합동 소속 중대형교회의 지원과 교회 내 중소기업인들의 지원을 끌어들였다. 이사들에게 모금액 230억 원을 약속했었다. 총신대학교는 종합대학이지만 뿌리는 신학교다. 이 점을 생각해 커리큘럼을 조절하면서 개선하였다. 신대원은 전액 장학금을 지급해 주도록 힘썼다. 이사들과 협의해 1월중에 학생들을 만나 문제를 청취해 대안을 만들었다.

또 총신을 총신답게 일으켜 세우는 데 헌신하였다. 기독교인 실업인들을 발굴해 재정 지원을 받았다. 그리하여 신대원은 전액 장학금을 지급하도록 힘썼고, 신학생들에게 맞춤형 교육을 시키려고 했다.

신학교는 인간의 뜻과 계획으로는 안 되고, 하나님의 섭리로 인도된다. 신학교에 신본주의 사상을 심어주어야 한다. 성경 중심의 교육을 해야 한다. 국제화 시대에 맞는 인재를 길러내야 한다.

### 세상을 향한 빛과 소금의 사명을 위하여

정교 분리, 즉 교회는 정치에 관여하지 않고 정치는 종교 영역을 넘어 들어오지 않는다는 이론과 해석 자체가 온당하지 못하고 비성경적이다. 만약 이분법적으로 종교와 정치를 분리하면 성경에 없어져야 할 구절이 많다. "너희는 세상의 빛이요 소금이라"는 말씀에서도 세상이라는 말을 빼야 할 것이다.

빛은 어둠으로 들어가야지 빛끼리 모여들면 안 된다. 태양이 작열하는데 등잔을 드는 어리석음과 같다. 소금은 물에 들어가서 정화시키는 것이 소금의 역할인데 소금끼리 모여 있으면 녹지 않고 존재 가치가 없는 것이다.

정교 분리가 원칙적으로 틀렸다고 생각하지 않는다. 사실 정교 분리가 무시되어서도 안 된다고 본다. 다만 시대 정황과 사회의 모든 여건이 과거와는 너무 달라졌다는 데서 문제의 핵심을 찾아야 할 것이다. 복잡다난한 현대 상황, 사회의 구심점이 없어진 이때 공동체 전체가 표류하는 국면을 교회가 방관만 하고 있으면 안 된다.

오늘의 기독교의 가장 큰 가치는 빛이 어둠으로, 소금이 물로 들어

가는 것이다. 이 혼탁한 사회에 복음을 들고 들어가서 사회를 정화시키며 개혁하려면 기독교 자체가 자신의 실천에 관하여 별개의 관계에 있어서는 안 된다. 부패한 사회에 들어가서 내 역할을 감당할 때 거기서 그리스도의 향기가 나온다. 우리는 불완전하지만 우리가 믿는 하나님은 완전하시므로 우리의 불완전함 속에서 완전하게 역사하시는 하나님의 역사를 사회에 소개할 기회를 자꾸 만들어야 한다. 이것이 하나님을 기쁘시게 하는 일이다.

사회의 어지러움을 보고도 '될 대로 되라' 식의 사고를 가지고 있다면 이것은 하나님의 올바른 복음 사역 자세가 아니다.

예를 들어서 독일의 히틀러라는 광분한 독재자가 제국교회라는 단체를 만들어서 모든 교회를 그의 발아래 두고 독재 정치에 굴복하며 협조할 것을 강요할 때에 많은 독일의 개신교회들과 가톨릭 교회들이 굴종하였다. 그러나 독일의 신학자인 본회퍼는 불의에 짝하지 않고 "미친 자에게 운전대를 맡길 수 없다" 하며 라디오를 통해 독재정치에 항거했고, 여기에 뜻을 같이한 교회들이 연합체를 만들어 '고백교회'라고 하였다. 그는 영국에서 라디오를 통한 방송 선교를 하다가 독일의 교회들이 핍박을 받자 고난에 동참하여 진리의 목소리를 내기 위해 목숨을 걸고 독일로 들어가서 체포당하여 사형에 처해졌다.

우리나라의 민족사와 교회사에서도 1919년 3·1만세운동이 교회의 장로님들과 목사님들의 주도하에 이루어졌다. 일제강점의 만행과 폭거에 비폭력으로 저항한 만세운동으로서 그 당시 교회는 불의한 일제의 강점에 항거하였다. 즉 교회가 불의에 대하여 굴종하지 않고 정의의 횃불을 든 것이었다.

이렇게 정치, 사회, 문화 등 폭넓게 범사회적으로 하나님의 말씀을 듣고 나라와 사회의 불의와 폭정과 부패에 대해, 인권에 대해 사랑과 진리와 정의를 외치며 실현하는 것이 교회의 역할이기도 하다. 개개인의 영혼 구원만이 아닌 그 사회와 나라를 하나님의 나라로 만들어 가는 것이 교회의 사명이다. 여기에는 교회와 그 구성원인 성도들의 참여가 있을 때에 비로소 세상 속의 빛과 소금이 되는 것이다.

내가 기독교 계통의 대표를 맡게 된 것은 명예심이나 만용에서 비롯된 것은 아니었다. 대한예수교 장로회 합동 측 교단의 부총회장에 출마하여 당선되고 총회장에 당선되고 총신대의 운영이사장과 한기총 대표 연임 등 여러 봉사직을 맡아 해왔지만 이 자리를 권좌처럼 생각한 적이 없다.

하나님께서는 나로 하여금 한기총 회장직을 연임하도록 인도하셨다. 정관에는 1년 연임할 수 있다고 되어 있으나 한기총 역사상 연임한 예가 없었다. 한기총 중진들의 요청에 따라 한 번 더 그 사명을 감당하게 되었다. 그들의 뜻은 그동안 한기총을 비약적으로 발전시켰기 때문에 한 번 더 연임하여 결실을 맺게 하라는 요구였다.

한기총과 한국기독교교회협의회(KNCC)는 교회 연합체라는 면은 같지만 여러 면에서 차이가 있다. KNCC는 인권운동과 남북관계 개선 등에서 기독교의 입장을 밝히고 사회를 변혁하는 일에 크게 공헌했다. 그러나 한기총은 애초부터 한국교회의 대표기관으로서 교회의 부흥과 발전을 통하여 사회 전체에 기여하고자 하는 기관이기에 양대 기관의 초점이 다르다.

그 당시는 국가와 교회가 총체적으로 크나큰 혼돈의 격변기였다.

기독교가 그 상황 속에서 해야 할 일들이 산적하였다. 한국의 교회를 대표하는 '한기총'으로서 목소리를 내야 했고 발로 뛰어야 했으며 많은 집회에 가야 했기에 하루에 4시간 이상 자 본 적이 없다. 수많은 회의 주재와 참여와 손님 대접 등 정말 살인적인 일정이었다. 손님 대접으로 어느 때는 식사를 5, 6번 하기도 하였다. 그로 인해 당뇨가 심해져 고생을 하였다. 분명한 진리는 '역사는 다수가 이끌어 가는 것이 아니라, 한두 사람의 지도자가 바로 설 때에 역사도 바로 설 수 있다'는 것이다.

하나님께서 주신 내적 소명의식을 갖고 매번 봉사의 자리에 나갔다. 그 자리는 마치 전투를 치르듯 하면서 개혁을 해야 하는 현장이었다. 이를 감당하기 위해 기도하면서 성령의 인도함을 따라 그분의 음성을 듣고 오늘까지 감당해 온 것이었다. 물론 그런 과정에 많은 시기와 질투와 투서와 고발 사건으로 정신적으로 많은 고통을 받았다.

그러나 법적으로 내가 불의를 행한 적도 없었고, 재물에 대한 부정을 행한 적도 없었다. 이는 법정에서 모두 시시비비가 가려졌고 모두 무혐의 처리가 되었다. 그때마다 하나님께서는 나를 법정에 고소한 그들의 목전에서 나의 머리에 기름을 발라주셨다.

> 시 23:5 "주께서 내 원수의 목전에서 내게 상을 차려주시고 기름을 내 머리에 부으셨으니 내 잔이 넘치나이다."

◉ 나의 목회 현장에서 발견한 한 줄 목회보감 10
   한국교회는 세상의 빛과 소금이 되어야 한다.

> 에필로그

# 나는 서산의 낙조처럼
# 남은 생애를 살아가고 싶다

　나의 목회자로서의 일평생 여정은 "오로지 기도하는 일과 말씀 사역에 힘쓴 일"이었다. "오로지 기도와 말씀"으로 일군 왕성교회는 나의 첫 사역지이자 은퇴하기까지 목회 여정의 전부였다. 기도와 말씀이라는 목회 동력은 기도운동과 성경쓰기운동이라는 왕성교회의 믿음의 유산을 남겼다. 책을 쓰면서 미래 한국교회의 부흥 성장을 위해서 왕성교회의 양적·질적 성장의 기초를 닦은 "기도와 말씀 사역"에 대해서 이야기를 하였다.

　부족한 종의 80평생을 돌아보면서 '목회현장에서 발견한 목회보감'을 크게 세 부분으로 나누어서 썼다.
　첫 번째 부분은 나의 인생, 나의 고백으로서 훌륭한 믿음의 부모님과 멘토를 통해서 믿음의 사람으로 준비된 이야기와 한의사에서 목회자로 부름받은 내용을 썼다.
　두 번째 부분에서는 나의 목회 사역에 대한 이야기를 돌아보며 썼다. 나의 목회 사역은 영성목회였다. 목회 현장에서 발견한 목회의 보감과 같은 이야기들과 리더십의 문제, 그리고 교역자들을 위한 충언과 강단에서 외쳤던 설교 중 몇 편을 정리했다.

마지막 세 번째 부분에서는, 한국교회를 향한 원로의 제언으로, 뉴노멀 시대에도 변함없이 목회의 본질인 말씀과 기도에 집중해야 할 것과 한국교회의 빛과 소금의 역할에 대해서 이야기하였다.

이제 부족한 종의 일평생과 목회 사역을 돌아보면서 쓴 "목회현장에서 발견한 목회보감"을 마치려고 한다. 지나온 80평생의 생애는 전적인 하나님의 은혜였고, 이번에 책을 쓰면서도 크신 은혜를 경험했다. 이제 나의 남은 생애는 서산의 낙조처럼 살아가고 싶다.

책 출간을 위해서 기도해주신 모든 분들께 감사드린다. 전문가의 조언으로 책의 방향을 잡아 준 월간목회 박종구 목사께 감사드리며, 수고해주신 코칭 전문작가 박성배 박사께도 감사드린다. 그리고 쿰란출판사 이형규 장로와 모든 편집위원 여러분께 깊이 감사드리며, 모든 영광을 하나님께 올려드린다.

2021년 9월
길자연

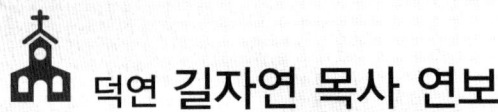 덕연 길자연 목사 연보

부 길항렬 장로와 모 이도신 권사의 장남으로 1941년 4월 19일 평안남도 안주에서 출생.

## 1. 학력과 학위

| | |
|---|---|
| 1960. 2. | 대광고등학교 졸업 |
| 1960. 3.~1964. 2. | 경희대학교 한의학과 학사(B.S.) |
| 1970. 3.~1973. 2. | 총신대학교 총회신학연구원(M.Div.) 석사 |
| 2001. 4. | 풀러신학교 목회학박사(D.Min.) |
| 2004. 2. | 서울기독대학교 명예신학박사 |

## 2. 목회 경력

| | |
|---|---|
| 1973. 3.~1973. 9. | 기도원에서 기도 시작 |
| 1973. 9. | 봉신제일교회 전도사(동년 10.27 강도사 인허) |
| 1973. 12. | 교회 명을 봉신제일교회에서 한가람교회로 변경 |
| 1976. 2. | 교회 명을 한가람교회에서 신림동교회로 변경 |
| 1977. 10. | 교회당 봉헌 |
| 1979. 6. | 길자연 목사 위임 |
| 1982. 3. | 길자연 목사 소유 십자수기도원 교회에 헌납 |
| 1983. 10. | 새성전 본당 입당 |

| | |
|---|---|
| 1988. 9. | 교회 명을 신림동교회에서 왕성교회로 변경 |
| 1990. 12. | 출판사 신설 등록(도서출판 왕성) |
| 1991. 2. | 《왕성신문》 창간 |
| 1995. 3. | 장애인 교회 설립 |
| 1995. 9. | 왕성수양관 성전 기공 |
| 1997. 1. | 왕성교회 노년부 창립 |
| 1997. 3. | 외국인 교회 설립 |
| 1998. 5. | 왕성교회 인터넷 홈페이지 개설 |
| 1999. 2. | 관악구립 난우 어린이집 인수 |
| 1999. 9. | 태신자 전도운동 전개 |
| 2000. 1. | 가정사역원 설립 |
| 2000. 10. | 에벤에셀 쉼터 개원 |
| 2001. 1. | 이웃사랑실천회 창립 |
| 2003. 5. | 과천왕성교회 설립 |
| 2005. 10. | 과천드림센터 기공 |
| 2006. 11. | 월드비전센터 헌당 |
| 2007. 9. | 왕성 문화센터 개관 |
| 2012. 12. | 길자연 담임목사 원로목사 추대 및 길요나 목사 4대 담임목사로 위임 |

## 3. 국내외 선교 사역

해외 장기파송 선교사 20명
협력 선교사 27명
현지인 선교사 17명

선교회, 공산권 미디어 선교회, 군경찰선교회, 의료선교, 지역선교, 기타 선교, 국내 미자립교회 등 100개 교회, 기관 후원

| | |
|---|---|
| 1991. 12. 22. | 윤상수, 신재경 선교사 가정 우크라이나 파송 |
| | 안순철, 김윤희 선교사 가정 러시아 파송 |
| 1992. 1. 1. | 농어촌 미자립교회 300교회 선정 지원 |
| 1992. 3. 18. | 얄타 왕성교회 창립 |
| 1992. 6. 28. | 우크라이나 심페로폴 왕성교회(윤상수 선교사) 창립 |
| 1992. 7. 30~8. 20. | 왕성비전트립 단기선교팀 출국 |
| 1992. 8. 3. | 김주경, 양천근 선교사 가정 영국 파송 |
| 1993. 6. 27. | 러시아 모스크바 왕성교회(안순철 선교사) 창립 |
| 1994. 4. 17. | 박종국, 장은혜 선교사 가정 에티오피아 파송 |
| 1996. 2. 25. | 이모세, 배수지 선교사 가정 A국 파송 |
| 1997. 3. 3. | 하로하 왕성교회 설립(중화인민공화국 요녕성 관전현 하로하: 유에스더 선교사) |
| 1999. 7. | 해외선교부 세미나 겸 수련회 개최(가평 풍림콘도) |
| 1999. 8. 20~25. | 해외선교부 주관 A국 선교지 방문(5박 6일): 유윤산 집사 외 12명 |
| 2000. 1. 12. | 청년단기선교팀 우크라이나(윤상수 선교사) 방문 시 해외선교부 마련 키에프선교센터용 주택 구입비 $10,000 전달 |
| 2000. 2. 27. | 북방선교부 초청 북한 귀순동포 환영행사(50명) |
| 2000. 3. 5. | 유도영 선교사 파송 |
| 2000. 4. 12. | 군선부 주관 군부대 위문예배(경기도 파주 26사단) |
| 2000. 5. 29~6. 6. | 해외선교부 주관 브라질 선교지 방문(8박 9일, 브라질 새날선교회: 이화평 선교사/ 길자연 목사 외 16명) |

| | |
|---|---|
| 2000. 6. 22~27. | 북방선교부 주관 중국 내 조선족 현지교회 및 북한 탈북자 방문 위한 중국선교지 탐방(박영철 장로 외 17명) |
| 2000. 7. 28~8. 5. | 해외선교부 및 의료선교부 주관 에티오피아(박종국 선교사)의 의료선교 및 선교지 방문(8박 9일, 선교 차량 구입 헌금 3,800만 원 전달/ 인솔 교역자: 임석종 목사, 유윤산 집사 외 10명) |
| 2000. 12. 17. | 국내선교부 주관 국내 미자립교회 성탄 및 연말 맞이 선물 및 후원 물품 전달 |
| 2001. 1. | 왕성세계 선교위원회 조직구성(초대위원장: 박영철 장로) VISION 2010(300.20.10) 계획 수립(300명 선교사 지원, 20개 미전도 종족 입양, 10개 북한교회 재건) |
| 2001. 2. 28~3. 1. | 해외선교부 주관 해외선교 세미나 개최(유일레저/ 강사: 길자연 목사 외) |
| 2001. 3. 27~24주 | 관악 LMTC 개강(제1기/ 총회GMS부설) |
| 2001. 5. 13. | 군선교부 주관 해병대 사령부 방문(화성시 발안/설교: 길자연 목사) |
| 2001. 6. 6. | 의료선교부 주관 무의촌 진료봉사(경북 성주군 수륜제일교회 이·미용선교회, 국내선교부, 전도특공대 협력하여 사역) |
| 2001. 7. 11~20. | 해외선교부 러시아(안순철 선교사) 트베르교회 헌당식 참석 및 러시아 선교지 방문(8박 9일, 건축헌금 5,200만 원 전달/ 인솔 교역자: 최종근 목사, 유윤산 집사 외 12명) |
| 2001. 7. 21. | 군선교부 주관 군선교를 위한 군부대 위문예배(육군제26사단/ 강사: 길자연 목사) |
| 2001. 7. 30~8. 4. | 북방선교부 주관 중국 선교지 방문 |

| | |
|---|---|
| 2002. 2. 28~3. 1. | 해외선교부 주관 선교세미나 개최(청평풍림콘도/ 강사: 길자연 목사, 유병국 선교사 외) |
| 2002. 3. 21~24주 | 관악 LMTC 개강(제2기) |
| 2002. 5. 5. | 평신도 자비량 선교사 파송예배(A국 Hn지역: 김화운 집사) |
| 2002. 6. 19. | 하계 선교사역을 위한 기도회 개최(우크라이나 선교팀, A국 선교팀, 의료, 이·미용 선교팀, 관악 LMTC 2기팀) |
| 2002. 7. 22~31. | 해외선교부 주관 우크라이나(윤상수 선교사) 선교지 및 터키 성지순례 방문(키에프선교센터 헌금 3,800만 원 전달/ 인솔 교역자: 김현진 목사, 유윤산 집사 외 13명) |
| 2002. 8. 1~6. | 의료선교부, 이·미용선교회, 관악 LMTC 2기 공동 주관 A국 선교지 방문 및 의료봉사 |
| 2003. 1. 23. | 의료선교부 교회 내 매주일 의료 진료 시작(매주일 오전 11시경~오후 3시경) |
| 2003. 3. 15~24주 | 관악LMTC 개강(제3기) |
| 2003. 3. 9. | 브라질 이화평 선교사 파송 |
| 2003. 4. 27. | 미얀마 정훈채 선교사 파송 |
| 2003. 6. 6. | 의료선교부 주관 무의촌 진료 봉사(금동교회/ 이·미용 선교회, 국내선교부 협력) |
| 2003. 6. 15. | 군선교부 주관 군부대 방문예배(의정부 불문리 기갑 수색 대대) |
| 2003. 7. | 해외선교부 주관 A국(이모세 선교사) H선교센터 기공식 참석 및 선교지 방문(대지 300평/ 건축헌금 3,000만 원 전달/ 인솔 교역자: 곽성덕 목사/ 유윤산 집사 외 10명) |
| 2003. 7. 7~11. | 세계선교를 위한 한 주간 특별새벽기도회 개최(강사: 윤상수 선교사, 안순철 선교사) |

| | |
|---|---|
| 2003. 8. 5~15. | 관악LMTC 3기 해외선교 탐방(파키스탄) |
| 2004. 1. 31. | 왕성 세계선교위원회 새출발, 새다짐대회 개최(장소: 2층 소예배실/ 강사: 길자연 목사) |
| 2004. 2. 29~3.1. | 해외선교부 주관 선교세미나 개최(장소: 화성시 월문리 GMS 훈련원/ 강사: 권혁승 교수 외) |
| 2004. 6. 10~19. | 해외선교부 주관 출애굽 경로 체험 성지순례(이집트, 요르단, 이스라엘/ 유윤산 집사 외 11명) |
| 2004. 9. 13. | 해외선교부 주관 출애굽 실업인선교회 제1회 왕성골프대회 개최(장소: 기흥골프CC) |
| 2004. 10. 24. | A국 김현진, 장경순 선교사 파송 |
| 2005. 2. 5. | 군선교부 주관 육군3293부대 내 용광로교회 성전헌당예배 참석 및 부대 방문 |
| 2005. 3. 5. | 해외선교부 선교세미나 개최(장소: 2층 소예배실/ 강사: 길자연 목사, 김주경 선교사 외) |
| 2005. 4. 21~23. | 북방선교부 주관 금강산 탐방여행(2박 3일) |
| 2005. 5. 2~6. | 미얀마(정훈채 선교사) 기숙사사역 선교센터 개원예배 참석(4박 5일, 강사: 길자연 목사, 유윤산 장로 외 13명/ 기숙사 기자재 컴퓨터 30대 외 마련 후원금 US$ 20,000 전달) |
| 2005. 8. 13~18. | 의료선교부 주관 인도(로수종, 진혜경 선교사) 해외 의료선교, 해외선교부 협력/ 인솔 교역자: 허세영 목사, 심창식 장로 외 15명(인도 로수종, 진혜경 선교사/ 해외선교부 협력) |
| 2005. 10. 30. | 왕성 세계선교위원회 헌신예배(강사: 길자연 목사) |
| 2005. 11. 5. | 군선교부 주관 육군8750 보병대대 내 선교교회 개보수 기념 예배 및 장병위문 참석 |

| | |
|---|---|
| 2006. 4. 4~24주 | 관악 LMTC 개강(제4기) |
| 2006. 6. 4. | 인도 로수종, 진혜경 선교사 파송 |
| 2006. 7. 15~19. | 청년교회 일본단기선교 대회 참석 및 일본 현지인 교회 방문(제일대한기독교 동경교회 외) |
| 2006. 8. 10~14. | 관악 LMTC 4기 해외선교지 탐방(미얀마) |
| 2006. 9. 29~10.8. | 의료선교부 주관 해외선교지 의료봉사(9박 10일, 에티오피아 박종국 선교사/ 내과, 치과, 한방, 임상병리 등) |
| 2006. 9. | 북방선교부 주관 북한동포 사랑의 모포 보내기 운동 전개 |
| 2006. 11. 5. | 이라크 파병부대 환송 및 위문예배 참석(신월동 제1공수 특공여단) |
| 2007. 4. 3~24주 | 관악 LMTC 개강(제5기) |
| 2007. 6. 6. | 의료선교부 주관 농어촌 의료봉사(제천백암교회/ 아바연합의료선교회 협력) |
| 2007. 8. 13~17. | 관악 LMTC 5기 해외선교지 탐방(캄보디아: 김대윤 선교사) |
| 2007. 8. 27. | 군선교부 주관 군부대 방문(양덕원 소재 7018부대) |
| 2008. 1. | 왕성세계위원회 명칭 변경- 왕성세계선교회 |
| 2008. 2. | 필리핀 김명환, 김미언 선교사 파송 |
| 2008. 2. 14. | 왕성세계선교회 정관 마련 |
| 2008. 2. 14. | VISION 2010(300.20.10) 수정 |
| | VISION 2020(300.20.20)(300명 선교사 지원, 20개 미전도 종족 입양, 20개 북한교회 재건) |
| 2008. 2. 23. | 한국선교의 위기관리세미나 개최(선교국 주관/ 강사: 강승삼 목사) |
| 2008. 4. 1~24주 | 관악 LMTC 개강(제6기) |

| | |
|---|---|
| 2008. 6. 6. | 의료선교부 주관 기름 유출 피해 지역 의료봉사(충남 태안군 천리포교회당/ 아바연합의료선교회 협력) |
| 2008. 6. 6. | 이·미용선교회 주관 미자립교회 이·미용봉사(양평 금동교회) |
| 2008. 6. 22. | 군선교 주관 진중세례식 진행(제30기계화보병사단/ 진중세례자 240명) |
| 2008. 9. 12~15. | 의료선교부와 아바연합의료선교회 공동주관 중국북경 지역 삼자교회 지원 의료선교 |
| 2008. 10. 4. | 인도(로수종, 진혜경 선교사) 벵갈어 악보 찬송가(인도 최초) 발간 |
| | 인도 현지 기념예배 참석(참석자: 유윤산 장로/ 벵갈어 악보 찬송가 제작비 1,800만 원 후원) |
| 2008. 10. 26. | 왕성세계선교회 헌신예배(강사: 박건 목사) |
| 2008. 11. | 우크라이나 선교 차량(7인승 4륜구동) 구입을 위하여 주일 대예배 시 전교인 대상으로 실시한 특별헌금 2,500만 원 송금 |
| 2008. 12. 6~7. | 탈북민 정착 지원 1박 2일 홈스테이 사역 섬김: 북방선교부 |
| 2008. 12. 7. | 군선교부 주관 국군장병을 위한 겨울철 사랑의 온차 보내기 운동 성금 모금 실시 |
| 2009. 3. 17~24주 | 관악 LMTC 개강(제7기) |
| 2009. 6. 6. | 군선교부 주관 진중세례식 진행(인천 부평 육군 제17포병사단) |
| 2009. 6. 6. | 의료선교부 주관 미자립교회 의료봉사(충남 동산교회) |
| 2009. 10. 25. | 왕성세계선교회 헌신예배(강사: 길자연 목사) |

| | |
|---|---|
| 2009. 11. 6~13. | 우크라이나 제3교회 헌당예배 참석 및 프랑스 파리(김주경 선교사) 선교지 방문(제3교회 건축 난방시설비 후원금 1,200만 원 전달/ 우크라이나 GMS 소속선교사 세미나 및 파리한인교회 연합새벽 기도회 참석, 강사: 강승삼 선교국장/ 유윤산 장로, 김정기 장로 참석) |
| 2010. 3. 9~24주 | 관악 LMTC 개강(제8기) |
| 2010. 5. 5. | 의료선교부 주관 농어촌 의료선교(강원도 횡성군 부곡교회당) |
| 2010. 7. 5~14. | 왕성세계선교회 주관 A국(김현진 선교사) 선교지 방문 및 멕시코 한인교회사역(8박 10일, 강사: 길자연 목사/ 김정기 장로 외 6명) |
| 2010. 7. 11. | 군선교부 주관 진중세례식 진행(인천 부평 제7보병사단) |
| 2010. 7. 25. | 북방선교부 주관 탈북민 간증의 시간 마련 |
| 2010. 9. 20. | 해외선교부와 제7남전도회가 협력하여 A국 H성 청소년 문화센터 총 대지 4,500평 땅 밟기 및 미래 A국 Hn지역 왕성선교센터 건축을 위한 씨앗헌금 작정 실시(제7남전도회장 유윤산 장로 외 18명 참석) |
| 2011. 1. 21~23. | A국 H성 청소년 문화센터 기공식 참석(참석자: 유윤산 장로, 김정기 장로 외/ C동체육관, 선교센터 건물 건축비 왕성교회에서 후원하기로 함) |
| 2011. 3. 15~24주 | 관악 LMTC 개강(제9기) |
| 2011. 7. 2. | 군선교부 주관 진중세례식 진행(맹호부대 신병교육대/ 진중세례자 400명) |
| 2011. 9. 4~9. | 파송선교사 초청 한 주간 특별새벽선교부흥회 개최(초청 강사: 김주경 선교사, 이모세 선교사, 안순철 선교사, |

|            |                                                                                                                    |
|------------|--------------------------------------------------------------------------------------------------------------------|
|            | 박종국 선교사, 김현진 선교사, 윤상수 선교사)                                                                       |
| 2011. 11. 10. | 군선교 주관 군부대 방문(강원도 고성 보병제22사단 55연대) 건봉산대대                                           |
| 2012. 3. 13~24주 | 관악 LMTC 개강                                                                                              |
| 2012. 3. 26~4. 1. | 러시아 장로교단 설립 준비를 위한 현지 지도자 한국 방문 시 지원(인솔자: 안순철 선교사/ 방문 인원: 9명/ 국내 체류비 지원/ 서울대호암호텔) |
| 2012. 4. 24. | A국 H성 청소년문화센터(A국 Hn지역 왕성선교센터) 준공식 참석(준공식 축사: 김정기 장로/ 건축비 7,600만 원 후원/ 건축비 후원부서: 왕성세계선교회, 제7남전도회, 아시아선교회, 서빙하트 외) |
| 2012. 6. 6. | 의료선교부 주관 농어촌 의료선교(충북 음성군 상곡 복된교회)                                                    |
| 2012. 8. 19. | 군선교부 주관 관동군인교회 건물 보수를 위한 후원금 전달(안양시 박달동 52사단 212연대)                     |
| 2012. 9. 22. | 군선교부 주관 5사단 열쇠전망대 견학 및 신병교육대 진중세례식 진행(경기도 전곡 5사단/ 설교: 길자연 목사) |
| 2012. 11. 11. | 왕성세계선교회 헌신예배(강사: 민규식 목사)                                                                  |

## 4. 학교 사역

| 1995. 10. | 총신대학교 재단이사                              |
|-----------|-------------------------------------------------|
| 2000. 1.  | 한국기독교총연합회 통일선교대학 2대 학장        |
| 2002. 9.  | 총신대학교 총회신학원 운영이사장                |
| 2003. 3.  | 미국 피드먼트대학교 설립                         |

| | | |
|---|---|---|
| 2007. 1. | | 아세아연합신학교 이사장 |
| 2007. 8. | | 총신대학교 총동창회장 |
| 2007. 12. | | 제3대 칼빈대학교 총장 |
| 2013. 12. | | 제5대 총신대학교 총장 |
| 2016. 3. | | 덕연설교아카데미 원장 |

## 5. 노회, 총회 섬김

| | | |
|---|---|---|
| 1986. 4. | | 동평양노회 제118회 정기노회 노회장 |
| 1987. 9. | | 제72회 대한예수교장로회 정기총회 개최 |
| 1998. 9. | | 대한예수교장로회 제83회 총회장 |
| 1998. 11. | | 총회세계선교회(GMS) 창립(초대 총재) |

## 6. 연합 운동

| | | |
|---|---|---|
| 1984. 12. | | 기독교 북한선교회 총재 |
| 1999. 4. | | 개신교연합 부활주일연합예배 대회장 |
| 1999. 10. | | 영성목회연구회 총재 |
| 2000. 3. | | 한국 항공선교회 이사장 |
| 2003. | | 한국기독교총연합회 대표회장 |
| 2004. | | 한국기독교총연합회 대표회장 |
| 2006. 9. | | 아바(Abba)연합 한국작은교회 살리기 의사목사연합회 대표회장 |
| 2007. 1. | | 한국세계선교협의회(KWMA) 이사장 |

| 2009. 9. | (사)평화한국 이사장 |
| 2010. 2. | (사)한국미래포럼 이사장 |
| 2010. 10. | (사)NGO해피나우 아이티공화국선교후원회 총재 |
| 2011. 1. | 한국기독교총연합회 대표회장 |

## 7. 수상

| 1995. 10. | 한국기독교 선교대상 목회자 부문 수상 |
| 2003. 10. | 자랑스러운 대광인상(대광고등학교) 수상 |
| 2003. 10. | 한국교회 10 설교가로 선정 |
| 2003. 12. | 자랑스러운 목회자상(세계복음화협의회 국민대상) 수상 |
| 2007. 9. | 교회연합과 일치상 수상 |
| 2009. 2. | 한국교회 지도자 100명 중 가장 뛰어난 자질과 영향력을 가진 목사 1위 선정(국민일보) |
| 2012. 12. | 한기총 주최 제23회 "대한민국 기독교의 밤" 자랑스런 목회자 대상 수상 |

## 8. 저서

| 1990. | 《구역예배서》 |
| 1992. | 《하나님보다 앞서 갈 때》 |
| 1993. | 《가지고 가는 사람, 두고 가는 사람》 |
| 1993. | 《문제 곁에 있는 해답》 |
| 2003. | 《고난 속에 숨은 축복》 |

2004. 《길자연》
2007. 《하나님을 향한 사람 1》
2008. 《하나님을 향한 사람 2》
2009. 《찰스 핫지의 신학》
2010. 《하나님을 향한 사람 3》
2011. 《세이레 평화 기도회》
2019. 《여호와의 소리》


## 9. 가족 사항

아내 천희정    2016년 8월 16일 소천
장남   요나    왕성교회 4대 담임목사
자부 박영주
손자   재전
손녀   재신
손자   재경
장녀   한나    백석대학교 음악대학 교수
사위 문태순    장로, 의사
외손녀 문예지

사진으로
보는
**길자연** 목사

❝
한평생 하나님의 은혜로 살아오다
❞

1 아버님 생신 기념(1986. 2. 10)
2 6·25 직전 가족 사진(1950. 2. 17)
3 고교 시절(1960년대)
4 어머니 이도신 권사님의 생전 모습
  (오른쪽 하단 앞)
5 신학교 졸업 기념(1973. 2. 23)
6 부모님과 함께

한평생 하나님의 은혜로 살아오다

1 약혼 기념
2 결혼 기념
3 목사 안수식 후 부모님, 장모님과 함께

4  목사 안수 후 부모님과 함께
5  목사 안수 후

1 고교 스승님을 모시고 (1997. 4. 19)
2 스승 최훈 목사님 내외와 함께

3 왕성교회를 방문하신
　부모님과 함께
4 십자수기도원 원장실에서
5 목사 안수식(길자연 목사)

1 장모님 회갑 생신
2 장모님과 아내 천희정
3 아내 천희정 총신대 졸업. 가족기념촬영
4 길요나 목사와 길한나 교수의 어린 시절
5 길한나 교수 연주 후 기념 촬영
6 문태순, 길한나의 결혼 사진

한평생 하나님의 은혜로 살아오다

1 문태순, 길한나 결혼식 가족 사진
2 미국 피트먼트 대학교 설립 후 가족들과 방문
3,4 아들 길요나 목사의 가족 인사(길자연 목사 생일축하 예배)
5 길요나 목사의 가족 사진

1 LA공항에서 가족들과 함께(2000. 8. 18)
2 아내와 함께(1998. 8. 24)
3 목회학 박사학위 취득 및 길자연 목사 내외 60회 생신 감사예배

1

2

1  1968년 주내교회 주일학교 부장 재직 시 유년주일학교 졸업생들과 함께
2  1977년 신림동교회(현 왕성교회) 성전 건축 시 철거 후 예배
3  왕성교회 부임 1년 후 신임 제직들과 함께(1974)
4  기독교 북한선교회 회원들과 함께

1 왕성교회(봉신제일교회) 전계백 목사님 초청예배
2 한국교회 대표, 정계 대표 왕성교회 방문예배

3 왕성교회 재직 시 LA에 설립한 피드먼트 대학교 교정에서
4 북유럽 선교대회(2002. 5.13~22)

1

1 왕성교회 찬양의 밤

1,2 유럽선교회(선교사) 연합집회 설교
3 유럽선교사 대회 집회 인도

1,2 우크라이나 선교지 얄타 지역 방문, 얄타왕성교회
3,4,5,6 브라질 선교지 방문 중 이과수 폭포 앞에서
7 브라질 이과수 폭포 방문(선교여행) 중 아내(2000. 5. 31)

한평생 하나님의 은혜로 살아오다 351

352  목회 현장에서 발견한 목회보감

3

1 한국기독교총연합회 대표회장 재직 시 직원들과 함께
2 WEA(세계복음주의연맹) 본부 방문
3 대한예수교장로회(합동) 83회 총회장으로서 총회 인도(왕성교회)

1,2 기도한국 예배에 예방한 정세균 총리와 함께
3,4 기도한국 예배

1 한기총 주최 한국교회의 밤(2007. 12. 8)
2 여의도 63빌딩 연합집회

3 총회설립 100주년 기념 해외선교대회 설교
4 한국교회 지도자들과 함께

1  저탄소녹색성장 환경집회 설교(2010. 2. 9)
2  한국 미래포럼 이사장 취임식(2010. 2. 19)

3 칼빈대학교 길자연 총장. 서울장신대학교 목요채플(2009. 5. 7)
4.5 칼빈대학교 총장 재직 시

1.2.3 2007학년도 칼빈대학교 학위수여식
4 교계 지도자들과 함께

한평생 하나님의 은혜로 살아오다

1
大光
대광고등학교 제12회 동문
초청 연합 감사예배
CU
2008.11.6(목)
Grace Chapel

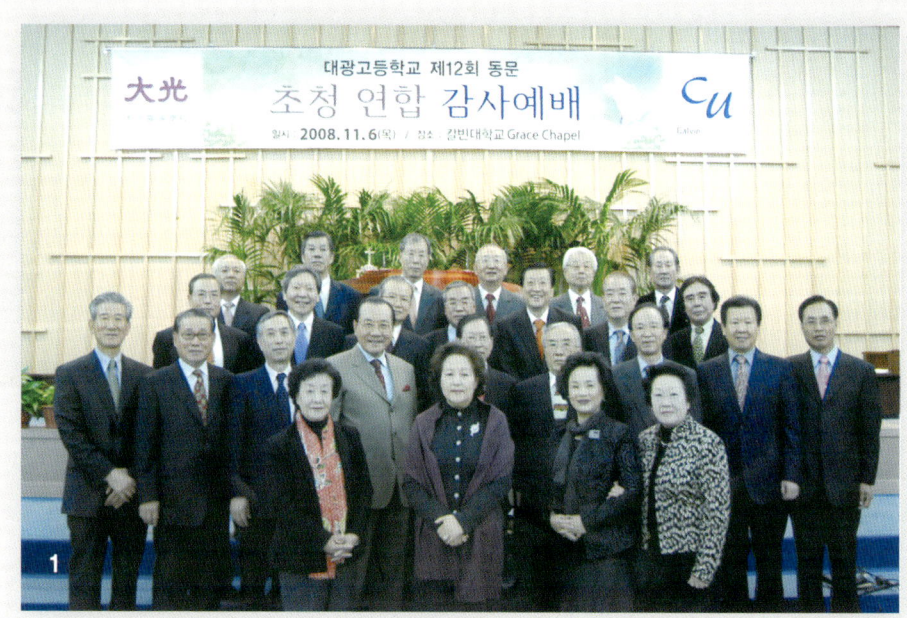

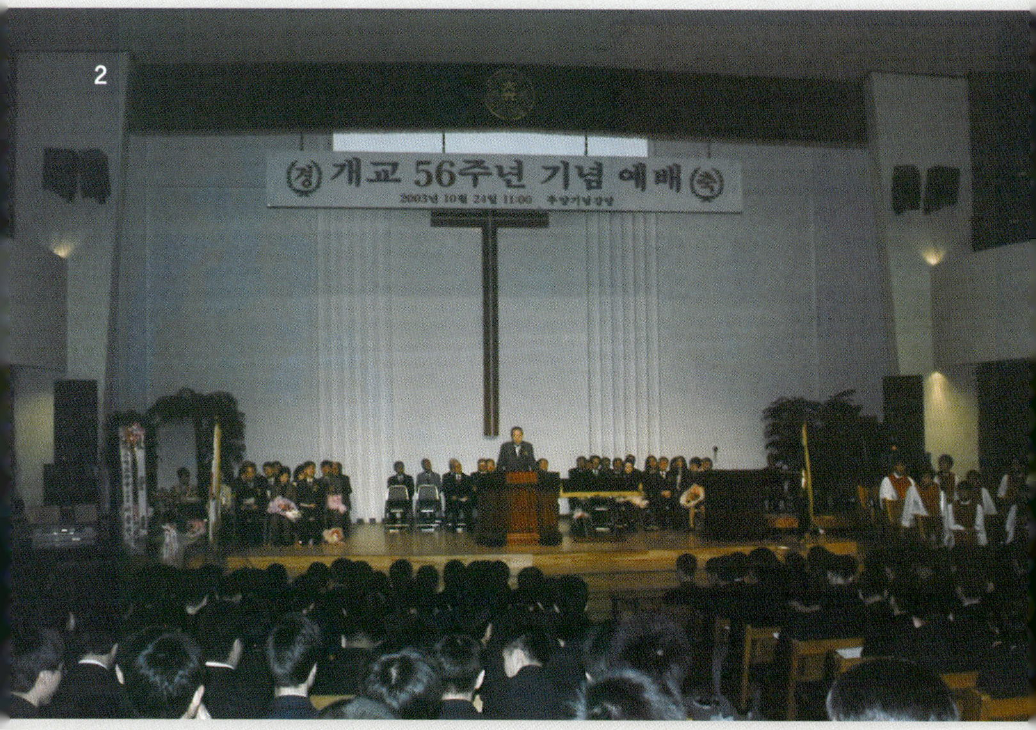
2
개교 56주년 기념 예배

1 칼빈대학교 총장 시절 대광고등학교 동창 부부모임
2 총신대학교 총장 시절 개교 56주년 기념예배
3 총신대학교 열린 찬양의 축제
4 한미우호 50주년 한미 우호 친선의 밤, LA에서

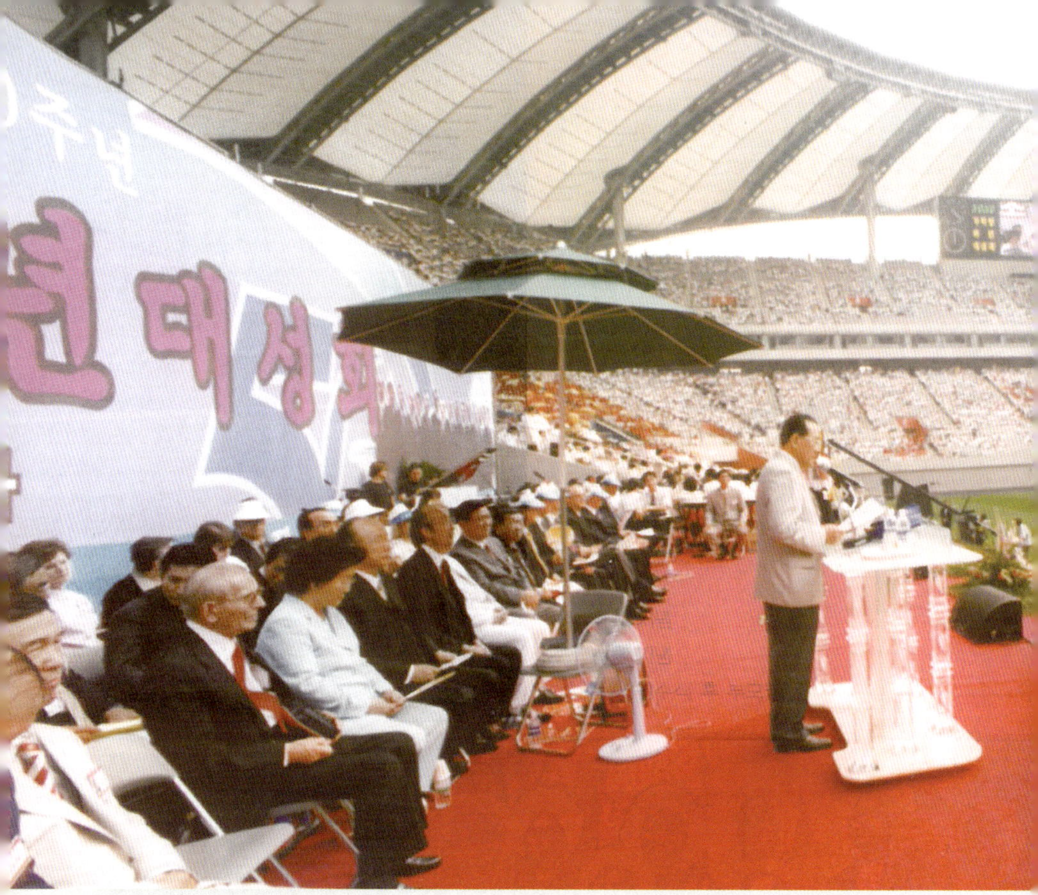
주년

환
세복협 국민대상 6개
주최 : 국민일보(주) · (재)세계복
일시 : 2003년 12월 19일(금) 오전10시30분 장소 :
SEOUL CITY CLUB
SEOUL

2

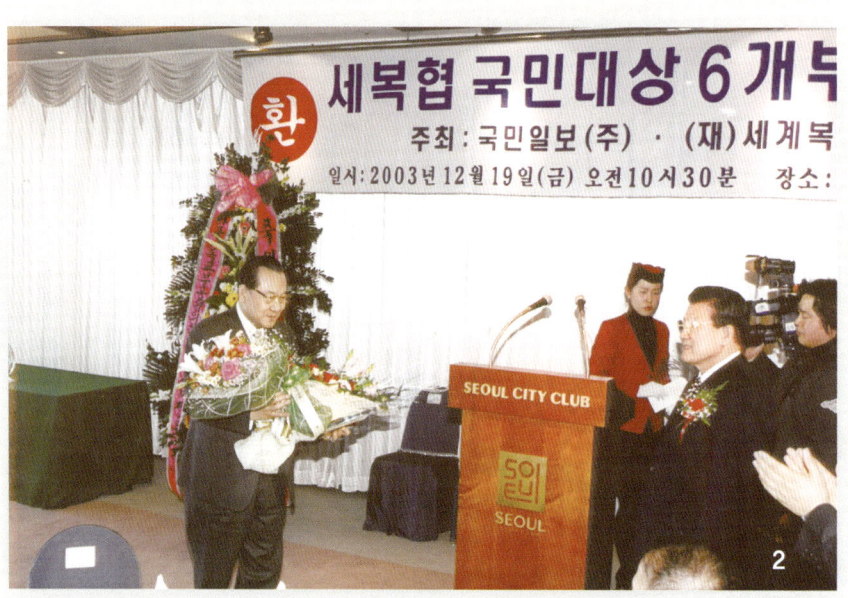

1 기하성대회 축사
2 세계복음선교협의회 목회대상 수상
3 2011년 평양노회 신년하례회 및 길자연 목사 한기총 대표회장 당선 축하연(2011. 1. 11)

1 김영삼 대통령 예방(청와대)
2 김영삼 대통령 내외분과 함께(청와대)
3 노무현 대통령 예방(청와대)
4 노무현 대통령을 예방한 7대 종단 대표들과 함께(청와대)

368 목회 현장에서 발견한 목회보감

1  이명박 대통령 내외 예방(청와대)
2.3  청와대를 방문하여 이명박 대통령을 예방한 7대 종단 대표들과 함께

1  한국기독교총연합회 대표 회장 시 왕성교회에서 예배 중
2  영성목회연구회 정기총회 인도

3  2011년 영성목회연구회 정기총회 임원진

한평생 하나님의 은혜로 살아오다

1 한미친선의 해 LA. 워싱턴 방문
2.3.4 한국 파송 은퇴 선교사 방문(LA)
5 한국 은퇴 미국 선교사 방문

6.7 미국 워싱턴 국립묘지 헌화

1.4.5.6 미국 워싱턴 국립묘지 방문
2 로버트 슐러 목사님과 미주합동집회
3 한국기독교총연합회 미국 L.A. 워싱턴 방문 중 미국 현충원 방문

**374** 목회 현장에서 발견한 목회보감

1 미국 워싱턴 소재 국립묘지 방문
2 미국 현충원 방문. 한국전쟁 참전용사 묘역 헌화

3 제9대 한기총 대표 회장 취임예배
4 김원기 국무총리 관사 예방

1,2,3
11대 한기총 대표 회장
이임식(2005. 2. 4)

4　2011년 한국기독교총연합회 임원진
5　한국교회 지도자 예방 예배

1  서울광장(서울시청 앞) 구국기도회
2  노무현 정부 시절 서울시청 앞에서. 7차에 걸쳐
   구국기도회 주관
3  노무현 정부 시절 7차에 걸쳐
   한기총 주최 집회 인도. 30만 명 회집

한평생 하나님의 은혜로 살아오다 381

1.2 한강공원 유휴지에서 나라와 민족을 위한 구국기도회 인도(2003. 3. 1)
3 2003년 3·1절 기념 한기총—나라와 민족을 위한 구국금식기도회

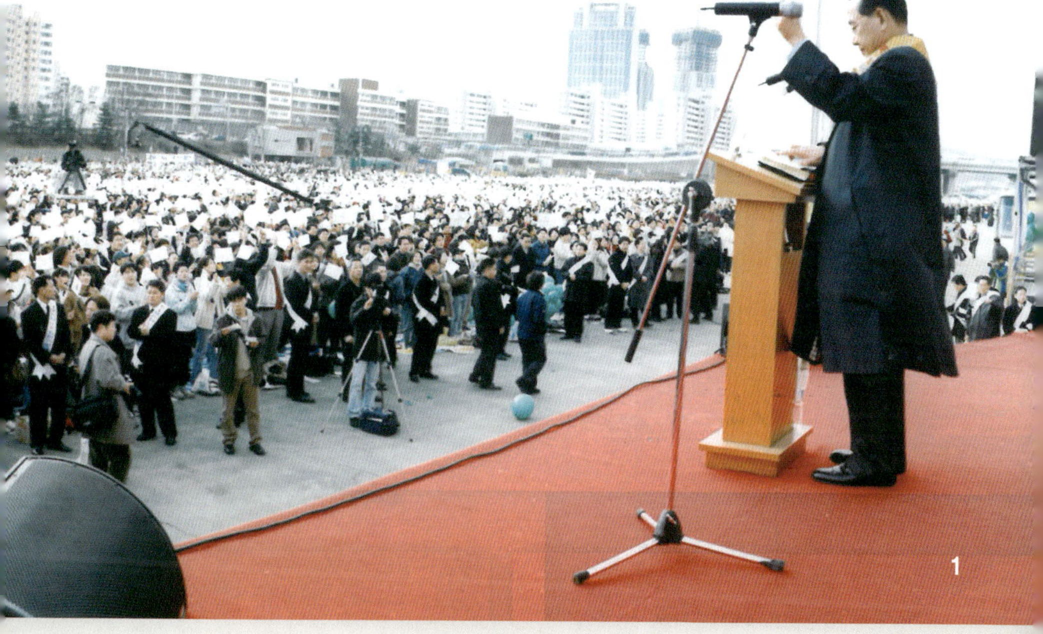

1

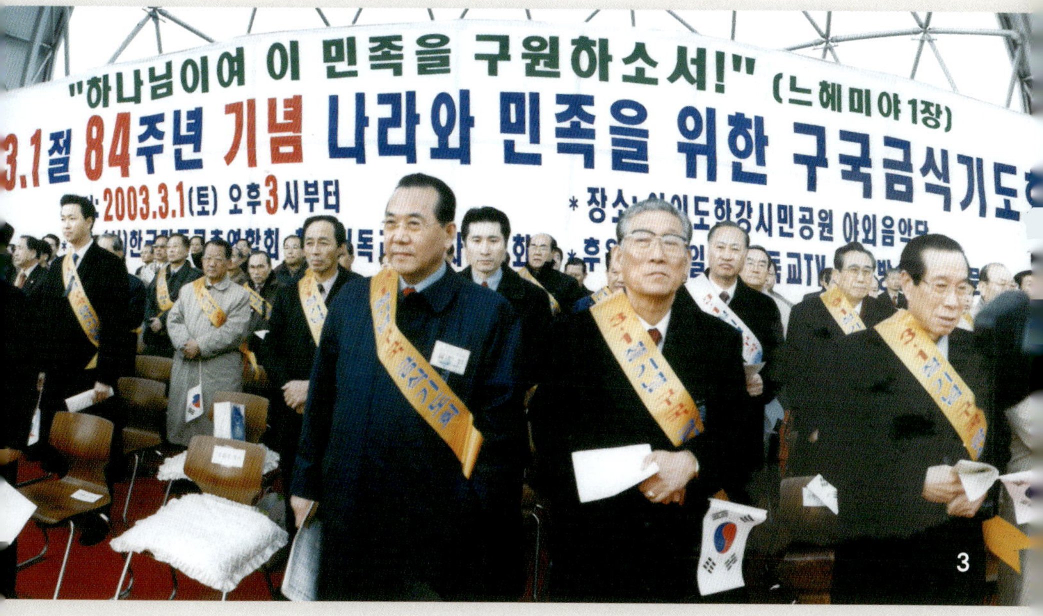
"하나님이여 이 민족을 구원하소서!" (느헤미야 1장)
3.1절 84주년 기념 나라와 민족을 위한 구국금식기도
2003.3.1(토) 오후 3시부터

3

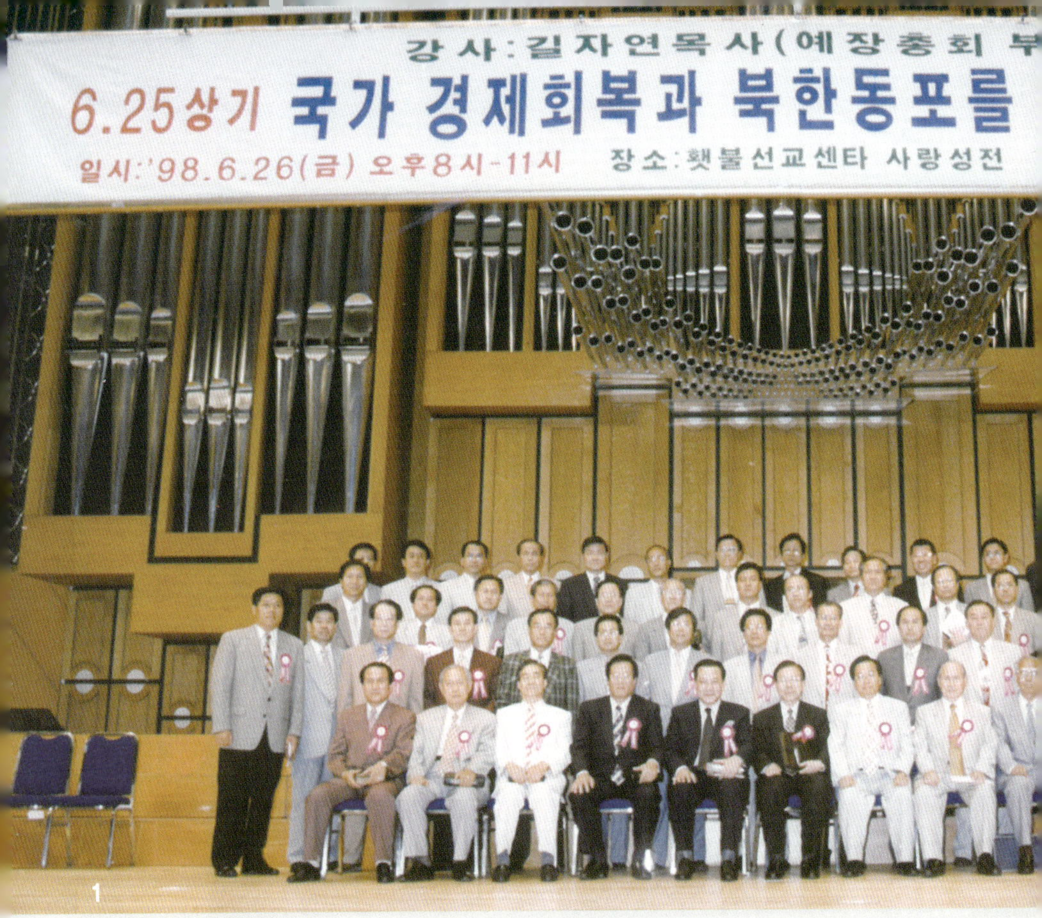
강 사 : 길자연목사 ( 예 장 총 회 부
6.25상기 국가 경제회복과 북한동포를
일시 : '98. 6. 26(금) 오후8시-11시 장소 : 횃불선교센타 사랑성전

1

활절 연합예배

2

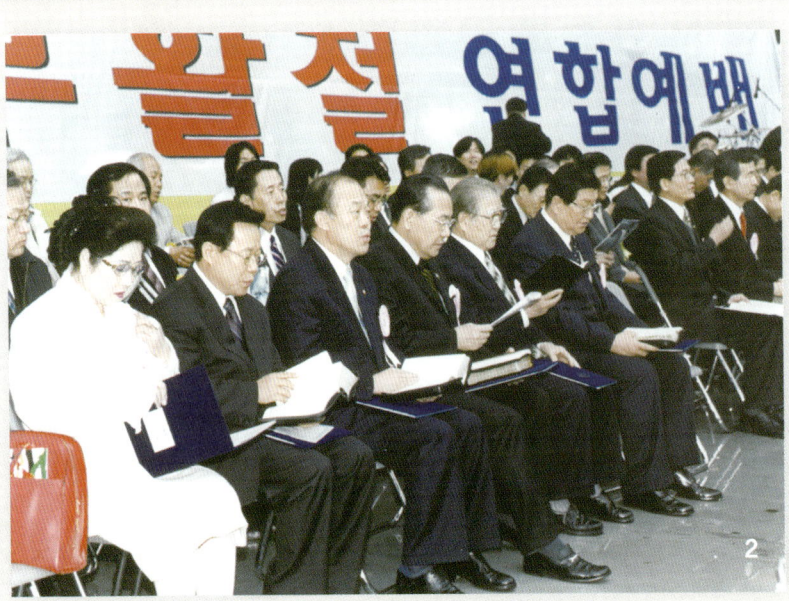

1 서북노회 주최 6·25 상기 집회 설교(1998. 6. 26)
2.3 한기총 주최 부활절 예배
4 한국기독교총연합회 회장 재직 시절. 부활절연합집회

한평생 하나님의 은혜로 살아오다 385

1 서북노회 주최 6·25 상기 집회 시 설교
2 '97 호암상 시상식에서 정명훈 지휘자와 함께
3.4 국제친선 조찬기도회
5 LA 소재 탈봇신학교 예방 시 총장과
 협력 각서 교환 모습(총신대 총장 재직 시)

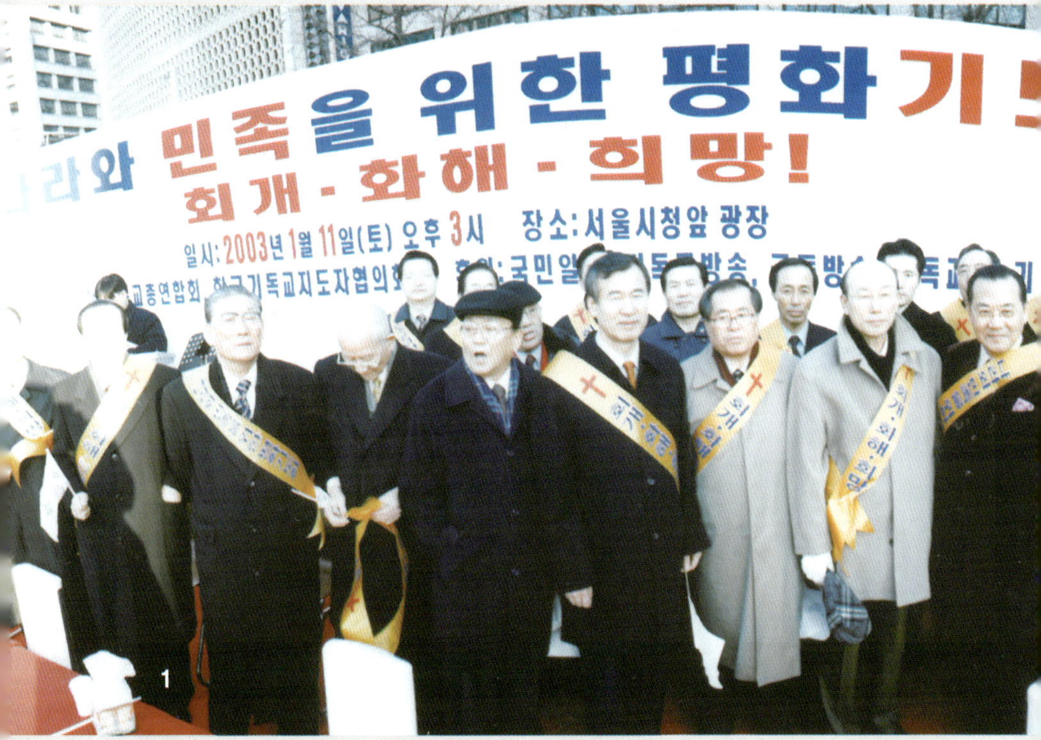
라와 민족을 위한 평화기
회개 - 화해 - 희망!
일시: 2003년 1월 11일(토) 오후 3시 장소: 서울시청앞 광장
1

희망!
2

한국기독교총연합회
14 차
2003년 1월 28
4:00
3

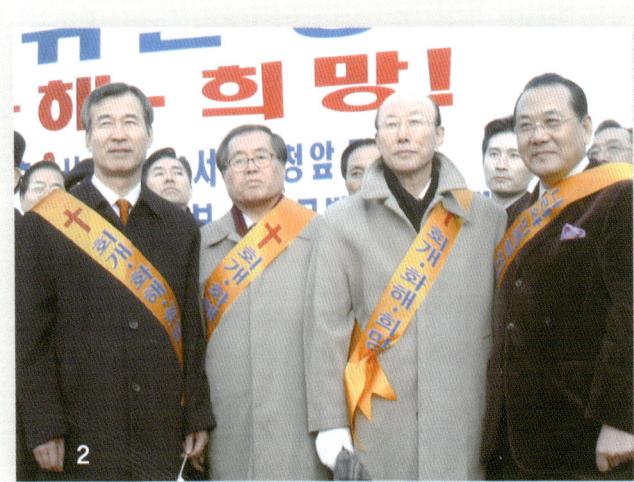

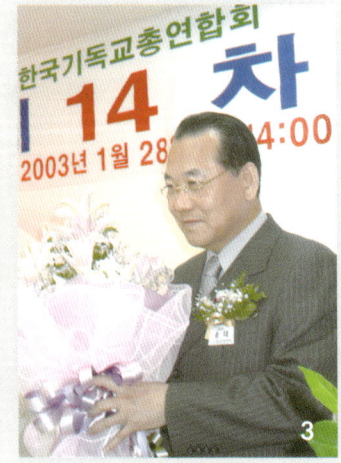

1.2.3 한기총 주최 나라와 민족을 위한 평화
기도회. 조용기 목사님과(2003. 1. 11)
4.5 시청 앞 평화기도회

1 국민대회 교계지도자 준비기도회 및 간담회(2003. 6. 9)
2.3 한미 민간친선행사 준비 모임

4 한민족 세계교회 지도자 대회(2000. 3. 28-29)
  강사: 강원용 목사, 김삼환 목사, 이상현 박사, 김홍도 목사(외 다수)
5 한나라당 박근혜 대표 내방

한평생 하나님의 은혜로 살아오다 391

392 목회 현장에서 발견한 목회보감

1.2.3
한기총 제17대 대표회장 취임 감사예배
설교: 명예회장 김선도 목사(2011. 1. 31)

1.2.3.4.5
한국기독교총연합회(CCK) 제17대 길자연 목사 대표 회장 취임 감사예배

1.2 기도한국 대회사
3 찬양: 새에덴교회 찬양대
4 기도한국 대회

한평생 하나님의 은혜로 살아오다 397

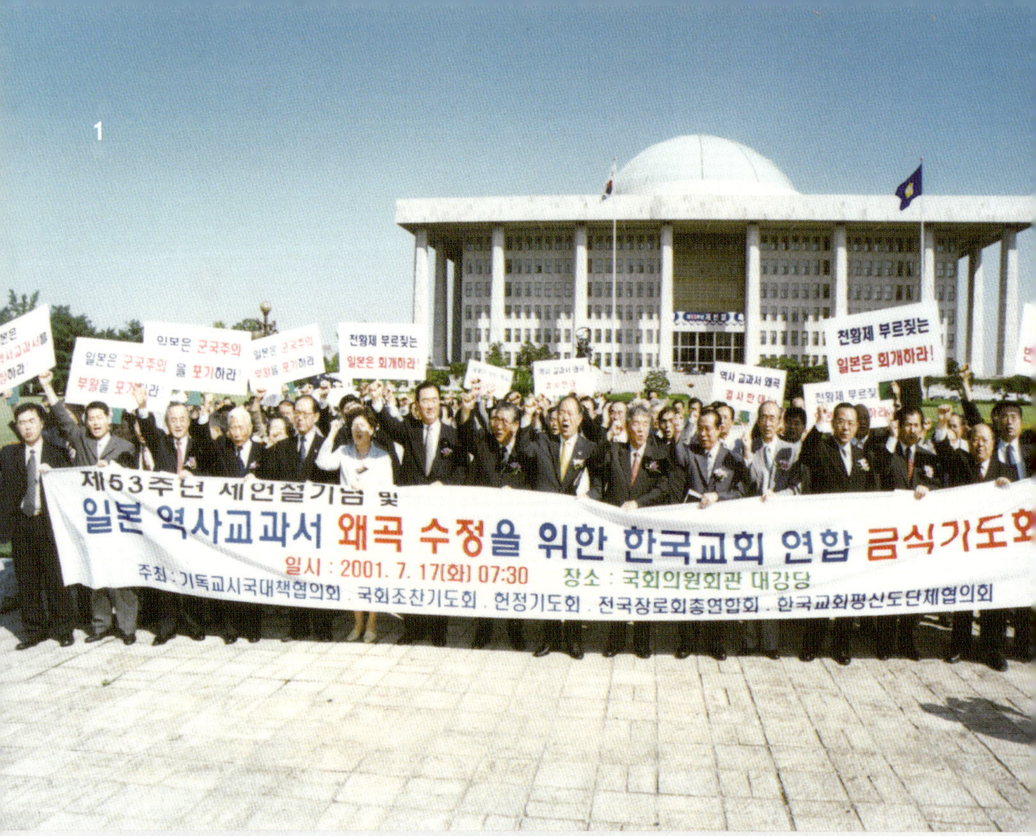
1
천황제 부르짖는
일본은 회개하라!
일본은 군국주의 부활을 포기하라
역사 교과서 왜곡
제53주년 제헌절기념 및
일본 역사교과서 왜곡 수정을 위한 한국교회 연합 금식기도회
일시 : 2001. 7. 17(화) 07:30 장소 : 국회의원회관 대강당
주최 : 기독교시국대책협의회 . 국회조찬기도회 . 헌정기도회 . 전국장로회총연합회 . 한국교회평신도단체협의회

제53주년 제헌절기념 및
일본 역사교과서 왜곡 수정을 위한 한국교회 연합 금식기도회
일시 : 2001. 7. 17(화) 07:30 장소 : 국회의원회관 대강당
주최 : 기독교시국대책협의회 . 국회조찬기도회 . 헌정기도회 . 전국장로회총연합회 . 한국교회평신도단체협의회
2

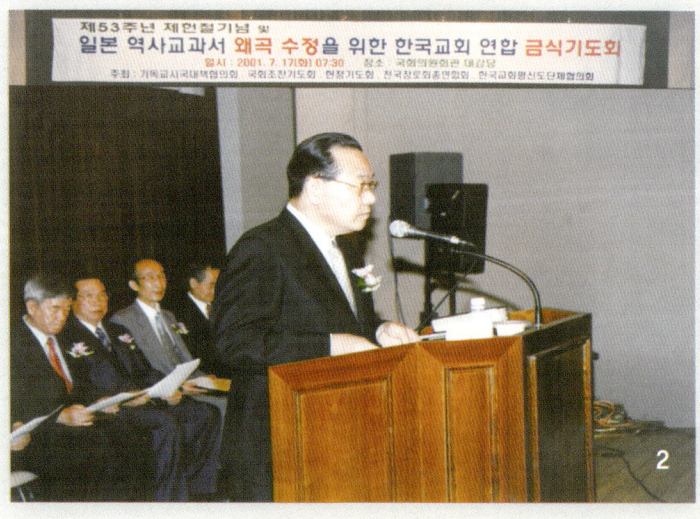

1.2.3 일본 역사교과서 왜곡 수정을 위한 한국교회 연합 금식기도회(2001. 7. 17)
4.5 공명선거를 위한 집회

한평생 하나님의 은혜로 살아오다

나라와 민족을 위한 구국기도회
일시 : 2004년 3월 16일(화) 오후 3시   장소 : 한국교회 100주년 기념
주최 : CCK 한국기독교총연합회

1  나라와 민족을 위한 구국기도회 설교
2  나라와 민족을 위한 구국기도회

3  제15차 한기총 정기총회
4  정부종합청사에서 고건 총리와 면담

1.2.3.4.5 대한민국을 위한 비상구국기도회 서울시청 앞 광장(10.4)
6.7 국민화합기도회 시 십자가 메고 가두행진

1.2 한기총 통일선교대학 이사장 취임식(2004. 4. 12)

3.4 17대 국회의원 당선자 초청예배

1.2 한국교회 원로초청 특별기도회 및 간담회(2004. 6. 7-8)

1.2 왕성교회

1.2 십자수 기도원